生态旅游的可持续发展研究

杨铠伊　著

全国百佳图书出版单位
吉林出版集团股份有限公司

图书在版编目（CIP）数据

生态旅游的可持续发展研究／杨铠伊著.

－－长春：吉林出版集团股份有限公司，2022.8

ISBN 978－7－5731－2078－6

Ⅰ.①生… Ⅱ.①杨… Ⅲ.①生态旅游－可持续性发展－研究 Ⅳ.①F590.75

中国版本图书馆 CIP 数据核字（2022）第 156685 号

SHENGTAI LÜYOU DE KECHIXU FAZHAN YANJIU

生态旅游的可持续发展研究

著　者：杨铠伊

责任编辑：王晓舟

封面设计：筱　萸

开　本：787mm×1092mm　1/16

字　数：220 千字

印　张：12.5

版　次：2022 年 8 月第 1 版

印　次：2022 年 8 月第 1 次印刷

出　版：吉林出版集团股份有限公司

发　行：吉林出版集团外语教育有限公司

地　址：长春市福祉大路 5788 号龙腾国际大厦 B 座 7 层

电　话：总编办：0431－81629929

印　刷：涿州汇美亿浓印刷有限公司

ISBN 978－7－5731－2078－6　　定　价：75.00 元

前　言

随着旅游产业规模日益壮大和人们的消费水平不断提高，旅游活动和消费活动对生态资源的占用、对生态环境的影响引起人们的广泛关注，生态旅游概念由此应运而生，希望通过相关研究和实践，寻求更加可持续的旅游发展路径和模式。综合众多概念，生态旅游的核心内涵主要包括强调旅游行为的自然性、保护性和带动社区发展的共享性三个原则，这三个原则同时也对应"可持续发展"理念关于环境可容、经济增长和公平分配的三个关键主题。因此，无论从发展实践还是学术研究而言，对生态旅游的关注点都离不开可持续发展这一宏观背景。

生态旅游是一种可持续性旅游，没有对生态环境的保护，就没有生态旅游的可持续发展。由于生态旅游是一种以特殊生态景观、特殊文化和民俗、特殊地质地貌、特殊生态环境为基点的特色旅游，没有对这些特殊的生态、人文景观的有效保护，生态旅游的意义和价值就会大打折扣。长期以来，大众传统旅游业在经济效益的推动下，不注意资源和环境的保护，已经对资源和环境造成了极大的破坏。而生态旅游可以唤醒和增强人们对生态资源和生态环境的保护意识，有利于维护经济、社会的可持续发展。

正是基于此，本书从可持续发展的研究入手，继而总结汲取相关论著、教材等成果，较为系统地介绍了有关生态旅游的理论成就与实践经验。全书综合运用旅游可持续发展理论、技术创新与产品创新理论、景观生态学理论、经济学理论等学科知识，在对旅游业发展现状、发展趋势、制约因素及发展生态旅游的资源优势、可行性等问题进行深入分析的基础上，深入研究了生态旅游资源可持续利用的途径与方式。对生态旅游、生态旅游目的地、生态旅游景区、旅游经济带等概念进行了界定。指出发展生态旅游必须分清区域的生态旅游资源内涵，有重点地提升生态旅游资源的市场价值，进行生态旅游产品结构的优化设计、培育生态旅游市场、进行生态旅游市场营销策划，以及发展文化生态旅游业等。

本书从经济学、民族学、社会学等学科的角度进行了深入研究，提出了有较强针对性、科学性和可操作性的具体对策。同时也提出了生态旅游可持续发展的物质载体及发展的具体途径，以及保障生态旅游业可持续发展的一些主要对策和措施。

目 录

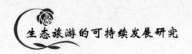

第一章

生态旅游的理论基础

第一节　生态旅游概述及特征

一、生态旅游的概念与内涵

生态旅游（Ecotourism）一词自 1983 年提出来至今，不同学科背景的专家各抒己见，尚未有统一定义。什么是生态旅游？围绕这一问题的争论颇多，目前可以查到的有关生态旅游的定义已多达几十种：

Cripin Tickell（英国皇家地理学会主席）：生态旅游是一种在欣赏世界上多种多样的自然生物及人类文化的同时不对它们产生破坏的旅行。

1992 年第一届旅游与环境世界大会：生态旅游是促进保护的旅行。进一步说，生态旅游是以欣赏和研究自然景观、野生动植物以及相关的文化特色为目标，通过保护区筹集资金，为地方居民创造就业机会，为社会公众提供教育环境等方式而有助于自然保护和持续发展的自然旅游。

澳大利亚旅游委员会：生态旅游是以大自然为根本的旅游业，它把旅游与关于自然环境的教育和讲解结合起来，在经营管理上以维护生态环境的稳定为宗旨，把开发旅游资源同保护生态环境结合起来。

卢云亭教授（北京师范大学）：生态旅游是以生态学原则为指针，以生态环境和自然资源为取向，所开展的一种既能获得社会经济效益，又能促进生态环境保护的边缘性生态工程和旅行活动。

李绪萌（国家文化和旅游部）：生态旅游是在生态学的观点和理论指导下，享受、认识、保护自然和文化遗产，带有生态科教、生态科普色彩的一种特殊形式的专项旅游活动。

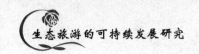

张延毅（湖北大学商学院）：从广义上讲，生态旅游是指对环境和旅游地文化有较小的影响，有助于创造就业机会，同时保存野生动植物的多样性，对文化和生态有着特别感受的带有责任感的旅游；从狭义上讲，生态旅游是指人们为了追求融进大自然奇特环境的刺激性所进行的一种冒险性生态空间的跨越行为和过程，同时对保护环境质量、维护生态平衡和促进人类与生物共同繁荣承担责任的旅游活动。

郭来喜（中国科学院地理科学与资源研究所）：生态旅游是以大自然为舞台，以高雅科学文化为内涵，以生态学思想为设计指导，以休闲、度假、保健、求知、探索为载体，旅游者参与性强，品位高雅，形式多样，既使旅游者身心健康、知识增益，又能增强热爱自然、珍惜民族文化、保护环境的意识，弘扬文明精神，实现可持续发展的旅游体系。

王宪礼（中国科学院沈阳应用生态研究所）：发生在那些具有独特的风景、特殊的生态学价值和具有纯粹自然性的受保护区域的旅游活动。

从以上的论述可见，生态旅游是一个社会性的新概念，需要一个不断被认识、被了解的过程，需要在不断的研究、探索与实践中得到发展与完善。

生态旅游是种新兴的旅游活动，国内外学术界不同的学者可以从不同的角度、不同的深度来定义。但就其总体而言，包含两方面的内涵：一是回归大自然，即到自然生态环境中去观赏、旅行、探险等，目的在于领略和享受清新、静谧、轻松、舒畅的和谐气氛，探索、认识自然奥秘，增进健康，陶冶情操，接受环境教育等；二是对自然生态环境有促进作用，不论生态旅游者，还是生态旅游经营者，甚至包括得到经济收益的当地居民，都应当在保护生态环境方面做出贡献。也就是说只有在旅游和保护两方面均有表征时，生态旅游才能显示其真正的科学意义。

由于生态旅游一词诞生时间不长，要给其赋予一个非常准确的定义是有很大难度的，但给它赋予一个明确的定义又是非常有必要的。我们分析了前人的定义，结合生态旅游的实践和可持续发展的思想，认为：简单地说，生态旅游就是把旅游和环境保护紧密结合起来的旅游；具体来讲，生态旅游是可持续发展理论在旅游业上的应用，是在不破坏环境的前提下，以自然环境为主要活动舞台所进行的一种对生态和文化负责任的旅游。对生态旅游者来说，生态旅游是到远离城市的环境中去，在欣赏、感悟自然的同时获取生态和文化知识，并以自身的实际行动为环境保护做出贡献；对生态旅游开发者和经营者来说，生态旅游是运用生态学原理来规划生态旅游区，设计生态旅游活动，履行保护生态环境的宣传与教育职责，把旅游对环境的破坏限制在最小范围的一种旅游开发方式。

在讨论概念的基础上，还有两个问题值得探讨。

其一，生态旅游是否一定要在环境优美、生态良好的生态区域进行？旅游者参加生态旅游的最初动机是回归大自然，而自然生态系统是多种多样、丰富多彩的，主要包括森林生态系统、草原生态系统、荒漠生态系统、冻原极地生态系统、淡水生态系统、海洋生态系统。目前的生态旅游主要是在森林、草原、淡水和海洋生态环境中进行。荒原、沙漠、戈壁、沼泽、湿地目前开展生态旅游虽然还存在许多困难，但它们所体现出的苍凉、悲壮和神秘的美感对生态旅游者也具有很大的吸引力，旅游者可以从中更深刻地体验到人与自然的关系，反思和约束自己的行为。因此，生态旅游并非一定要在环境优美、生态良好的生态区域，只要该区域具有鲜明的特色并能给游客带来生态启发和教育，就可以作为生态旅游的基地，由此还可以设计出一些独特的生态旅游项目，如沙漠之旅、荒漠探险等。

其二，生态旅游是否一定在自然环境中进行？旅游者参加生态旅游的另一个动机就是逃离城市喧嚣和拥挤的生活环境，到自然界中去放松身心。而自然生态系统目前几乎全部受到了人类不同程度的干扰，纯粹天然的自然生态系统已很难找到，而人工生态系统中也有自然的因素，如城市生态系统、农田生态系统、模拟人工生态系统等。因此，一些人工生态系统如生态农业区、人工次生林、植物园也可以作为生态旅游的场所。

总之，生态旅游是一个正在不断更新、丰富和发展着的概念，对它的科学界定还有待进一步完善。

二、生态旅游的标准

随着生态旅游的升温，出现了一个重要问题，即什么样的旅游活动属于生态旅游活动，检验标准是什么？根据上述生态旅游的定义和内涵，可以归纳为三个方面：

1. 旅游对象是原生、和谐的生态系统

生态旅游的对象在西方被定位为"自然景物"，这一概念在历史悠久的东方受到挑战，如拥有千年文明的中国，大自然被熏上浓浓的文化味，高耸入云的雪山被视为神山，很难将自然和文化截然分开。在一些社会经济不甚发达的地区，人与自然保持和谐共生，也形成了优良的生态系统，生态旅游到了东方，旅游对象的内涵从"自然景物"扩展为"人与自然和谐共生"的生态系统。也就是说，原始的自然、人与自然和谐共生的生态系统都是生态旅游的对象。

2. 旅游对象应该受到保护

"保护"一直是生态旅游的一大特点。但随着生态旅游概念的发展，其内涵不断扩展，至少分三个层次。

第一个层次是保护的对象，包括两个方面：其一，保护自然，即保护自然的景观、自然的生态系统；其二，保护传统的"天人合一"的文化，如原始的民族文化。

第二个层次是谁来保护，理论上应该是一切受益于生态旅游的人都有责任来保护，如游客、旅游投资开发者及开发决策者、当地受益的社区居民等。

第三个层次是保护的动力，动力源于利益，但各类人的受益方式和程度不同，决

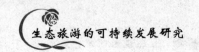

定了保护动力大小程度的差异。作为旅游者，由于直接享受旅游利益，他们的保护动力更多源于环境意识；作为投资开发者，主要追求短期经济效益，若缺乏环境保护意识，往往会做一些以牺牲资源和环境为代价的蠢事，保护动力难以寻找；作为当地社区，尤其以旅游作为重要产业的社区，其生路在旅游，追求的是一种持续的综合效益，对旅游可持续发展的资源及环境的保护有着强劲的动力。

3. 社区的参与

生态旅游应该将"维系当地人民生活"的责任内涵应用于实际，一种做法是将一定比例的旅游经济收入用于改善当地生活质量，如修建医院、兴办学校等公益事业；另一种做法是鼓励当地社区居民参与旅游业，使其直接从旅游中受益。实践发现，旅游为社区谋利的最佳模式是后者。社区参与旅游有四个突出的优点：其一，从经济方面看，社区的参与使其直接受益，在一些贫困地区称为"旅游扶贫"；其二，从旅游方面看，社区居民参与到旅游服务中，渲染原汁原味的文化氛围，增加吸引力；其三，从社会发展方面看，发展旅游促进当地社会的发展；其四，从环境保护方面看，社区参与为保护生态提供动力。

第二节　生态旅游的理论及系统

一、活动范围的自然性

生态旅游活动是以自然环境为主要活动场所，其首要目标是保护自然环境。

随着工业化、城市化的发展，城市生活越来越喧嚣、繁杂。生活在都市里的人们在物质生活得到满足之后，开始考虑精神生活的改善和丰富，高度紧张的工作之余，也渴望投入大自然的怀抱，沐浴在自然中。因为人类作为大自然之子，自身就有亲近大自然、回归大自然的天性。而生态旅游者更是如此，除了希望在大自然中放松身心，他们还积极主动地去体验自然、了解自然和保护自然。生态旅游者向往的地方一般是奇特迷人的野生自然环境及充满神秘色彩的地区。因此，国家公园、自然保护区和生态农业地区成为生态旅游的主要目的地。这表明了生态旅游活动范围的自然性。

二、以生态文明观为基础的高品位性

生态旅游以自然生态环境为主要目的地开展旅游活动，是人类社会发展到生态社会，人类文明观由工业文明观发展到生态文明观的产物。人与自然的关系随着社会的发展不断改善。在原始蒙昧时期，人对自然是恐惧和崇拜，人与自然的关系是生态系

统内部同质和谐的关系，生态与经济尚处在一种低水平的依赖和协调状态。随着人类生产力的提高，人不再是自然的奴隶，人类开始改造自然、利用自然和征服自然。人类向自然不断索取，征服欲盲目扩大，达到一定极限时，自然界也向人类进行了无情的报复，如土地沙漠化、洪水泛滥、水土流失，人与自然处于一种十分紧张的关系中。人类在这种与自然对立的基础之上建立了野蛮掠夺自然资源、以牺牲生态环境来换取现代文明的掠夺式的开发模式，导致生态与经济严重失衡，并直接威胁着人类自身的生存与发展。自然界的报复给人类敲响了警钟，人们开始觉醒，并大声疾呼要求重建人与自然有机和谐的统一体，实现社会经济与自然生态在更高水平上的协调发展，真正建立起人与自然共同生息、生态与经济共同繁荣的持续发展的生态文明关系。这就是人类正在经历的以保护自身、保护自己赖以生存的环境、有序地开发资源、持续地维持生态平衡、实现"天人合一"为主要目标的生态时代或生态社会。在这个时代，人类把生态环境保护、持续发展作为必须具有的意识、准则和行为。生态旅游正是以这种思想为指导来组织、规划、开发和经营的。

真正的生态旅游是使旅游者明确保护生态的重要意义并为之做出自己的贡献，因此生态旅游是一种"具有强烈环境意识的高品位旅游活动"，这是生态旅游高品位的第一个表现；生态旅游高品位的第二个表现是生态旅游活动具有高含量的科学和文化信息，它把丰富的地学、生物学、生态学知识展现给游客，游客通过观察、体验和发现，可获得丰富的科学知识；生态旅游高品位的第三个表现是生态旅游者的高品位，生态旅游者对旅游环境的质量要求很高，同时也非常自觉地、有意识地保护旅游环境，他们还协助旅游部门和管理机构进行资源保护。因此，生态旅游者常常是受过中高等教育、有着较强环保意识的有识之士。

三、体现可持续发展性

生态旅游是与可持续发展原则相协调的一种最佳的旅游形式。生态旅游一般是小范围的，有当地政府和人民的积极参与，到相对遥远的未受干扰的自然区域旅行，享受自然风光，研究野生动植物及文化。生态旅游的目的是把保护环境和旅游开发结合起来，提高社区经济发展水平和人民生活水平。生态旅游把生态环境的承载能力放在第一位考虑，重视旅游环境容量和改善措施的研究，强调从业人员对保护生态的贡献。这些特征反映了可持续旅游的特征，即保护自然、尊重发展的限度、尊重当地文化和社会。

四、生态旅游的参与性

生态旅游活动具有很强的参与性。旅游者不再是走马观花，而是深入自然环境中，

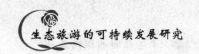

用心感受、用耳倾听、用眼观察、用身体去实践，他们通过步行、骑自行车、骑马、探险、登山、驾驶山地车、漂流、划船、摄影、户外野营等参与性活动来认识自然环境，体验大自然的诸多价值。

生态旅游的参与性还表现在当地社区和人民的积极参与。生态旅游的目标之一就是要提高当地人民的生活水平和质量。因此，政府积极鼓励当地居民参与到生态旅游业中来，从事导游、解说、护林、巡视、防火、划船、绿色食品生产和加工、手工艺品制作、民俗歌舞表演等旅游服务、管理和资源保护工作。例如，赞比亚政府为遏止南部朗格瓦（Luangwa）国家公园（一个保护大象、黑犀牛和其他稀有动物的重要区域）遭受破坏，将其一部分财政收入分配给当地农村，用来发展社区服务设施，如医疗诊所、学校和饮用水供应系统，使当地居民对该地的野生动物产生了浓厚兴趣和保护态度。此外，政府还培训农村保护野生动物的侦察员，使他们自觉反对非法捕猎行为，大大弥补了全职侦察员人数有限造成的工作缺陷。

五、生态旅游的教育性

生态旅游具有很强的教育功能。在生态旅游区，往往要通过标牌、解说、小册子、录像、广播等多种媒体向游人介绍当地自然环境、野生动植物、生态系统、地学背景、风俗习惯、历史文化等自然和人文知识，提高游人的知识水平和文化素养；同时还寓教育于旅游活动中，通过植树、观鸟、拾垃圾等旅游活动，使游人体验人与自然的关系，增强环保意识，提高人们对保护环境必要性的认识，教育游客学会将旅游活动对环境的破坏降到最低限度的有效方法。

生态旅游的教育功能还体现在对当地居民、旅游经营者的教育。生态旅游的教育计划中，除了对游客进行环保教育外，还包括对当地的居民及从业人员进行安全、卫生和新技术方面的培训。

六、生态旅游与大众旅游的区别

生态旅游是以自然界为主要活动场所的旅游，其和一般的大众旅游有什么区别呢？

自然作为人类的审美对象，有两层含义："人化的"自然美和天然环境的美，而近代的大众旅游正是以对"人化的"自然美的观赏为基础发展起来的。在一般的大众旅游中，人不再把自然当作神一样崇拜，也不是超脱地欣赏自然，而是对自然持一种消费态度，把自然看作供人们娱乐、享受的对象，是可以用钱购买的普通消费品，从而对自然进行索取、破坏，导致资源减少和环境恶化。而生态旅游则主张"尊重"与"倾听"，尊重自然的异质性，而不是按人的意愿强行对自然施加影响。正如美国国家公园提出的口号："除了脚印，什么也不留；除了摄影，什么也不取"。把自然当作有个性的独立生命，虚心地倾听环境的呼喊与细语。在美国国家公园一条幽静的小径的入口处，立着的牌子上刻着："你不妨中途驻足片刻，静静地做一个聆听者，听听这片树林里一切居民的声音。"这就是生态旅游最基本的形式。除此之外，生态旅游和一般大众观光旅游之间在旅游目的地、设施等级要求、设施所有权归属、经营政策导向、吸引度、经营频率、主体客源市场等方面还存在着许多差异。

以上区别反映了生态旅游是一种多样化、选择性强的旅游活动，对活动方式、设施等级、旅游者都有一定的选择性。要求到大自然中去活动，不需要大量高档的硬件设施，生态旅游者应具有较高的知识水平和综合素质。同时，在旅游活动中也可以有更大的主动性和随意性。

第三节　生态旅游研究任务、内容和方法

一、生态学原理的应用

近年来，现代生态学有了很大发展并被广泛应用。它的研究和应用拓展到生态旅游领域，从而形成生态学一个分支——旅游生态学。旅游生态学研究的生态系统中，人（旅游者和旅游经营者）是生态系统的中心，其他生物仅仅是人的环境，但这一环境对旅游者有特定的吸引力，因此这一环境不同于一般的生态系统。研究旅游生态学的目的是尽可能保持生态系统的原始状态，使旅游目的地的旅游能够获得可持续发展。旅游生态学研究的主要内容包括两部分：其一，旅游者、旅游经营者和管理者的行为对生态系统的负影响及解决措施；其二，旅游生态学的应用研究，包括旅游区的开发、建设、利用、生态管理和环境意识教育等，以实现旅游目的地的可持续发展。生态旅游区所建立的旅游生态系统，总是离不开周围的自然生态环境，这个生态环境既有自然地理环境，又有社会经济环境。一切大小自然风景旅游区，都是一个兼具自然和人工两种属性的生态系统，是由许多相互联系、相互依存又相互制约的生物和非生物因素构成的统一整体。

其中一个因素发生了变化，就会引起系统内的其他因素发生连锁反应。自然风景旅游区的生态要素，都是按照生态学的规律在进行能量流动和物质交换，特别是那些生态结构复杂、生物物种丰富的自然生态系统。它们之间的关联、制约关系就更为复杂和"巧妙"，能量流动和物质交换的方式和"渠道"也就更多。若生态系统结构越复杂，系统中自然贮存的能量也就越大，这种系统对干扰的抵抗能力和恢复能力越强，即自动调节能力强，反之亦然。但是，生态系统的自动调节能力和代偿功能是有定限度的，当干扰因素的影响超过其生存系统的阈值时，就会引起生态平衡失调。

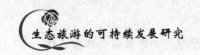

旅游生态系统是一个多因子、多层次的综合性系统，其结构功能是十分复杂的，能为旅游者提供多方面、多层次的旅游目的。在开发建设旅游区时，应把生态旅游区看成一个整体，综合分析各种因素，采取一系列有效措施，尽力维护旅游区生态平衡，使旅游目的地的旅游获得可持续发展。

二、建立良好的旅游生态系统

旅游生态学是一门综合性的学科，目前，对于在生态旅游区如何建立、维护或恢复完整的旅游生态系统，是该学科一项重要的研究任务。生态旅游区的生态系统既受自然规律的制约，又受经济规律的支配。所以，只有建立生态旅游区良好的生态—经济系统，用整体的、综合的、系统的观点去指导旅游业，才能高效、稳定地发展旅游业。建立良好的旅游生态系统，维护生态平衡可从以下方面考虑。

1. 因地制宜，建立生态旅游区的生态系统

人类只能在遵循生态规律的前提下，发挥主观能动性，去改造、发展和完善生态旅游区生态系统，在相对平衡的基础上增值生产，使之可持续发展。

（1）按生态相互依存规律发展旅游区。景观与生态环境是相互作用、相互影响、相互制约的。例如，九寨沟的日则沟，早期与附近其他沟谷类似，水流在沟谷中流淌。由于冰川退缩，加之区域内地震频繁、参天大树倒伏、水流速度减缓等原因，地形进一步变化，钙化沉淀逐渐加高钙化堤坝，向前推进，以致形成今天由溪流、瀑布串连成的谷中湖群风光。为此，应按生态学规律去规划生态旅游区，方能使生态旅游区生态趋于平衡，稳定增值，可持续利用。另外，若原始景观结构尚待完善，则应从生态人文美学角度加以提升。

（2）单调景区，应模拟生态系统完善其结构。单调景区及人工生态系统的旅游区，不仅景观显单调，而且生态系统也很脆弱，对此情况应模拟生态系统的结构，完善其功能。例如，生物与环境互补，造就了一代名园；植物补动物，大环境之静补飞禽之动使生态系统结构完善。另外，生态旅游城市，应向自然化、生态化发展，达到人工环境和生物环境相耦合。前者为非生物结构，应扩大后者才能发挥生态功能。城市自然化、生态化，其中生物物种是能量物质流动渠道，发挥生存功能之后，脆弱的城市生态就日趋稳定，生态旅游城市功能才能可持续发展。

2. 突出生态旅游区生态结构的特征

生态旅游区中的自然生态尽管有独特的优点和功能，但不是皆具景观特征。生态旅游区景观美应独具特色，其特色即中心结构，应给予突出发展。

（1）以植物为中心者，应突出植物在景观中的生态美学功能。例如，蜀南竹海地平而湿，垒山无脉，掘水临滨，却突出数十种婀娜多姿的竹类，发挥了生态美学功能，历来游者有"难识庐山真面目"之叹。究其因，中心结构在于竹林。

（2）以动物为中心者，需稳定食物链以保持景观特色。例如，辽东半岛南端海中蛇岛，因狂飙拽折仅存灌丛，丛中繁殖昆虫，昆虫诱铁山之候鸟，鸟供蛇食，粪沃灌丛，蛇于枝下，促使灌丛密茂，形成了以蛇为中心的系列食物链。有人将陆鼠引入蛇岛，拟转移食物链；岛蛇不食陆鼠，鼠繁而毁灌丛，阻碍虫的繁殖；虫的消长影响鸟的招诱，最终影响了以蛇为中心的生态结构。故旅游区生态中心及食物链，只可保护完善，不可破坏。

（3）以水为中心的生态旅游区，应结构与功能并重。湖溪塘库旅游区，污水、落叶等使水富营养化而耗氧，致水生动物绝迹；应完善水生生态群体结构，发挥群体生态功能，才能保持水域旅游景观。四川安县白水湖水域的生态结构功能是腐殖入水繁藻，藻多养鱼，鱼类繁菌，并促进植物、水虫繁茂，则鸭可栖居。完善了水域生态群体结构功能，成了著名的生态旅游区。

3. 充分重视生态旅游区宏观生态系统

（1）生态旅游区生态系统要形成开放系统。生态旅游区生态系统非单独存在，区内生物间、生物与非生物间既相互作用，又与区外联系形成开放系统。要发展生态旅游区生态系统，必须宏观考虑。桂林风景，山则石笋林立，水则山峭濒江。若受移动型煤烟和工业废水污染，则山失青黛之色，水失碧波之翠。应宏观考虑，广植森林，治理污水；区外森林净化大气，调节区内气候水量，灌丛昆虫招诱飞鸟；方能保持"江作青罗带，山如碧玉簪"的特色。

（2）重视生态旅游区宏观生态系统的支柱。水源是水体旅游区生态支柱，应宏观培植水源林。例如，西昌邛海是四川著名的天然淡水湖泊，邛海支柱是地下水源，除应加强湖滨绿化工程外，还应宏观考虑保护其源头，稳住候鸟，防治湖泊向沼泽演替。又如，四川省区域地质调查队有研究成果表明，九寨沟内长海流域每年约32%的水量，经断裂形成的地下缝穴，自剑岩上游进入日则沟，而则查洼沟还有相当的径流沿下季节海珍珠滩，向断裂于珍珠滩段补入日则沟。因此，保护好长海流域的森林，不仅直接影响则查洼沟的水流变化，而且也影响日则沟的水流变化。

4. 重视环境容量发展生态旅游

（1）环境容量（Environmental Capacity）概念。环境容量即环境承载力，是指在某一时期，某种状态或条件下，某地区的环境所能容纳或承受的人类活动作用的阈值。"某种状态或条件"是指现实的或拟定的环境结构不发生改变的前提条件；"能容纳"是指不影响环境系统发挥其正常功能的条件。因此，环境容量是环境本身具有的自我调节功能的量度，其大小可以用人类活动方向、强度和规模等来反映。

（2）扩大基本容量方法。其原则是发展区内生态系统。首先，应考虑尽可能使地形复杂化，依脉垒山，因坡展麓，以潭扩湖，随渠折溪，高宽深折多向发展。其次，按地势扩大建筑容量。常见依山为台，因谷为园，将高山、低谷、丘台、江石、云栈、梯径、峰壑，用建筑连成园林。最后，用植物扩大环境容量。这是旅游区常用之法。

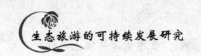

四川翠云廊景区的"三百里行程十万树",即是用植物扩大环境容量的典型。

（3）划区保护，稳定环境容量。将生态旅游区分为中心区、缓冲区、外围区。

外围区要制定管理条例，使"三废"、化肥、农药不波及缓冲区生态系统。完善缓冲区生态系统结构，建防护林阻滞外围区移动型污染源冲击中心区，对中心区严加保护。

三、生态系统的干扰和演替

在生态旅游区自然景观和生态环境的形成与发展过程中，存在着各种各样的干扰，这些干扰可使生态旅游区生态系统特征发生变化，若这些干扰超越生态系统正常波动的范围，则生态旅游区本底资源会受影响或发生"突变"，这种变化导致景观不同程度或完全地改变。其主要原因是生态系统的结构和功能发生变化或产生障碍，打破了原有旅游区生态系统的平衡状态，形成原循环位移或恶性循环。干扰生态旅游区的因素有自然干扰和人为干扰两种类型。自然干扰对生态破坏的影响往往是局部的和偶然发生的，而人为干扰是附加在自然干扰之上的，会使生态旅游区域中的生物种群、整个自然景观和生态环境受到污染和破坏。

受破坏的生态旅游区生态系统恢复过程的关键，就是被干扰后演替的最终结果和正常演替的关系。自然干扰一般是使生态系统经历漫长的岁月"返回"到生态演替的初始状态。一些周期性的自然干扰使生态系统呈周期性演替，成为生态演替的动力。生态演替中，生物种群与生态环境在变化和适应动态中逐渐达到动态平衡。然而，人为干扰在生态演替中则完全不同，人为干扰对生态演替往往是加速，甚至改变方向或向相反方向演替。人为干扰对生态系统的作用常常会产生生态冲击或生态报复现象，即生态环境改变后产生难以预料的后果。例如，承德旅游区在自然干扰和人为干扰下（后者为主），生态系统的结构和功能发生位移，位移强度破坏了原系统的阈限，呈不稳定性的破坏波动，生态演替逆向发展，导致旅游区生态环境恶化，1994 年 7 月发生的洪灾即可为证。又如，避暑山庄始建于 1703 年，兴建山庄和外八庙的建筑材料取自当地山林。随着人口剧增，为生计所需，农牧业发展起来，伐林毁草，人们炊食所需之薪材均须依靠伐木取草而获，致使天然植被群落破坏殆尽，森林覆盖率下降。由于人为破坏干扰，山林退化为不稳定类型，于是现今生态系统结构简单、物种单一，各种动物及鸟类失去了栖息的环境，区域生态景观恢复较为困难。

四、生态系统的恢复和重建

生态旅游区受害生态系统的恢复与重建的理论基础是恢复良性生态演替。由于生态演替的作用，生态系统也可以从自然干扰和人为干扰所产生的位移状态中得到恢复，其结构和功能得到逐步协调。在人类合理参与下，一些生态系统不仅可以加速恢复，而且可以改建和重建。

若恢复,可以将受害生态系统从远离初始状态推移回到初始状态。由于人类活动所损伤的生态系统在自然恢复过程中,可以重新获得一些生态学性状,自然干扰所损伤的生态系统若能被人类合理控制,生态系统将发生明显的变化。

然而,重建是对生态系统的现有状态进行改善,改善的结果是增加人类所期望的"人造"特点,减少人类不希望的特点。

受害生态系统的恢复有两种缺点:一是生态系统受害不超过负荷且是可逆的情况下,压力和干扰被移去后,恢复可在自然过程中发生,如对退化草场进行围栏保护,草场即可得到恢复;二是生态系统受害是超负荷的,并发生不可逆变化,只依靠自然过程不可能使系统恢复到初始状态,必须依靠人为帮助。总之,受害生态系统的恢复,依靠自然演替恢复是缓慢的;人为参与可以加速恢复,并可进行重建。但是人类的恢复措施,必须符合生态学规律,必须从生态系统的观点出发。

第四节　可持续发展理论的启示

一、人类社会发展和环境变迁的启示

人类产生之后,人类的生存环境虽然一方面像人类产生前一样受到太阳活动、地球内部运动、生物分布和气候等因素的影响不断变化;但另一方面,人类一经产生,即作为环境的对立物而存在,人在变革自然中发展自己,从而使环境变化越来越多地打上人类活动的印记。

1. 原始时代——人类利用环境的蒙昧阶段

这个时期从总体上讲,人类基本上受环境的主宰,处于次要的和从属的地位。由于认识水平和生产力极其低下,人类只能在狭窄的范围内和孤立的地点上发展着。原始人类使用木器、石器和骨器等工具直接从大自然中获取生活资料,因而表现出对自然的直接依赖关系。他们的生活方式和生活习惯都建立在周围自然环境所提供的物质条件基础之上,主要依靠直接采集天然植物和渔猎维持群体的生存和繁衍。当特定的自然环境满足不了人们的生活需要时,就通过迁徙来解决,人类的生活资料很少有自己创造的。因此,人类活动的结果并未给自然环境带来危害。即或有,如过度捕猎导致某些动物量的减少等,依靠自然界自身固有的再生能力也完全可以自发调节。

在人类产生后的数百万年中,由于生产力发展水平的低下,人口数量相对较少,人的活动对环境产生的影响与环境的容量维持着大体上的平衡。

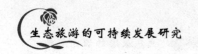

2. 农业时代——人类改造环境的初级阶段

这个时代的特点是人类与环境产生了初步对抗关系，出现了相互竞争和相互制约的局面。

随着生产工具的改进，在新石器时代，出现了原始的农业和畜牧业。铜制工具特别是铁制工具的出现，大大加快了农业的发展。这就是人类历史上影响深远的第一次社会分工，也是人类与环境关系发展的一个重要阶段。其中主要是农牧业的变革和发展大大增加了人类物质生活资料的丰富性和稳定性，大大提高了人类的物质文化生活水平，并加快了人类自身的生产，改变了人口的组成和结构，增加了人口的数量，提高了人口的质量。而同时也明显地改变了周围的生态环境，改变了生物群落的组成、结构和分布状况，把自然生态系统转变为以种植、畜养为特征的人工生态系统。因此，这种变革和发展又使人与环境的关系深化和复杂化。农牧业的发展标志着生产力的进步，它促进了人类社会由原始公有制进入私有制的奴隶社会，继而又进入封建社会。剥削阶级的贪婪，生产者和生产资料的分离，必然会产生环境资源利用上的浪费、破坏、过量索取等问题。人类由于科学技术和认识水平的限制，对自然规律和人与环境的关系尚缺乏科学的理解，盲目行动也往往不自觉地加重对生态环境的损害。这个时代所产生的环境问题，使人类的发展越来越多地干扰了环境自身合乎规律的循环。人为原因造成的环境问题逐渐增多，主要表现如下：

第一，森林、草原的大面积破坏。种植业、畜牧业和房屋建造，需要大量的耕地、木材，人们大规模地砍伐森林、开垦草原，大量破坏自然植被，造成水土流失，土壤肥力减退，良田面积缩小。

第二，局部气候变坏，部分土地沙漠化。原始植被的破坏影响了自然环境中物质、能量，特别是水的正常循环，引发了一系列自然生态环境的变化，如气候变得恶劣，局部地区降水减少，土地由于干旱而逐渐变为沙漠。

第三，土地盐渍化。部分地区农田长期灌溉，土壤的盐分增加，地下水位升高，天长日久，土壤逐渐盐渍化，肥力大大减退。

第四，城镇环境问题出现。农业的发展、人口的增长和聚集、城镇的增多和增大，加速了环境污染。特别是繁华的都市，由于生活设施落后，公共卫生成为一个重要的问题。

在农业时代，整个社会的发展历程中，人类的科学技术水平和生产水平逐渐提高，改善自然的能力逐渐加强，生存条件不断改善，而环境问题也日积月累地严重起来。农业时代由于人们改造环境的主动性、积极性不断提高，深度和广度迅速扩展，因而就不可避免地引发人类与环境关系的矛盾。对自然环境的改变，在一定程度上打破了原有的生态平衡，并经过环境再反馈于人类自身。但从全方位来看，在以自然经济为基础的整个古代社会中，人类对环境的改变尚未超出环境的容量，环境可以不同程度地得到相对的恢复，生态系统仍可维持着大体上的平衡。当时，自然因素仍较多地限制着人类的活动，在强大的自然力的制约下，人类与环境的关系处在一个自然统一和相对平衡的时代。

3. 工业时代——人类统治环境的时代

18 世纪兴起的产业革命，开始了机器大工业迅速发展的进程。蒸汽机等动力机器的使用，大大提高了社会生产力，增强了人们改造环境的能力。19 世纪下半叶之后，随着电力的广泛运用，人们的生产活动更加深入、更大规模地改变着环境。特别是自20 世纪 40 年代开始，原子能、电子计算机、空间技术等科学技术的发展，推动社会生产力日新月异地变化。人们不仅以各种方法利用自然生态环境，而且大规模地利用矿物、水、大气和其他自然资源。从生产、销售到日常生活，整个世界已日益密切地联系在一起，人类取得征服自然、改造环境的一个又一个的胜利，在整个地球上建成了以人类为中心的庞大的人工生态系统。人们尽可能在所有的范围内为所欲为，从陆地到海洋，从地球到太空，处处都有人类活动的印记，人的力量和地位得到确认。工业化、现代化创造了前所未有的人类文明，极大地提高了人们的物质生活和精神生活水平。征服自然的胜利和对自然界认识的深化，加快了人们对自然的索取，轻视自然、主宰自然、奴役和支配自然成了众多经营者的行为。人类逐渐摆脱了受自然主宰和奴役的地位，而成为自然的主人。"人定胜天""人类中心论"成为天人关系的主导理论。

但是，工业化正像一把双刃利剑，在人类取得成功的同时，也带来了各种各样的环境问题。它激化了人与环境的矛盾，恶化了人类的生存环境，使全球性的生态危机和环境危机爆发。大自然对人类只追求物质利益而无视环境发展的全面挑战，进行了各种形式的报复和惩罚，人类与环境的冲突达到空前尖锐的程度。随着近代和现代科学文化的发展，人们对自然规律有了越来越多的认识，并运用这些规律创造物质财富，但在相当长的时间内却忽视了运用这些规律保护环境，使社会发展、经济发展和环境发展相和谐。对人类与环境关系的片面认识，在实践中产生了难以估量的后果。人类生态系统产生了畸形发展的趋向，一极是人类财富的巨大增长，另一极却是环境的严重恶化和退化。

二、当代人类与环境的关系

1. 可持续发展思想的提出

现代环境退化已成为全球性现象，从天空到地下，从大陆到海洋，人类赖以生存的主要生态系统——森林、草原、湿地、农田，都面临着严重的危机，各种环境问题的爆发使有识之士率先认识到，生态危机必然导致人类生存与发展的困境产生，仅仅靠环境的自我调节已不能解决问题，必须从根本上调整人类与环境的关系，制约人类的行为，方能实现双方的和谐相处、共同发展。20 世纪 50 年代末，一些学者指出，人与环境必须保持和谐关系，生命是自然界的伟大创造，对生命要给予极大的尊重，应

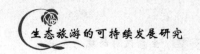

当爱护所有的生物和资源，保护生态环境。20 世纪 60 年代前后，工业排出的有害物质使环境污染由局部扩展到区域，以至于严重的环境公害事件接连出现，震惊了全世界，许多国家不得不采取治理措施。但问题并没有得到解决，污染持续加剧，公害事件仍然不断出现。20 世纪 70 年代，环境问题进而引起了全球各界人士和政府机关的重视，1972 年 6 月 5 日至 16 日，在瑞典首都斯德哥尔摩举行了联合国第一次人类环境会议，发布了《人类环境宣言》。会议建议联合国大会将 6 月 5 日定为"世界环境日"。同年，第 27 届联合国大会通过了这项决议。"世界环境日"的意义在于提醒全世界注意全球环境状况与人类活动对环境的危害，要求联合国系统和各国政府在这一天开展各种活动，强调保护和改善人类环境的重要性。

斯德哥尔摩会议的一个伟大成就是使人们认识到人类在世界某一处和在别处对环境造成的影响，其间都存在着不可分割的联系。这一点集中地反映在会议口号——"只有一个地球"上，从而开始出现共同管理好人类共有的星球家园的意识。

1980 年推出的《世界自然保护大纲》，是国际自然保护联盟受联合国环境规划署的委托，在世界野生生物基金会的支持和协助下制定的，许多国家的政府和非政府组织以及个人参加了这一大纲的起草工作，大纲虽然主要是针对自然资源的保护提出的，但其涉及的范围远远超出了单纯的保护，而是把保护与发展看作相辅相成的不可分割的两个方面。其中所提出的可持续发展的概念及其实现的前景和途径，至今仍具有指导意义。在《世界自然保护大纲》的鼓励下，世界上 50 多个国家根据自己国家的具体情况也制定了本国的自然保护大纲。

2. 可持续发展的内涵

（1）生态文明和人的和谐。从字面上理解，可持续发展就是指人类经济社会发展应该注意可持续性，防止不可持续性，但其实质是要求人们从传统工业文明的发展方式中解脱出来，走人与自然协调发展的新发展方式，即生态文明的发展方式。传统工业文明的发展观建立在"人是自然的主人"思想基础之上，强调人类社会在工业化和现代化过程中对自然进行无限度的索取和征服，以满足自己不断增长的物质需求。与此相反，现代生态文明的发展观主张"人是自然的一员"，强调人在经济活动中应该遵循生态学原理，达到人与自然的和谐相处、协调发展。由于大自然并不是可以取之不尽的原料库和可以随意肆虐的垃圾箱，因此传统工业文明的发展方式本质上是反自然的，是不可能用修修补补的办法解决人类所引起的环境资源等问题的。因此在这种思想方式支配下的社会经济发展难免是不可持续的。只有生态文明的发展方式是在尊重自然的前提下考虑人的发展，维护"人—自然"系统的整体利益，才能真正保证人类社会自身的持续发展。

具体地讲，生态文明发展观对"发展"概念的理解实现了以下两个方面的突出变化：

第一，强调自然界本身具有发展权。与以往从"人类中心主义"角度考虑发展问题不同，新的发展概念是以自然生存权作为重要前提的，这就是说，不仅人类，而且自然界的其他要素——从物种到生态系统也都具有不容否定的生存发展权利。如果只承认人的生存发展权，那么大多数破坏自然的行为都可以在保证人的生存的理由下正当化和合法化。传统工业文明发展观正是从这里出发引发出了各种侵犯自然的恶果，导致了人类社会经济发展的不可持续性。

第二，强调人类的发展必须考虑自然成本。生态文明发展观指出，人类所得到的发展实际上是包含了自然成本在内的发展而不是不计自然成本的发展。以往的发展概念趋向于单向度地显示人类征服自然所获得的经济利润，却掩盖了在自然资源环境上的巨量成本和不可低估的亏损。工业文明发展的许多结果已经表明，今天的自然资本的过度丧失在将来也许花费成倍的代价也难以弥补。因此，在生态文明发展观中，那种不计自然成本、以牺牲自然为代价的增长不再有理由被视为是真正意义上的发展。真正的发展只能属于那种最低限度地消耗自然成本并有效保持了自然持续性的人类社会发展。

（2）代际平等与代内平等。可持续发展既涉及人与自然的关系，也涉及人与人之间的关系。国际上最初对可持续发展的定义是"社会发展既要满足当代人的需求又要考虑后代人满足自身的需求"，后来的重要补充是"一部分人的发展不应损害另一部分人的利益"。这表明可持续发展思想的一个核心内容是平等，它包括下列两个方面的内容：

第一，体现未来取向的代际平等。强调在发展问题上要足够公正地对待后代人的发展，当代人的发展不能以损害后代人的发展能力为代价。这有两个基本含义。

其一，当代人对后代人生存发展的可能性负有不可推卸的责任。由于后代人的意见在现时代无从得到反映，例如子孙后代无法阻止我们将石油和煤炭等化石燃料消耗殆尽，也无法阻止我们把放射性垃圾留给他们去处理，因此加强对未来人负责的自律就显得特别重要。面对环境被不可逆转地破坏、资源极其迅速地减少的现实，当代人没有理由回避或拒绝对未来的责任。其二，可持续发展思想要求当代人为后代人提供至少和自己从前辈人那里继承的一样多甚至更多的自然财富。这种财富主要是指满足后代人能进一步发展的环境资源等自然条件。因为如果某一代人给下一代人留下的自然财富要少于他们从前辈人那里所继承的，这就意味着他们使下一代状况变差了。而可持续发展的基本目的是让下一代的发展比上一代更好。

第二，体现空间观念的代内平等。强调任何地区、任何国家的发展不能以损害别的地区和国家发展为代价，特别是要注意维护弱发展地区和国家的需求。这也有两层意思。其一，在"只有一个"的地球上，任何地区、任何国家都没有无限制的发展自由，都必须以不给其他地区和国家带来危害作前提。因为在环境和资源都是有限的条件下，任何一个自由主义的发展行动都可能对周围产生不可低估的副作用。在可持续发展问题上讲代内平等，就是地区利益必须服从国家利益，国家利益必须服从全球利

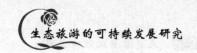

益。其二，整体发展的关键是要在地区、国家和全球范围内防止和消灭贫富两极分化。许多资料表明，一方面，全球资源环境恶化的根本起因有贫困地区为求温饱而不得不掠夺性地利用资源，更有富裕者为求最大利润和奢侈享受而滥用资源。所以，只有采取资源环境公正配置的原则，缩小贫富两极分化，才可保持发展的持续性。另一方面，发展的基本目标是满足人类的基本需求，所以贫困者的生存需求应当优先于富有者的奢侈需求，才能体现可持续发展的宗旨。

3. 可持续发展的指标体系

可持续发展要求社会、经济、资源和环境协调发展。这里"资源"指当前可供人类利用的自然物质，如水、土地、森林和矿产等，"环境"指自然对人类发展的支持能力，包括生态平衡、纳污能力和自净能力等。只有社会、经济、资源、环境这四个系统的运动处于协调状态，才能保证人类社会持续不断地向有序状态演化。如果将可持续发展比喻为一把椅子，那么社会、经济、资源、环境就是它的四条腿，任何一条腿出现短缺，这把椅子就会倾斜。因此，要考察一个社会的发展是否符合可持续发展的要求，必须考察这一时刻的社会发展状况是否达到了四个系统的相互协调，而要衡量协调发展程度，必须通过一系列指标体系才能完成。

可持续发展指标体系包括社会发展指标、经济发展指标、资源指标和环境指标四大体系，由于每个体系都是由复杂的多元参量组成，因此，可持续发展的指标构成了一个庞大而复杂的指标体系。这一指标体系将在时间和空间上反映其整体布局和结构，在数量上反映其发展速度、趋向和规模，在层次上反映其功能和水平。

（1）社会发展指标。社会发展的宗旨是促进人民生活质量、人口素质和社会文明程度的不断提高。人是社会的主体，所以社会发展指标主要是以人为基础。

总人口反映了国家或地区的人口总规模；人口增长率则反映了国家或地区的人口变化趋势；人口平均寿命意味着人口享受的精神和物质水准；就业率和失业率反映了人口增长和经济发展之间的协调关系；国民受教育程度反映了人口素质，也反映了社会发展与经济发展协调的程度；每万人拥有的医生数、电话数、铁路和公路的长度反映了社会发展状况，以及社会发展与经济发展之间的关系状况；人均消费和人均收入则反映了人们的物质生活水准；绝对贫困人口的多少代表了全社会发展的水平，也是因贫困而造成污染的直接原因；而人口政策则反映了国家或地方政府对本身人口问题的认识程度以及解决的措施等。

（2）经济发展指标。经济发展指标采用传统的和常见的指标，如 GDP（国内生产总值），工业、农业和服务业总产值。GDP 表征了人力、物力通过经济活动所产出的可供人类利用的产品和劳务的价值；第一、第二、第三产业占 GDP 的比重，反映国家或地区的产业结构，说明国家或地区经济发展所处的不同发展阶段；就业结构以第一、第二、第三产业的就业人口比例来表示，反映社会发展与经济发展之间的协调关系；城市化水平以市镇人口占总人口的比例表示，反映国家或地区的发展程度。城市化水平的高低还显示了人口与自然生态环境压力的大小，这里重要的指标包括单位 GDP 能耗、水耗、其他资源消耗和单位 GDP 废水和废气的排放。这些指标表明了可持续发展能力及协调程度，反映经济增长方式是粗放型的还是集约型的；而环保投资则反映了国家的经济政策和环保政策。

（3）资源指标。这里所说的资源是指自然资源，主要有土地、矿产、森林、水、草地、海洋和野生动植物。自然资源是人类生产资料和生活资料的基本来源，是社会文明发展的物质基础。随着人类社会的不断发展，资源不足同人口爆炸、环境恶化一起构成了制约经济发展的三大基本障碍。所以，资源存量和人均资源占有量是衡量可持续发展的重要指标。资源开发利用程度以已经利用资源量占资源总储量的比率来表示，该指标和资源存量反映了资源的潜力；人均资源占有量反映了资源的相对稀缺程度；资源保证程度是指资源对社会、经济发展的保证程度，以资源可供应量占资源需求量的比率来表示，这是衡量可持续发展的重要指标之一；资源进口量一方面反映了资源稀缺程度，另一方面也反映了国家的资源政策。

（4）环境指标。当今，一些环境和与环境有关的问题在逐渐困扰人类，并威胁人类的生存，譬如大气污染、水污染、温室效应、臭氧层被破坏等。我国长期处在人口膨胀、资源不足、生态环境恶化的局面。近年来，由于经济高速增长所面临的环境问题日益突出，生态环境问题已成为制约我国经济发展、影响社会安定和国际形象的重要因素。

生态环境的好坏是衡量可持续发展的重要标志，也是反映社会、经济、资源和环境协调程度的重要指标。这些指标衡量了环境状况及变化趋势，人类活动对自然、环境的影响，人类治理和改善环境的能力；环境政策反映了国家对环保工作的认识和采取的措施。

4. 政府行为、科技能力和公众参与

在实施上，可持续发展是"政府调控行为、科学技术能力、社会公众参与"三位一体的系统工程。它需要三方面的力量各尽其职、相互配合。

（1）政府行为。一个国家或地区的政府是推动该国家或地区可持续发展的第一位力量。很难相信，没有政府部门的鼎力提倡和身体力行，可持续发展的实践会自发地运行起来。工业文明的历史已经反复证明，外部世界的环境污染和资源破坏往往发端于大大小小的决策者和领导者偏颇的决策思想和行事准则，而与自然不协调关系的扭转也往往起始于决策者和领导者的超前意识。因此，首要的问题是，决策者和领导者必须在思想上和行动上无条件地接受人和自然协调发展法则的理性约束，从而自觉地将可持续发展的思想和战略贯彻到整个管理过程之中，带动所在国家或地区经济社会的协调发展。

（2）科技能力。怎样看待科技对可持续发展的作用，认识上有一定的分歧。

有人无限夸大科学技术的作用，以为单纯利用科学技术的力量，就能达到可持续发展的目的；也有人把资源危机和环境污染怪罪于科学技术的高度发达，认为只有限

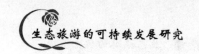

制科学技术的发展和作用,才能使社会可持续发展。这两种看法都是简单化的、片面的。事实上,科学技术本身并不必然带来自然的结果。在可持续发展的能力建设中,科学技术能力仍然居于无可替代的首要地位。不过,由于可持续发展要解决的问题涉及人和地球这样一个极其巨大的复杂系统,因此所需要的科学技术已经不再是传统意义上的自然科学技术,而是与社会科学和社会技术(例如社会管理技术)密切结合的、外延和内涵都大大升华了的科学技术。否则,将难以形成对解决可持续发展问题真正有效的科技力量。

(3)公众参与。公众参与是可持续发展的群众基础。只有人人开始感受到人口、资源和环境问题对人类生存和自然发展带来的莫大冲击,行动起来形成一股崇尚生态文明的新民风,可持续发展才有可靠的保证和成功的希望。公众参与的内容是丰富多样的,包括社会个人或社会团体在控制生育、节约资源和保护环境问题上的自律,对他人有害自然资源和环境行为的预警、监督和指控,以及通过新闻传媒或公众论坛推进政府部门采取有效而及时的保护资源、治理环境的举措。然而要使公众在可持续发展问题上产生强烈的参与意识,首先需要展开有规模、有力度的宣传教育活动,这种活动必须是全民性和经常性的。可持续性发展的内容既要成为学校教育的必修课程,从小培养年轻一代的生态文明意识,同时又要融入各种大众传播媒介,引起社会所有成员对可持续发展问题的日常关注。

三、可持续发展理论与生态旅游业

要实现生态旅游业的可持续发展,旅游者、旅游开发商、旅游经营者以及政府有关管理部门都负有不可推卸的责任。

1. 旅游资源开发与生态旅游业的可持续发展

旅游资源是旅游业赖以生存的基础,是发展旅游业的基本条件。然而,旅游资源的开发,特别是自然旅游资源的开发,却往往意味着环境的破坏和某些自然景观的丧失。旅游资源不同于一般物质生产的其他资源,旅游资源中,一般自然景观的形成要几万年,人文景观的形成也得几十年、几百年或几千年。很多资源都是不可再生的,也就尤为珍贵。因此,科学合理地开发旅游资源,建设旅游设施,对于实现生态旅游业的可持续发展具有极其重要的意义,是实现生态旅游业可持续发展的"重中之重"。

按照可持续发展思想,对于旅游资源的开发和旅游设施的建设,应该贯彻以下原则:

(1)计划性。旅游资源的开发要有计划、有步骤,循序渐进,切不可一哄而上、盲目开发,造成生态环境的破坏。

(2)科学性。旅游资源的开发要贯彻科学性原则,认真做好可行性分析。宾馆、酒店等大型旅游设施应建在自然保护区外,区内只建些与周围环境相适应的、简易的、具有地方特色的休息和食宿设施，如木屋、木棚等；公路最好不要直通保护区的核心区……这样，一则可以保护自然景观，二则可以使游客更好地与大自然融为一体。

（3）谨慎性。对于旅游资源的开发，特别是那些不可再生的自然旅游资源的开发，有关部门应该慎之又慎，以免破坏自然景观，出现对不起后代的"后悔工程"。

2. 旅游企业经营与生态旅游业的可持续发展

旅游企业在其经营活动中，应注意尽可能地节约能源，减少对环境的破坏和污染，并以适当的方式对旅游者进行可持续发展思想的教育，承担起实现可持续发展旅游的义务。

（1）旅行社、旅游公司及旅游交通企业与生态旅游业的可持续发展。旅行社、旅游公司及旅游交通企业可在以下几个方面为实现旅游业的可持续发展做出贡献：

① 生产环保型旅游产品，如生态旅游产品、森林旅游产品和农业旅游产品等。

② 选择具备生态旅游条件的旅游目的地。旅行社应当避免选择那些脆弱、敏感的生态地域作为旅游目的地。

③ 在旅游策划的各个阶段，充分听取地域生态科研人员和自然保护团体的意见。

④ 旅游团人数要控制在适当的范围。小团队旅游，便于领队实施有效的管理，从而减少对自然生态的影响和破坏。

⑤ 正确引导旅游者的消费行为，培养旅游者的环保意识。通过各种媒体对游客进行教育的内容主要包括：对生态保护重要性的认识，了解目的地的生态、人文情况，了解生态旅游的行为规范及注意事项，了解目的地的有关生态保护的法律、规定，了解旅游途中的垃圾处理方法。

⑥ 对导游和领队人员进行培训，增长其生态旅游方面的专业知识。培养和造就有生态旅游专业知识和责任感的导游人员，对于实现旅游业的可持续发展是十分重要的。

⑦ 实现废弃物的最小化。废弃物的最小化是《21世纪议程》的核心。

⑧ 减少能源的利用和降低潜在的具有破坏性的大气排放物。许多全球性的环境问题，都直接与燃烧矿物燃料有关。节约能源不仅可以对实现旅游业的可持续发展做出贡献，而且可以为高效利用能源的旅游企业带来经济效益。

⑨ 保护水资源。使废水排放量降到最低，以保护水环境、保护动植物、保护洁净水资源的质量。

① 减少旅游交通对环境的污染。交通运输是旅游业的生命线，旅游公司应该加强管理，以减少或控制旅游交通对环境的不良影响。例如，提供畜力、人力、自然能（风力、漂流）交通工具或徒步旅行，以减少对自然生态的污染。

（2）旅游饭店经营与旅游业的可持续发展。实现旅游业可持续发展的经营原则和方法，已在旅游饭店得到较为广泛的利用，并已取得良好的经济和社会效果。很多国家开始大力发展环保型的"绿色饭店"（Green Hotel）。其主要特征有以下几点：

① 采用节能设施设备，减少对能源的浪费。

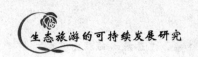

② 停止使用煤、重油、柴油、煤油等污染大气环境的燃料，改用管道燃气、液化石油气、电等清洁能源。

③ 注意回收旧报纸、易拉罐和玻璃瓶等，搞好再生资源利用。

④ 尽可能购买有利于环境保护的商品和可再生利用的产品，减少资源浪费。

3. 旅游者消费行为与生态旅游业的可持续发展

旅游者的消费行为对于生态旅游业的可持续发展具有重要影响，旅游者在从事旅游活动时，应该有环保意识，严格自律，为旅游业的可持续发展做出贡献。

旅游者可从以下几个方面为旅游业的可持续发展做出贡献。

（1）要尊重访问目的地的文化。游客应该以学习、了解当地的文化和风俗习惯为目的，在当地居民允许的范围内参加各项活动。

（2）不破坏旅游资源，做文明旅游者。常有一些素质低下的游客，到达旅游景点后，肆意破坏旅游资源，生态旅游者应自觉抵制。

（3）不随地丢弃垃圾。一些游客随地丢弃塑料袋、饭盒、饮料瓶等垃圾，是造成旅游地及风景区污染的重要原因，严重影响着旅游业的可持续发展。应将垃圾分类存放，尽可能再生利用。

（4）不干扰野生生物的正常生存。游客应服从景区管理人员及自然保护主义者的吩咐，如不捕杀、不追逐、不投喂、不恐吓动物，不采集和不踩踏野生植物。

（5）积极参加保护生态的各种有益活动，如向访问地捐助资金，提供知识技术，参加保护环境的宣传和义务劳动等。

4. 国家旅游管理机构及有关政府部门与生态旅游业的可持续发展

生态旅游业是一个综合性行为，涉及面非常广，因此，除了国家旅游主管部门以外，其他政府部门对旅游的某些方面都具有管辖权，如交通、建设、贸易、林业、环境、国土、农业、水产等部门。所有这些政府部门都会对生态旅游业实现可持续发展施加影响。国家旅游管理机构及有关政府部门可以在以下方面对生态旅游业实现可持续发展做出贡献。

（1）制定实现生态旅游业可持续发展的有关政策法规。如通过贯彻"谁污染，谁付费"（Polluter Pays）的原则和制订标签计划（Labeling Schemes），对有害物质的使用进行预防性和惩罚性管理。

（2）对生态旅游业有关部门、企业和从业者进行培训和教育。国家旅游管理机构及有关政府部门应就生态旅游业的可持续发展的必要性以及生态旅游业可持续发展的性质和范围对旅游业有关部门、企业和从业者进行培训和教育，以提高认识，并在可能的情况下，强化其旅游业可持续发展的思想和行为，传授实现生态旅游业可持续发展的有关技能。

（3）制定可持续生态旅游业的发展规划。在生态旅游业发展中，不做规划或规划不善可能导致对环境、资源和文化的破坏，而按照可持续发展思想，对生态旅游业进行科学的规划，则可有效地利用土地资源，最大限度地实现生态旅游业潜在环境的经济利益，同时，使可能发生的环境或文化破坏降低到最低限度。政府部门在制定可持续生态旅游发展战略与规划时，应多从环境适应性来考虑，努力争取"生态旅游发展与环境保护的永久和谐"。

（4）建立可持续旅游发展评估指标体系、统计指标体系，确定评价和测定方法，对生态旅游业发展的评估和统计不应只注意经济指标，而忽略社会、文化、环境等方面的考虑。旅游行政管理部门应同有关部门研制和确定一套全面、科学的生态旅游业发展评估和统计指标体系，特别是对于环境，要建立环境质量监测和效应评估体系，并责成有关机构及时监测和评估，定期公布，及时分析，发布预警，以形成一种社会力量，及时地并全民、全方位地控制旅游污染。

（5）加强与其他国家（包括发达国家和不发达国家）之间在可持续发展的信息、技能和技术以及经验和教训方面的交流。这种交流，特别是发达国家和不发达国家之间的交流，对于各国实现生态旅游业的可持续发展将很有裨益。

第二章

生态旅游的主体因素

第一节　生态旅游者

一、生态旅游者的概念

何为生态旅游者？由于对生态旅游的理解不尽相同，所以对该问题的答案也不尽相同。根据国内外一些专家学者的论述，把生态旅游者分为广义的生态旅游者和狭义的生态旅游者。

1. 广义的生态旅游者

广义的生态旅游者，是指到生态旅游区的所有游客。这类界定的代表性论述主要有：

怀特（C. Wild）认为，"生态旅游者的范围既包括有特殊兴趣的专家组，如鸟类观察者、摄影师和科学家，又包括对自然区域与不同文化感兴趣的普通人"。澳大利亚查尔斯特大学（Charles Sturt University）大学的林达贝格（Kreg Lindberg）与莱皮斯康波（Neil Lipscomble）博士认为，"生态旅游者是指那些作为娱乐者或旅游者来参观自然保护区的人"。

加拿大学者文尼嘎德（Glen T. Hvenegaard）与迪尔登（Philip Dearden）在他们的一项研究报告中指出，"生态旅游者包括所有参加生态旅游活动（如观鸟、赏鲸等）或参观生态旅游区的人"。

广义的生态旅游者只是对旅游者行为现象的部分概括，并不能真正体现生态旅游的内涵，将生态旅游与自然旅游等同起来，忽视生态旅游的兴起与发展是人们环境意识增强的结果，没有体现旅游者对保护生态环境方面应做出贡献。

2. 狭义的生态旅游者

狭义的生态旅游者，是指对生态旅游区的环境保护和经济发展负有责任的游客。根据这个定义，生态旅游者仅指来到生态旅游区的对环保与经济发展负有一定责任的那部分游客。这类界定代表性论述主要有：我国的黄羊山提出，"生态旅游者对旅游环境的质量要求很高，同时也非常自觉地、有意识地保护旅游环境。他们还协助旅游部门和管理机构进行资源保护"。

方晓亮在《中国旅游报》载文指出，"真正意义上的生态旅游者是指有益于自然环境健康发展的旅游者"。

北京师范大学的葛岳静针对如何最大限度减少生态旅游业的负面影响等问题，提出"生态旅游家"的概念，是指"能够对生态旅游业进行严格评估和不断监测的人"，并指出其基本条件是："①热衷于接触大自然的人。②对不同的生活方式富有兴趣、充满求知欲和充满活力的人。③一般受到过与生态旅游区自然与人文景观相关知识良好教育的人。④有认真的体力和情感准备的人，偏爱身体力行的人。⑤乐于社交和交朋友的人。"他还认为这部分人最初一般都是科学家，然后是环境学家和环保主义者、记者、学生及对自然界感兴趣的人。

狭义的生态旅游者反映了生态旅游的内涵，同时也涉及了生态旅游者的本质特征，把生态旅游者与传统旅游者区别开来。生态旅游者不仅是回归自然，即到自然界和生态环境中去享受自然和文化遗产，更重要的是对自然生态环境保护有促进作用。

二、生态旅游者的特征

生态旅游者除了具有传统大众旅游者的目的地的异地性、经济上的消费性、时间安排上的业余性、地域上的差异性等共同特点外，还有有别于传统大众旅游者的特殊特征，主要有以下几点：

1. 自然性

生态旅游者的自然性是指其旅游对象和旅游服务的自然性。旅游对象的自然性不但指自然环境形态，还指原汁原味的、人与自然和谐的特色文化。生态旅游者对环境污染的认识越来越深刻，同时对过于人工雕琢的旅游感到乏味、单调，他们热衷于回归到大自然天然本底的"原始"生态环境中去，探索大自然的奥秘，领略特色文化的神秘，并由此感受到其中的美学、科学、哲学等文化价值，体验人与自然的和谐，激发对文化生态的热爱。旅游服务的自然性是指生态旅游者在旅游过程中的吃、住、行、游、娱、购等环节，对所接受的服务项目要求原汁原味、自然，如吃、住入乡随俗。生态旅游者以背起行囊徒步为主，走进大自然，在大自然的怀抱中享受旅游的乐趣，与大自然对话，增强热爱自然、保护自然的意识，且参与当地社区民族的经济和文化发展及生态环境保护等活动。

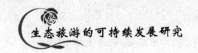

2. 责任性

生态旅游者的责任性是指旅游活动是具有促进环境保护和社区经济发展责任的活动，广袤的大自然与博大精深的特色文化给生态旅游者提供了宽阔的天地，他们既在其中进行丰富多彩的生态旅游活动，又在责任感的驱使下，自觉要求自己的行为不对生态环境产生破坏，尊重和维护人与自然和谐的特色文化，并为所在社区经济和文化可持续发展担负应尽职责。

3. 特定性

生态旅游者的特定性是指其自身素质要求的特定性，由于生态旅游不仅用来表征旅游的区域和对象是自然物，而且更强调被旅游的区域和对象不受到损害，要达到这个目标，生态旅游者必须具备一定的素质要求，包括身体素质、道德素质、环保知识及文化修养等各个方面，如理解大自然生态平衡的原理，懂得民俗风情的文化内涵，懂得可持续发展战略的内涵、基本思想和重要性等，能非常自觉地、有意识地参与到保护生态环境和旅游资源的行列中。

三、生态旅游者的分类

对于生态旅游者的分类，无论是学术理论界还是实际工作部门，目前尚无统一的划分标准。由于人们研究问题的角度、方法和目的不同，其标准也各异。其主要分类如下：

1. 按国境国界为标准分类

（1）国际生态旅游者。国际生态旅游者是指暂时离开自己的定居国或长居国，入境到其他国家进行生态旅游的游客。在我国，暂时离开定居国或长住国入境到我国境内进行生态旅游的游客，都可称为国际生态旅游者。凡是通过我国驻外使、领馆，各国对外友好团体，或同我国旅行机构有联系的外国旅行社以及直接同我国国际旅行总社联系，申请办理入境手续后持有 L 签证（L 签证的签发对象为来中国内地旅游、探亲或因其他私人事务入境人员）的外国旅游者、华侨、中国血统的外籍人，均可凭签证前往我国政府指定的对外开放地区进行生态旅游。

（2）国内生态旅游者。国内生态旅游者是指暂时离开自己的定居地或长住地前往本国境内其他地区去进行生态旅游的游客。国内生态旅游者，既可以是取得所住国国籍居民，又可以是没有取得所住国国籍而长期在所住国学习、工作、疗养、休息或从事其他活动的人。

2. 按组织形式为标准分类

（1）团体生态旅游者。团体生态旅游者，又称为团体包价生态旅游者，是指参与由旅行社或其他旅游组织事先计划、统一组织、精心编排生态旅游项目，提供相关服务工作并以总价格形式一次性地收取旅游费用的生态旅游团体的生态旅游者，其团体人数一般不少于 15 人。其主要优点是安全、可靠、方便、舒适，且旅游费用相对便宜。但是，一切活动都需要按旅行社或其他旅游组织的统一计划集体进行，欠缺灵活机动性。

（2）散客生态旅游者。散客生态旅游者，又称个体生态旅游者、自助生态旅游者，是相对团体生态旅游者而言的，指个体、家庭或自行结伴进行生态旅游的人。与团体生态旅游者相比，时间上能够灵活掌握，生态旅游项目的选择上自主独立，且具灵活性，易于充分实现旅游动机。但由于一切活动都需要自己联系，不够方便，较为费钱、费时。

3. 按目的方式为标准分类

（1）观光型生态旅游者。观光型生态旅游者是指以旅游观赏自然生态系统为主要目的的生态旅游者，如观赏山地、冰川、火山迹地、溶洞、沙漠、湖泊、江河、森林、草原、湿地、海洋、植物园、野生动物园等。其主要目的地为"世界遗产"地、自然保护区、国家森林公园、风景名胜区。

（2）参与型生态旅游者。参与型生态旅游者是指积极参与旅游的有关活动的生态旅游者，如直接参与有组织的类似植树造林、清理环境、环保宣传之类的生态保育活动，或者登山、骑自行车、野营、漂流、滑雪、垂钓、观鸟、民风民俗活动等寓教于乐的活动。

（3）专题型生态旅游者。专题型生态旅游者是指为某一特殊的动机外出旅游的生态旅游者，这类动机包括参加特殊的科学考察旅游活动，如野生动物与植物考察、地貌奇观考察、森林探险、宗教名山考察、香格里拉探秘、生态农业旅游等。生态旅游者借助于特殊的旅游资源和生态环境，增长知识、丰富见闻、锻炼体魄等。

（4）综合型生态旅游者。综合型生态旅游者是指集观光型、参与型、专题型等旅游目的或方式两种以上有机组合的生态旅游者，这类生态旅游者是生态旅游者类型中的主体，占多数，主要原因是生态旅游者的出游一般都是多种动机或方式并存，通过多样化的生态旅游项目达到综合效果。

四、生态旅游者的权益和责任

在生态旅游活动中，应明确生态旅游者享有的权益与负有的责任，他们的权益和责任充分体现了生态旅游的特点，同时也是与传统大众旅游者的主要区别所在。生态旅游者主要的权益和责任如下：

1. 生态旅游者的权益

（1）知悉真实信息和自由选择的权益。生态旅游者在旅行和逗留期间，旅游组织与生态旅游企业应该提供客观、准确和完整的旅游信息，包括旅游线路、旅游景点、

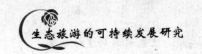

旅游活动项目、旅游价格等，还应积极提供自然地域状况和环境保护教育的相关信息资料。生态旅游者在购买生态旅游产品时，有自主选择，按自己的旅游目的和兴趣购买，并进行比较、鉴别和挑选的权利。对于进行广告宣传的旅游经营者要承担相应的法律责任。

（2）人身、财产安全受保护的权益。人身、财产安全基本权利是受法律保护的，生态旅游经营者的活动不能侵犯生态旅游者的上述权利，同时生态旅游经营者所提供的生态旅游产品必须符合保障人身、财产安全的要求。生态旅游者在旅游活动中遭受的人身、财产损失，只要同生态旅游管理者有直接或间接的关系，或是由于生态旅游产品和服务的缺陷造成的，生态旅游者有权要求责任单位或个人进行赔偿。

（3）获得质价相符的产品与服务的权益。生态旅游者对购买的产品和服务要求有质量保障，同时也要求价格合理、公平，购买的生态旅游产品和服务要与其价格相符。生态旅游在住宿、餐饮、参与生态旅游项目类型等方面的差价反映了生态环境、服务内容、服务水准和生态旅游活动内容和内涵等的差异，其价格应与实际相符。

2. 生态旅游者的责任

（1）保护生态环境为己任。生态旅游的产生背景是传统大众旅游活动对自然、文化、社会等环境产生了多种多样的负面影响，损害了旅游业赖以生存的环境质量，威胁了旅游业的可持续发展。生态旅游作为一种维护环境的旅游活动，生态旅游者应该热爱大自然，具有较强的环保意识，对旅游目的地的生态环境维护具有责任感，且应为其做出自己的贡献。

① 尊重旅游目的地的生命。尊重生命，是人类文明永恒的主旋律。按生态学的观点，地球上的一切生命是一个共同体，相互有着极为复杂的生态关系，生命面前生物平等，而人类仅仅只是这个共同体中的一员，人与其他生物均享有平等的权利，因此，我们人类尊重生命的范围应该扩大到所有的生命，而且这种尊重要立足于生命的创造性和维持性等价值，从生命物种的保存、进化和生态系统的完整、平衡、完美出发，遵循生态规律，尊重各种生物享有的生命共存、特有生活方式以及生物维持种类进化所必需的生态条件不受人类破坏等权利。生态旅游者应按"生态旅游指南"参与生态旅游。

② 尊重旅游目的地的自然生态系统。生物及其生存环境构成了自然生态系统，整个生态旅游目的地由多样、多层的生态系统所组成，生态旅游者进入目的地后，也只是生态系统中的一个组成部分，生态系统的稳定性、完整性和完美性包含有益于人类生存的环境价值，值得尊重。要尊重生态系统，就得按照生态规律来理智地行动，注意保护生态系统中内在的相互依存的自然生态关系。此外还应注意保护生态系统中的关键物种以及尽力保持生物多样性。

③ 尊重旅游目的地的生态过程。人们应该充分认识到生态过程的形成是大自然生物圈几十亿年优化选择的结果，生态旅游者应关注生态过程，尊重生态过程，维护物

质与能量流动以及生态系统的自我调节，以达到生态平衡。

④ 尊重旅游目的地的文化。应维护当地文化的自然性，生态旅游者应以学习了解当地文化、风俗习惯、民族风情为目的，不应将自己的文化价值观强加于人，不要强求过分舒适，要在了解民族礼仪、习俗及禁忌的基础上，"入境问禁""入乡随俗"，尊重当地的风俗习惯，在当地居民允许的范围内参与其活动，体验其文化，以求自我充实和提高。

（2）促进旅游社区经济与文化发展的责任。生态旅游区与其所在的社区经济发展有一定的联系，生态旅游区应制定相应的资源保护政策，限制社区居民对自然资源的传统性利用，旅游的开发对社区有不同程度的影响。这些问题如果不加以处理，就会激发生态旅游区与社区居民之间的矛盾，生态旅游区将常常处于一个不稳定的局面，从长远看，解决这一问题的主要途径如下：

① 促进旅游社区经济发展。吸收当地居民参与到生态旅游区从事第三产业的保护、管理等工作，如导游、餐饮、护林、防火、巡视等。生态旅游不仅要给当地社区群众带来更多的就业机会，而且要促进地方经济的持续发展，生态旅游者应支持当地社区群众的工作，为生态旅游目的地社区脱贫致富尽职。例如，科技工作者参与生态旅游时为当地社区提供科技咨询服务，甚至指导协助工作。

② 促进旅游社区传统文化的保护和提高。生态旅游社区的传统文化，如富有特色的建筑风格，当地的舞蹈、音乐、戏剧、风俗习惯等对生态旅游者颇具魅力，生态旅游者应注意行为规范，尽量减少对当地传统文化的负面影响，同时应积极为旅游地社会传统文化继续保存并持续发展尽其职责。

第二节　生态旅游资源

一、旅游资源

旅游作为一种特殊的社会、文化、经济现象，与环境关系密切，良好的旅游资源、生态环境、社会环境是旅游业得以发展的重要前提。关于旅游资源，不同的专家学者都有自己的不同理解。

第一种观点认为，凡能激发旅游者的旅游动机，为旅游业所利用，并由此产生经济效益与社会效益的因素和条件即称为旅游资源。

第二种观点认为，凡能吸引旅游需求，能为旅游业开发利用的一切自然和人文要素的总和，统称为旅游资源。它可分为旅游对象资源、旅游设施资源、旅游购物资源和旅游业人力资源四大类。

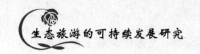

第三种观点认为，旅游资源是在自然界和人类社会中能够激发旅游者旅游动机并进行旅游活动，为旅游业所利用并能产生经济、社会和生态效益的客体。具有旅游活动客体属性、吸引功能和效益功能是旅游资源的三个基本特点。从上述不同的理解中可以概括出旅游资源的共同点，即旅游资源是具有吸引功能和效益功能，能在现在或将来为旅游业所利用的一切因素和条件的总和。

二、生态旅游资源的内涵

1. 生态旅游资源的概念

生态旅游资源是旅游资源的一种，它是具有吸引功能和效益功能，能在现在或将来为生态旅游开发所利用的一切因素和条件的总和。

生态旅游资源的吸引功能与效益功能与一般的旅游资源不同。生态旅游资源通过生态美来吸引游客。从这个意义上说，生态旅游资源就是指以生态美（自然生态、人文生态）吸引游客前来进行生态旅游活动，为旅游业所利用，并在保护的前提下，实现环境的优化组合、物质能量的良性循环、经济和社会协调发展，能够产生可持续的生态旅游综合效益，产生具有较高观光、欣赏价值的生态旅游活动对象。为了实现生态旅游资源的生态、经济和社会三大效益的统一，生态旅游资源的开发和利用体现在对生态学原理的应用上。从生态学的角度看，生态旅游资源是按照生态学的目标和要求，实现环境的优化组合、物质能量的良性循环以及经济和社会的协调发展，并有较高观光、欣赏价值的生态旅游区。

生态旅游资源与一般所讲的自然旅游资源既有重合之处，又有不同之处。重合之处是指自然旅游资源均可用于生态旅游，属于生态旅游资源的一部分；不同之处是指自然旅游资源不能涵盖的生态环境部分，这部分是生态旅游资源中的无形资产，对人类康体、疗养、治病具有特殊的价值，如植物所释放的各种杀菌物质和负氧离子等。生态旅游资源应该包括那些保护完好的原生生态环境和人工生态环境。

2. 生态旅游资源与传统大众旅游资源

生态旅游不同于传统的大众旅游，作为生态旅游对象的生态旅游资源必然也同传统大众旅游资源有所区别。从吸引功能上比较，传统大众旅游资源能消除身心疲劳，吸引对象为大众旅游者；生态旅游资源让人回归大自然、增长知识、接受教育，吸引对象为具环境知识和环境意识的生态旅游者。从效益功能上比较，传统大众旅游资源可以实现经济、社会、环境三大效益横向上的协调发展，而生态旅游资源可以同时实现经济、社会、生态环境三大效益横向上的协调发展与三大效益时间纵向上的可持续发展。从客体属性上比较，传统大众旅游资源是一切既对游客有吸引力又能开发利用产生效益的客体；生态旅游资源是一切既具有生态美，又能经开发、利用产生效益的自然生态系统及"天人合一"的人文生态系统。

3. 生态旅游资源认识误区

目前，人们对生态旅游资源的认识存在一些误区，主要表现在以下三个方面。

（1）生态旅游资源就是"自然景物"。在生态旅游的最初概念的界定中，明确了生态旅游的对象即生态旅游资源是"自然景物"，西方不少国家也严格按此来规定生态旅游资源的对象，尤其是美国、加拿大、澳大利亚几个生态旅游发展走在前面的国家，更是把生态旅游对象限制在"国家公园""野生动物园""热带丛林"等纯"自然"的区域。

我国具有上千年的文明历史，自然与人和谐相处的传统文化创造了丰富的生态文化。生态旅游概念传入我国后，生态旅游资源的界定范围也自然扩大到人文景观，因为自然的山山水水也充溢着浓浓的文化味，如名山"五岳"，自然和文化是和谐统一而浑然一体的。在传统的"天人合一"的哲学思想指导下，这些区域处处闪烁着人与自然和谐的"生态美"光芒，如我国"五岳"之首的泰山，其魅力当然在于自然的独特美，它以雄浑博大著称于世。然而泰山的魅力更在于它的文化内涵。从传说中的上古七十二位帝王至泰山封禅告祭，到秦皇汉武、唐宗宋祖、明臣清帝的封禅大典，再到文人墨客的审美渲染、黎民百姓的顶礼膜拜，经历代文化的积淀，其人文意义渐渐地，甚至远远地超过其载体的自然意义，它由一座自然名山演化成历史名山、文化名山、宗教名山和政治名山。

可见，我国的生态旅游资源不仅仅只局限于自然生态旅游资源，还应包括与自然和谐、充满生态美的人文生态旅游资源，即人文景观。所以，生态旅游资源应包括自然生态和人文生态两大部分，人文生态是旅游业赖以发展的另一重要资源，与自然生态资源相辅相成。杨福泉对云南人文生态资源的日渐衰退的现状进行了阐述，提出了开发人文生态旅游资源的问题，对促进文化景观的保护有重要作用。

生态旅游资源就是"自然景物"的误解对文化生态的保护极为不利。实际上，自然的绿色是人类生存的条件，而文化的绿色是民族精神延续的基因。我们今天的文化，根植于自然，是由一代又一代人的心血汗水浇灌发育起来的，毁掉了文化遗迹，我们就看不见今天发展的基石。自然环境生态破坏了无法弥补，而历史文化生态破坏了更无从恢复。所以，生态旅游资源不仅包括自然生态，也包括文化生态，统一此认识对我国旅游资源的保护、对生态旅游的可持续发展意义十分重大。

（2）生态旅游就是到保护区的旅游。在对"自然"生态旅游资源的认识上，人们的意见也没有统一。只有自然保护区才算生态旅游资源的看法成为很多人的共识。西方国家的国家公园实质上是自然保护区，只是其功能一开始就确定为受保护和利用其作为休闲的场所，而我国的自然保护区走的是一条由保护到生产和旅游的道路。同时，由于我国的自然保护区因环境质量好能得到生态旅游者的青睐，很自然地，就将生态旅游开发对象定位在自然保护区。近几年，我国生态旅游研究和开发也都把自然保护区作为焦点，这就造成了人们认识上的一个误区：即生态旅游就是到自然保护区的旅

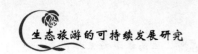

游。事实上，自然保护区只是生态旅游的主要基地之一，它还应包括国内外的国家公园、国家森林公园以及山川、河流、社会风情、人文文化等，可以说，一切具有生态美感的旅游资源地都是生态旅游资源地，都可以用来发展生态旅游。

（3）生态旅游资源主要指森林旅游资源。森林旅游是生态旅游的主体部分，但不等于生态旅游的全部。造成这种认识误区的原因，主要是森林旅游的巨大魅力。

众所周知，在大自然中，最具自然韵味的首推森林。森林是自然界中物质最丰富、功能最完备、层次结构最错综、生产力最大的陆地主体生态系统，也是自然界最重要的生物库、能源库、基因库、碳储库和蓄水库。森林及其环境所构成的生态景观是任何景观都不可代替的。

森林是世界上最大的陆地生态系统，因而森林生态旅游必将是绿色旅游的主体。森林保护较好的地方多位于山地，这也是山地旅游、山岳旅游资源的最大魅力之所在。由于森林具有生态美，在回归大自然的生态旅游中，人类很自然地就将森林作为自己回归的对象。过去我国许多森林公园发展得不是很好，但随着生态旅游的兴起其重获发展的良机。虽然森林生态旅游并不等于生态旅游的全部，但森林是生态旅游的主要对象物。

第三节　生态旅游环境

一、生态旅游环境的定义和内涵

作为旅游环境重要组成部分的生态旅游环境，主要是针对生态旅游这一中心事物而提出的，是生态旅游发展的基础。其着眼点在于保护资源与环境，以求可持续发展。因而，生态旅游环境可定义为：以生态旅游活动为中心的环境，是指生态旅游活动得以生存、进行和发展的一切外部条件的总和。生态旅游环境既是旅游环境的一部分，同时又与旅游环境有所区别，其内涵有以下几个方面：

其一，生态旅游环境是符合环境生态学要求的旅游环境。生态旅游环境是按生态学和环境学基本原理、方法和手段运行的旅游环境，以维护和建立良好的景观生态、旅游生态为目的，从而促进景观生态学和旅游生态学的发展。

其二，生态旅游环境的生态系统是良性运行的生态系统。生态旅游环境使旅游环境与生态旅游发展相适应、相协调，使其自然资源和自然环境能继续繁衍生息，使生态环境能延续和得到保护。

其三，生态旅游环境是严格控制环境容量的旅游环境。生态旅游环境是以某一旅游地域的旅游容量为限度而建立的旅游环境，在该旅游容量的阈值范围内，就可使生态旅游活动不破坏当地的生态系统，从而达到旅游发展、经济发展、资源保护利用、环境改善的协调发展目的。

其四，生态旅游环境是运用生态美学原理建立起来的旅游环境。生态旅游是集自然生态学、人文生态学为一体的一项综合性审美活动，更是人类追求较高广度和深度的高级文化生活的审美活动。生态旅游环境既是培养生态美的场所，也是陶冶人们情操、让人们享受生态美的场所。

其五，生态旅游环境还是一种考虑旅游者心灵感受的一种旅游环境。生态旅游者的旅游动机主要是向往大自然，尤其是那些原始的、受人类干扰较小的天然—自然区域，兼有学习和研究自然、文化的动机。因而，生态旅游环境的建立要考虑到生态旅游者回归大自然、享受大自然、了解大自然的旅游动机，着意营造起能让旅游者感知自然的旅游环境。

二、生态旅游环境的构成

生态旅游环境是由自然生态旅游环境、社会文化生态旅游环境、生态经济旅游环境、生态旅游气氛环境四个子系统构成的。

1. 自然生态旅游环境

自然生态旅游环境是指自然界的一些自然元素，诸如生态旅游区的地质、地貌、气候、土壤、动植物等所组成的自然环境综合体，其组成如下。

（1）天然生态旅游环境。天然生态旅游环境是指由自然界的力量所形成的、受人类活动干扰少的生态旅游环境。其主要包括自然保护区、森林公园、风景名胜区、植物园、动物园、林场及散布的一些古树名木等，其中又以自然保护区为主体。根据天然生态旅游环境的主体不同，可以划分为森林生态旅游环境、草原生态旅游环境、荒漠生态旅游环境、内陆湿地水域生态旅游环境、海洋生态旅游环境、自然遗迹生态旅游环境等。

（2）生态旅游空间环境。生态旅游空间环境主要指能开展生态旅游的旅游景点、景区、旅游地的自然空间范围的大小。其主要是指生态旅游资源储存地、生态旅游者的活动范围，包括生态旅游者对旅游资源欣赏、享受，以及对空间和时间的占有。

（3）自然资源环境。自然资源环境主要指水资源、土地资源、自然能源等自然资源对生态旅游业生存和发展的影响与作用，也包括自然资源对生态旅游活动的敏感程度，其作用主要体现在这些自然资源对生态旅游业生存和发展的有利或限制作用，也影响到旅游地环境容量的问题。

2. 社会文化生态旅游环境

社会文化生态旅游环境，包括生态旅游政治环境和"天人合一"的文化旅游环境。

（1）生态旅游政治环境。生态旅游政治环境是指政府在区域旅游政策、旅游管理

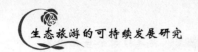

等方面影响生态旅游发展的软环境，能够对生态旅游发展起到一种促进或阻碍作用。生态旅游政治环境不仅影响到生态旅游业产业结构的资源配置，而且对生态旅游业快速健康稳定发展起着宏观调控作用。政策支持与否，对生态旅游业的发展起着至关重要的作用。若国家和地区积极支持生态旅游业的发展，使得生态旅游业快速发展，旅游收入就会明显增长。而生态旅游管理技能水平往往关系到旅游地域能接纳生态旅游者的数量和生态旅游活动的强度。

（2）"天人合一"文化旅游环境。"天人合一"文化旅游环境是指在认识到人类与自然界互利、共生关系的思想指导下，在进行旅游开发，特别是生态旅游开发过程中，树立人与自然和谐发展的观念。"天人合一"的文化思想在我国古代思想中能找到其萌芽，且人民早已在实际生活中加以运用。历史上一系列名胜古迹，特别是些宗教名山就是祖先与自然共同创造的"天人合一"人文生态环境的典范，在建寺之时，对一系列建筑做技术处理，不但不破坏自然，还使原有景观更加突出，创造出优于纯自然的"天人合一"环境。生态旅游之所以蓬勃发展，就是因其旅游活动对生态和文化有着特别强的责任感，能促进人类与自然界协调与共同发展。

3. 生态经济旅游环境

生态经济旅游环境，包括外部生态经济旅游环境和内部生态经济旅游环境。

（1）外部生态经济旅游环境。外部生态经济旅游环境是指满足生态旅游者开展生态旅游活动的一切生态经济条件。经济环境是旅游活动的物质基础条件，包括基础设施条件、旅游服务设施条件以及旅游投资能力大小和接纳旅游投资能力大小等。在进行基础设施、旅游服务设施等建设过程中，甚至是整个旅游区经济发展中，是否遵循了生态学和生态经济学的基本原则，是否考虑了经济、资源、环境等协调发展，往往会影响到生态旅游业的发展。如果区域经济一味地强调经济发展，造成了环境破坏、资源损耗等，其结果往往是生态旅游不可持续发展。

（2）内部生态经济旅游环境。内部生态经济旅游环境主要指旅游行业内部的政策倾向、管理制度、从业人员等对生态旅游的认识和责任程度。生态旅游同其他旅游形式一样，若有公平的市场环境、良好的市场秩序、规范的市场运行机制、有效的旅游市场主体等，就会有利于旅游企业在市场经济中竞争，有利于克服市场混乱、管理混乱等弊端，有利于建立良好的行业竞争环境，促进旅游产业各部门良性运行。同时，生态旅游发展也需要其他部门、其他旅游经济成分均按生态经济原则运行，以利于协调统一发展。生态旅游还需要旅游行业内部对生态旅游有较高的认识、较好的理解、较高的责任，以使生态旅游正常运作。

4. 生态旅游气氛环境

生态旅游气氛环境，包括区域生态旅游气氛环境、社区生态旅游气氛环境和旅游者生态旅游气氛环境。

（1）区域生态旅游气氛环境。区域生态旅游气氛环境主要指在洁净、优美的生态环境基础上，由历史和现代开发所形成的反映该区域历史生态、地方生态或民族生态气息的环境。区域生态旅游气氛环境在一个旅游地域往往是独特的，是在各种生态系统漫长的演替、社会发展以及社会与自然共生条件下所形成的，对旅游者充满着神秘的吸引气氛，往往也是生态旅游区域历史的、文化的、民族的特色在某些方面的体现，是旅游者所能感知的一种气氛环境。它由生态旅游气氛环境的各要素组成，并具有典型性、独特性和民族性，往往也是一个地区旅游的生命力和灵魂之一。

（2）社区生态旅游气氛环境。社区生态旅游气氛环境是生态旅游社区居民对生态旅游的观点、看法与行为等所形成的一种软环境。生态旅游社区居民能否积极支持发展生态旅游，往往也是该地生态旅游发展至关重要的问题之一。

（3）旅游者生态旅游气氛环境。旅游者生态旅游气氛环境是指旅游者生态旅游素质和生态旅游者在进行旅游活动时反映出来的旅游气氛。生态旅游者应该是具有较高素质的文明旅游者。广泛宣传生态旅游，提高旅游者的生态意识和环境保护意识，规范和引导生态旅游者的行为是营造良好的旅游者生态旅游气氛环境的关键。

三、生态旅游环境的特点

生态旅游环境是一种较为特殊的旅游环境。具有许多自身的特点，其主要特点如下：

1. 资源性

迄今，资源概念被广泛应用于各个领域，其内涵和外延均有明显的变化，通常分为自然资源、人力资源、技术资源和资金资源等。生态旅游环境资源具有如下特点：

（1）生态旅游环境资源的稀缺性。随着社会经济的发展，人们对环境资源的稀缺性认识更为深刻，这是因为，地球面积有限，环境自净能力有限，人类的科技水平和控制全球的能力发展速度有限，自然环境提供的资源有限，生态旅游环境能够承受旅游者产生的固体废弃物能力有限，尤其生态旅游系统受损后的恢复和重建是困难而漫长的，抵抗或恢复旅游者所造成的生态系统破坏的能力有限，如旅游者对野生动物生存环境妨碍而导致的物种迁移，游客对珍稀植物采集而造成的品质退化或灭绝等。

（2）生态旅游环境资源价值的有效性。生态旅游环境作为资源而论，同样具有对社会的有效性。人类开发利用资源无一不是为了满足某一方面的需求，从而使其具有社会、经济价值。生态旅游环境同其他旅游环境一样都是有价值的，应当纳入成本核算当中。通过旅游开发既可获得经济效益，又有能让人们松弛紧张情绪、消除疲劳、增加知识等，从而促进社会、经济、环境协调发展。在旅游业运作中对生态旅游环境"成本"的耗损，应通过部分旅游收入给予补偿，也就是应将部分旅游收入用于保护环境事业当中。

（3）生态旅游环境资源的层次性和整体性。从生态旅游环境的空间层次来看，可

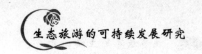

以分为生态旅游发展的外部环境和生态旅游发展的内部环境，也可以分为全球生态旅游环境、国家和地区生态旅游环境、省区或区域生态旅游环境等。从时间层次上看，有些生态旅游环境要素是历史时期形成的，有的是现代才形成的，如天然生态旅游环境是经过几千万年、几百万年自然演化的结果。生态旅游气氛环境则是上千年、几百年或几十年历史沉淀累积或历史与自然共同作用而形成的，使其区域旅游具有明显的地方特色、历史特色、民族特色。生态旅游环境的层次性反映了生态旅游环境的结构和功能，反映出生态旅游环境一定的资源价值性。同时，生态旅游环境也是作为系统存在的，是相互制约、相互联系的一个整体。只有整体功能得到良好的发挥，才能充分地实现其资源价值。

（4）生态旅游环境资源的可塑性。当生态旅游环境受到了人类活动的有利影响时，可改善其结构和功能，提高其利用价值或利用效益；当受到不利影响时，可使生态旅游环境系统的结构和功能受到损害，降低其系统的功效，甚至成为生态旅游业发展的障碍因素或致命因素。生态旅游环境的这种优变与劣变的可能性，说明生态旅游环境具有一定的可塑性。人类可按环境生态学对其进行定向引导培育，从而提高其质量水平。

（5）生态旅游环境具有利用的多功能性。生态旅游环境也具有多功能、多用途和多效益的特征。这是自然资源所具有的明显特征之一。例如，森林生态旅游环境就具有土地利用效益、货币收益效益、原料效益、环境保护与调节效益、风景美化效益等。

2. 质量性

生态旅游者渴望回归到大自然环境中去，通过各种生态旅游活动，活跃身体、充实心灵、增长知识、愉悦感情。由此可见，生态旅游环境不仅要满足旅游者较高的生理需求，更要满足旅游者的心理和审美需求。因此，这种旅游环境应该景观优美、空气新鲜、水体洁净、卫生良好、秩序井然，接待地居民热情好客，具有较高质量，使旅游者感到自然、轻松、舒适、愉快。

3. 环境容量的有限性

生态旅游环境容量的有限性是指在某时期、某种状态或条件下，在某一生态旅游地环境的现存状态和结构组合不发生对当代人（包括旅游者和当地居民）及未来人有害变化（如环境美学价值的损减、生态系统的破坏等过程）的前提下，在一定时期内旅游地所能承受的旅游者数量是有限的，如果超出了极限值即视为"超载"，长此以往就会导致生态旅游环境系统的破坏。在实际规划和管理中，往往是要求一个"最适值"或"合理值"，被称作"最佳容量"，在此容量情况下，既能保证生态旅游环境系统功能发挥最好，获得满意的经济效益、社会效益，又不至于造成生态旅游环境的物质破坏，使生态旅游环境能够良性循环，保证生态旅游地实现旅游、资源、环境、社会、经济等之间的协调，促进生态旅游地可持续发展。这一有限容量范围的存在是因为生态旅游区域在定时间内的生态旅游系统在结构、功能、信息等方面具有相对的稳定性。也正因为这一稳定性的存在，生态旅游环境容量目前可以通过一定的手段或方法来加以确定。

第三章

生态旅游规划发展

第一节 旅游规划与区域发展

旅游规划是在一定的空间区域中进行的，规划的内容也必须在一定的空间区域中落实。或者说，旅游规划实际上对特定空间区域中的旅游资源的开发、旅游产品生产和旅游产业要素的配置所进行的科学安排，因此，区域理论在旅游规划实践中具有重要的指导意义。

一、区域理论概述

一般认为，旅游规划是从区域规划理论中衍生出来的，因而，区域理论无疑对于旅游规划、区域旅游规划活动等有着重要的指导意义。

1. 区域

所谓区域，是指一定的地区范围或地域空间，即一定范围的土地或空间的扩展，从地理上说就是组成地域某一整体的一部分。

区域的划分或整合，要依据一定的特征或要素。例如，如果把全年气温按照一定的地区划分就可以把一个国家分成热带、亚热带、温带、寒带等地区。

按地貌划分，可把全国分为平原地区、丘陵地区、高原地区……

按范围划分，可分为全国的、地区的、地方的……

按经济联系可将全国划分为若干个经济区。

按旅游资源的空间组合特征和旅游业的内在联系性则可分为若干个旅游区域、旅游区。

也就是说，区域划分，必须依据一定的特征或要素，即以什么标准作为划分的依

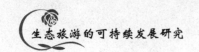

据，就划分出或形成什么样的区域体系，如按经济特征划分，就形成了经济区域体系；按气候特征划分，就形成了气候区域体系；按旅游特征划分，就形成了旅游区域体系……同时，区域又是一个相对的概念，即区域的大小没有既定的空间尺度，如亚太地区，是从整个世界范围来看的；而从中国的范围来看，以行政管辖权限为标准来划分，每个省就是一个区域，按旅游资源组合特征划分，长江流域、黄河流域、环渤海、珠三角等都是相对独立的区域。所以，区域没有固定的大小，但它必须是一定的地理范围。

2. 区域经济

在区域理论中，经济区的划分是最主要的内容。经济区是具有全国意义的专业化的地域生产统一体，是在商品经济发展到一定阶段以后，在生产日益社会化、区域化的条件下，社会生产地域分工的表现形式。

经济区是一个由多种生产要素组成的地域生产统一体。它包括丰富的物质内容、有效的组织结构和运行机制，能够发挥出地域总体的整体实力和效益。

一个特定的经济区内的经济活动，就是区域经济，这是与部门经济相对应的一个经济范畴。

区域理论认为，一个经济区的区域经济结构应包含下列几方面的内容：

（1）区域专业化部门。即每一个经济区都应拥有自己的专业化生产部门，它是经济区的主体和主要特征。它是在当地有利的自然条件和经济基础上建立起来的，既是全国同类部门的商品生产基地，又是该地区经济发展的主体。

（2）为专业化部门服务的生产部门。其生产内容因专业化部门的不同而不同。

（3）为当地消费服务的具有自给性的生产部门。主要为当地居民生活消费服务的地方性生产部门，如都市农业。

（4）区域经济中心。经济区要有自己的经济中心，这个中心往往是由一个大的综合城市或一组城市所组成。它是全区经济发展的核心，它的发展对整个地区经济的发展有着深刻、关键的影响。

同时，经济区的划分是具有时代性的，因此也是动态的。如京津冀协同发展区、海峡西岸经济区等概念的提出和相关实施战略的确定，就是近几年根据全国社会经济发展的需要，由中央提出的新区域发展战略。

二、区域生产综合体理论

区域划分的目的，在于发挥区域的专业化、整体化效应，促进区域经济和社会的快速发展，由此，区域生产综合体理论便成为区域经济理论的核心内容之一。

区域生产综合体是一种社会化大生产的地域组织，是集中在大区域或独立经济区内生产力的总和。它由代表地区经济特点的专业化生产部门，与其协作配合的辅助性生产部门和只为地区服务的自给性生产部门所组成。专业化生产能充分利用当地发展生产的有利条件，广泛地参加全国的劳动地域分工，进而可以通过商品交换，互通有无，达到发挥地区经济优势的目的。

综合体内部各生产部门之间形成合理的经济结构，既有利于企业的专业化协作，又有利于对资源的综合利用和环境保护，从而使区域经济得到合理的组合，并保证社会大生产优越性的发挥。

一般来说，在社会化大生产的前提下，按区域生产综合体来规划、组织地区国民经济或进行区域性经济建设具有多方面的优越性：

（1）有利于地区和企业的生产专业化与协作发展，可以充分利用社会劳动力，提高社会劳动生产率。

（2）可以使资源的开发、原材料和中间产品的加工直到成品生产的全过程，在区域生产综合体内进行组合，减少中间产品过长距离的运输，缩短生产周期，调节社会劳动。

（3）对当地的资源可以进行区域性的多目标开发和综合利用，既可充分合理地利用当地的资源，又有利于区域污染的综合防治，从而通过地区经济的综合发展，把合理开发利用资源与环境保护结合起来。

（4）区域生产综合体内拥有多种生产部门，有利于安排不同年龄、性别、专业的劳动者就业，充分利用当地的劳动力资源。

（5）可以共同利用基础设施，减少投资，节约用地。各类生产部门对基础设施、水、电、交通线路等利用的时间和方向有所不同，在区域生产综合体内合理布置基础设施，可以减少重复建设，充分发挥基础设施的作用。

（6）在大规模经济建设时，以区域生产综合体为单位统一规划基本建设项目，有利于配套项目同步建设，尽快形成综合生产能力，提高基本建设的投资效果，迅速形成地区经济面貌。

（7）有利于在全区域内进行科技、经济、社会全面规划，建立一个三者协调发展的大系统。

按区域生产综合体的专业化方向、经济结构及其在全国劳动地域分工中所起的作用，可以进行不同类型的划分，如工农业生产综合体、科学技术教育生产综合体、旅游规划与服务综合体等。

三、区域理论在旅游规划中的应用

如前所述，按照地方经济结构和专业化方向，区域生产综合体可划分为不同的类型，这就使区域理论在不同的经济部门都有了用武之地。从旅游产业体系组织的角度看，旅游产业发展规划就是直接从区域理论中衍生出来的，而在一定的区域或旅游区

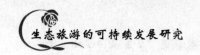

中进行旅游资源配置，构建系统化的旅游产品体系和一体化的旅游产业体系，则更是区域理论在旅游业发展和旅游规划活动中的具体应用。

1. 区域理论在旅游规划过程中的指导作用

以区域或旅游区为单位来组织地方旅游产业体系，区域理论具有直接的指导意义，成为旅游规划最重要的基础理论之一。其理论指导意义主要体现在以下几个方面：

（1）旅游区域或旅游区范围的合理划定。区域是一个相对概念，可大可小，对于一个具体的旅游区域来说，到底应限定多大范围，要依据旅游规划基本要素的特点和旅游产业体系构建的总体要求来确定，即旅游资源的联系与分布、区域空间的大小与产品组合的可能性、旅游产业要素配置的科学性、一体化旅游管理体系构建的可行性等。

（2）确定区域旅游规划的主导方向，即在区域资源研究及与周边地区对比的基础上，根据市场发展的趋势，确定本区域旅游产业发展和旅游规划的主导方向，特别在资源配置和产品组织等关键性问题上，区域理论能够提供核心产品、产业组织方式、区域经济发展模式等确定的理论支持。

（3）确定和规划为旅游规划主体服务的生产和服务部门，以便形成以点代面的综合生产体系，合理利用和分配资源，发挥区域的整体优势。

（4）确定区域的旅游中心。一个地区的中心在哪里，许多情况下是历史上形成的，但在历史发展过程中往往会发生新的变化，如重心的转移、相对优势的变化、新机遇的来临等，都有可能改变传统的中心地位，或形成新的中心。在建立区域旅游规划体系的过程中，应注意确定、发挥中心的影响力和带动作用，由点带面，促进整个区域的综合发展。

（5）合理利用各种资源，对资源的开发利用进行区域性的统一规划和分配，并与资源保护结合起来，以收到开发与保护的双重效益。

（6）发挥区域协调机制的作用，对区域内与旅游规划相关的各种资源、机构、组织进行统一的协调、指挥和组织，减少中间环节和摩擦，调节社会劳动。

对于一个区域来说，旅游规划活动的组织关键在于有效组织和协调，合理规划中心与周边、专业与辅业之间的关系和相辅相成的作用。所以，区域旅游规划工作的主要任务是建立有效的组织和协调体系，对区域旅游规划活动进行合理规划和有效组织。

2. 区域旅游规划的组织

区域理论是区域旅游规划和区域旅游产业组织的理论基础。从区域的内容结构来说，它可以是一个行政区，也可以是一个由数个行政区、旅游功能区有机组合起来的、能够提供完整的和连续的旅游服务的综合性旅游目的地。而区域旅游规划的组织，就是以区域理论为指导，在区域内部按区域体系经济组织的要求，以旅游产品的组合和旅游产业体系的构建为目标，进行旅游资源的有机配置和各旅游功能区的有效协调。

区域的组织，主要受制于经济规律和其他市场因素。从旅游学的角度来说，区域内部各旅游功能区的空间作用主要有三个方面：一是互补增强作用；二是抑制替代作用；三是旅游中心区对周围地区的吸引力与其规模成正比，与其距离成反比。在这种情况下，进行区域旅游规划的组合就必须考虑这样一些情况：区域内的各旅游功能区之间能够产生怎样的相互作用；组合之后对于整体效应的发挥是否有利；组合的纽带是什么。

从上述三种情况出发，一般认为，区域内各旅游功能区要组合成一个区域旅游整体，应具备下列四个条件：

第一，区域内部各旅游功能区之间的空间相互作用是呈互补增强效应。无论是从旅游学理论出发，还是对旅游规划实践经验的总结，都可以证明，近距离的、同质性的两个行政区、两个城市、两个旅游功能区之间，在空间上具有"同性相斥"、相互替代作用。这一特性还可以从对旅游者的心理分析上得到答案。旅游者外出旅游，特别是观光旅游的目的主要是欣赏美好的景物，获得精神享受，对景观资源有着新、奇、异的要求，因而在完成一次旅游活动的过程中，一般不会相继去两个景观特点相同或相近的旅游区。如果一个区域内有两个或两个以上的同质性的旅游功能区，必然只选择其一，而舍弃其他。相反，如果两个旅游地或旅游功能区之间的性质、景观特色、功能等差异性较大，则会增强吸引力，起到互补、互促的作用，形成一种产品组合、市场互动的关系，这就是旅游功能区之间的"异性相吸"或"异性相促"作用。因此，在区域旅游规划及开发组织时，必须注意内部各行政区、各旅游功能区之间在空间上的互补的增强作用。特别是对于新旅游地、新旅游区的开发，更要注意新区与旧区之间的性质、特色、功能的对比，避免出现互争客源、相互干扰的消极作用。

第二，旅游功能区之间地理上相连、距离较近、交通方便。地理上的联系性和距离的远近是区域旅游组合必须考虑的重要条件。一般来说，相邻的两个行政区或旅游地、旅游功能区之间，距离越近，其相促作用越大，反之则越小。距离，既包括空间距离，也包括时间距离，这就与交通条件有关。有些地方，虽然空间距离不大，但由于交通设施、交通工具或其他方面的原因，相互往来的时间距离很长，也会影响到相互促进的效果。济南与泰山、泰山与曲阜之间的空间距离各在百里左右，之间有高铁、高速公路和国道连通，相互间交通车行时间都在一小时以内。三地共用一个空港——济南国际机场，更拉近了三地之间的距离和关系。

第三，组合之后的区域性旅游目的地要具有一定的规模。区域旅游目的地规模的大小，既关系到内部资源的丰富度和数量，也关系到旅游产品的密集度和旅游容量，这都关系到旅游目的地的吸引力。一个孤零零独立的旅游功能区，空间小，形不成规模效应，产品组织、吸引力都受到局限，只有将一定数量的旅游功能区组合成具有较大规模的区域性旅游目的地，进行规模化经营、整体化促销，才能形成集约化的整体效应。

至于区域规模的大小、旅游功能区数量的多少，这要视具体情况而定，因地制宜，

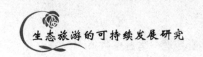
根据地理条件、资源配置、空间距离与交通条件，以及行政、行业管理的整体性等条件来确定，特别是必须考虑产品组合的要求。

另外要注意的问题是，要求组合后的区域要具有一定的规模，但也不能片面求大，而不顾及区域内部的联系性、管理协调的可能性等关键性问题。区域范围过大，必将造成组合松散、区间联系疏远、吸引力不集中、内耗等现象，反倒适得其反，影响整体效益。

第四，各旅游功能区之间以行业协作为纽带，以管理协调为手段，以专门的旅游交通相联系。

区域性旅游目的地，作为一个跨越行政区的旅游综合体，其内部各旅游功能区之间之所以可以组合，形成一个区域整体，其内在的原因就是建立在产品组合基础上的同业协作，以此为纽带，不同的旅游功能区之间，可以在超越行政管辖范围的基础上进行资源配置、线路连通，可以相互带动、相互补充，可以相互输送和疏散游客，从而以个体之身组合总体之效。这种跨区合作一般在两个层面上进行，一是政府间的合作，二是企业间的合作。政府间的合作主要体现在"宏观管理"，即协调层面，通过政府间、主管部门间的合作协议、互惠待遇、统一标准、连通线路等措施，达到跨行政区的同业合作；企业间的合作则是在政府合作、协调的基础上，通过产品组合与线路对接，实现产品生产的跨行政区运行，特别是市场的互动。两个层次的合作是相辅相成的，只有政府间的合作，必然是一种务虚的空中楼阁式的合作，没有实际的内容，落实不到产品生产、线路对接和市场互动的务实层面；只有企业间的合作，则必然缺乏管理上的保障和政策上的互惠条件。我们时时耳闻有各种各样的区域性旅游联合开发与合作，往往是合作宣言发表之日也就是合作结束之时，就是由于没有落实到企业间合作的技术层面所致。因此，两个层面的合作缺一不可。山东省的"水浒旅游线"（区域）自20世纪90年代以来，一直不停地内部竞争，甚至相互诋毁，就是因为缺乏政府间的区域性合作，缺乏在超越行政区层面上管理协调所致。虽然省里进行了统一规划，但规划内容的落地、产品开发的协调、产业组织的协同、旅游品牌的打造等一直未形成真正的一体化机制。

交通是区域内部各旅游功能区之间相互联系的必要手段，如果没有一定的交通设施和交通工具，就不能实现旅游者在旅游地、旅游区之间的移送过程，而旅游规划就是以吸引旅游者为直接目标的。旅游者的移送过程不能实现，也就谈不上旅游功能区之间的协作和联系，区域性旅游目的地也就不存在。

第二节　旅游规划与产业融合

产业融合是指不同产业或同产业内的不同行业相互渗透、相互交叉，最终融为一体、形成新的产业业态的动态发展过程。当前，产业的界限逐渐变得模糊，随着产业之间边界被突破，某种程度融合的实现，传统产业焕发出了新的活力。旅游业与农业、旅游业与工业、旅游业与第三产业内部其他各产业的结合发展等，已经成为现代旅游业的新型发展模式。这种新型产业业态关联度较大，其开发经营可以带动基础设施建设、交通运输、商品贸易等其他相关产业的发展，提高原有产业的附加值，增加就业机会，积极推动二、三产业的发展，有效地促进地方产业结构的调整和升级。

在中国旅游产业发展实践中，以旅游业为主导融合其他相关产业形成以旅游服务为主体的新业态和新产业组织方式的产业融合发展模式，被概括为"旅游＋"模式。

一、产业融合的含义

学术界对产业融合的讨论，最早是源于数字技术的出现而导致的产业之间的交叉。

早在 1978 年，麻省理工学院媒体实验室的尼古路庞特（Negrouponte）用三个重叠的圆圈来描述计算、印刷和广播三者的技术边界，认为三个圆圈的交叉处将成为成长最快、创新最多的领域。之后，产业融合问题越来越引起人们的广泛重视，并由数字、通信和广播电视领域逐步扩展到整个社会经济领域。

一般认为：技术革新和放松管制是产业融合的主要原因。技术革新是产业融合的内在原因。技术革新开发出了替代性或关联性的技术、工艺和产品，并通过渗透、扩散融合到其他产业之中，改变了原有产业产品的消费特征；技术革新由于改变了原有产业产品或服务的技术路线和技术特征，因而也改变了原有产业的生产成本函数，从而为产业融合提供了动力；技术革新改变了市场的需求特征，给原有产业的产品带来了新的市场需求，从而为产业融合提供了市场的空间。

经济管制的放松是产业融合的外在原因。在传统的产业体系和产业发展过程中，强调产业内部的资源配置，因而造成许多产业产生很大的沉淀成本，特别是在一些垄断性行业尤为严重。随着政府经济管制的放松，导致其他相关产业的业务加入到这些产业的竞争中，从而逐渐走向产业融合，并通过产业的融合分摊成本、重新配置资源。所以，一般认为，"产业融合"的含义为："由于技术进步和放松管制，发生在产业边界和交叉处的技术融合，改变了原有产业产品的特征和市场需求，导致产业的企业之间竞争合作关系发生改变，从而导致产业界限的模糊化甚至产业界限的重划。"

二、产业融合的效应和理论意义

由于产业融合涉及跨产业之间的行为与关系，因而其不仅能够从微观上改变产业的市场结构和产业绩效，而且能够从宏观上改变个国家或地区的产业结构和经济增长方式。

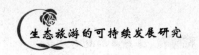

从理论上说，产业融合理论的效应和理论意义，主要表现在三个方面：

（1）能够推动产业绩效的提高。通过产业融合，相关产业由于拥有了共同的基础设施和更多的资源、更大和更复合的市场，可以使企业的单位平均成本减少，从而提高了产业的价值创造功能，提高了产业绩效。因此，产业融合往往成为传统产业绩效提高的重要途径。

（2）产业融合成为传统产业创新的重要方式和手段。由于产业融合容易发生在高技术产业与其他产业之间，高技术融入其他产业中，影响和改变了其他产业的业态——产品生产特点、市场竞争状况以及价值创造过程等，从而改变了原有产业产品的市场需求和产业的核心能力。同时，由于产业融合使得产业之间的边界模糊化，两个或多个产业之间形成了共同的技术和市场基础，这使得某些产业容易改变结构的布局，敏捷地从一个产业过渡到另一个产业中，从而实现产业创新。

（3）产业融合有利于产业结构转换和升级，从而提高国家或地区的产业竞争力。产业融合造成的产业边界的模糊和消失可以使其他产业转换到高技术产业中，并通过产业融合和产业创新的连锁反应，使国家或地区的产业结构得到转换和升级，提高产业的国际竞争力。从发展旅游业的角度看，旅游业作为一种高关联度的综合性产业，在现代社会经济发展过程中，其本身已经成为具有积聚效应的产业融合母体。由于社会的发展、人们文化素养的提高，人们的旅游兴趣越来越广泛，个性化的旅游需求越来越成为旅游市场发展的趋势，这就直接导致了旅游资源概念的扩大化和类别的丰富化、旅游产品的多元化和异质化，因此，旅游产业与其他产业的融合既是新技术的推动、经济管制放松的结果，也是市场需求变化的结果，更是现代经济创新发展的结果。我国旅游业已经走上了一个"新资源观"视角下的旅游发展新阶段。在这一阶段，通过"旅游＋"这一产业融合工作模式，旅游业与农业（第一产业）、工业（第二产业）、文化产业及其他服务业（第三产业）的融合已经走向规模化、深层次化，旅游规划如果不关注这种融合的特征、融合的模式以及融合后的业态和产品组织形式，就不能适应现代旅游市场发展的趋势。

三、旅游＋农业

在"大农业"的概念中，林业、畜牧业、渔业等都属于农业的范畴，在现代旅游业发展的过程中它们都已经成为旅游规划的重要资源领域，通过"旅游＋农业"的产业融合模式，农业直接成为现代旅游业的组成部分，并由此而形成了新的农业或乡村经济业态。第二次世界大战以后，西方一些发达国家的农业旅游开始出现规模化发展的趋势，我国农业旅游的规模化发展则是在 20 世纪 90 年代之后开始的。

（一）农业旅游的含义

在我国，"农业旅游"概念于 2001 年正式提出。国家旅游局把工业旅游和农业旅游规划正式列为 2001 年工作要点，并推行工业旅游、农业旅游示范工程。在国家旅游局下发的《全国农业旅游示范点、工业旅游示范点检查标准（试行）》中，将"农业旅游点"定义为："以农业生产过程、农村风貌、农民劳动生活场景为主要旅游吸引物的旅游点。"也就是说，"农业旅游"是"以农业生产过程、农村风貌、农民劳动生活场景为主要旅游吸引物而进行的旅游。"

农业旅游规划，在利用农业生产资源、农村风貌等资源的基础上，与农业生产过程结合，形成了新型的农业和乡村经济业态——"旅游农业"。

（二）农业旅游的规划模式

农业旅游规划，是以产业融合理论为指导，将现代旅游的功能与之嫁接，追求传统农业经济的高附加值。因此，农业旅游规划必须满足两个基本要求：一是农业经济的高效益；二是特定旅游者（主要是城市游客）的旅游要求。根据上述要求，农业旅游规划的模式主要包括以下几种：

1. 田园休闲旅游模式

利用农业和乡村资源开发以田园风光为资源背景和旅游环境的休闲旅游，一般是在城市郊区，针对城市居民周末闲暇、当日往返市场的开发模式。它是利用靠近城市的市场优势，以城市郊区较好的自然山地、森林、河段、水域以及较有特色的农田村舍等资源和其他农业基础设施，形成开放式的自然观光、休闲区，以户外运动、娱乐、休闲为活动内容，以提供具有乡村特色的餐饮服务、休闲、娱乐服务为赢利模式。在我国许多大城市的城郊结合地区，这种旅游规划已经形成规模化发展的趋势，如北京的怀柔、昌平等地，江西的婺源，成都郊区的红砂村，济南市的南部山区，青岛的崂山周围等。

2. 传统农耕文化观光与休闲旅游模式

该模式把传统农业文明作为一种遗产文化来进行保护、展示和利用。

将中国传统的农耕文化，包括农时节令、传统农耕方式、农业生态环境、农事生产活动、传统的村居习俗，以及人类与自然和谐发展的农副业等丰富多彩的乡村文化等，作为一种旅游资源来开发和利用，使传统的农耕文化在产业融合理念下焕发青春，衍生新的功能，生产新的社会价值。

"传统农耕文化园"或"农时公园"等形式的旅游规划模式，一般要展示如下内容：

（1）农时活动：按照传统农时活动的节气要求，划分出具体的时间段，分别展示中国传统的、以自然农时为基础的农业生产过程，如耕地、播种、拾穗、收割、灌园等农事活动。农副业也适当开放，如牧牛羊、饲鸡兔，让游客短时参与并配以讲解示范。

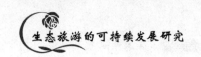

（2）农事场景展示：把农家生活形态的一些典型景象提纯集萃，再现农事场景，如麦秸垛、麦场、荷塘以及田间劳作的农民等，类似的场景与情调构成一幅田园韵味极浓的农事场面，唤起游人浓浓的怀旧情感。

（3）农业景观展示：以传统的农业生产设施、生产工具等作为代表性"点景"，展示具有遗产价值的中国传统农耕文化和乡村文化。如大型的农业生产设施和生产工具，包括大型水车、辘轳等。

（4）篱笆农舍：以几处农家院为典型景观，院墙做成绿篱，院内有小块田畦，种植蔬菜，如豆角、莴苣，院落外面正对着池塘，几只鸭子在水中嬉戏，用现实的场景描绘田园人家的生活画面。

3. 农事体验旅游模式

对于长期生活在城市的人们，特别是青少年来说，参加体验性的农事活动，既具有新鲜感，又能够增长知识。这种农业旅游项目的开发一般选择那些农业基础较好、有适宜的自然空间的农业区域。开发内容的设计要特别强调和注重"体验性"，使游客通过亲身的参与和劳动，产生对传统、对劳动、对人生的认识和思考，切忌设计成单纯的娱乐性项目。

我国许多地方出现的"当一日农民"旅游项目，就是农事体验旅游的一种初级模式。目前，国际国内上兴起的"租赁农庄""休闲农场""寄宿庄园"等开发模式逐渐成为趋势。

4. 自助购物旅游模式

自助购物旅游的农业旅游规划模式，也属于农业旅游规划的传统模式，也被称为"农业采摘旅游"，以林果业为资源基础，有各种形式的采摘园，如"苹果采摘园""葡萄采摘园""蜜桃采摘园""樱桃采摘园""冬枣采摘园""柑橘采摘园""荔枝采摘园"等。这种模式通过在传统农业生产的基础上进行旅游嫁接，提高了农副产品的附加值。

5. 现代科技农业观光与科普旅游模式

随着传统农业向现代科技农业的转变，农业领域里的技术融合和产业融合为旅游规划提供了更广阔的空间。以高科技农业、绿色农业、无公害农业为代表的现代农业资源，正成为农业旅游规划的新亮点。

现代科技农业以工厂化、设施化（以恒温大棚为代表）生产为主要形式，以无土栽培、立体栽培为技术手段，形成新型的农业奇观，其本身也具有了科研、科普和旅游价值，成为现代观光农业旅游、农业科普旅游的主导性资源。

目前，中国冬暖式大棚发源地山东省寿光市的国家蔬菜博览会主会场——寿光国际蔬菜博览园已成为现代科技农业观光与科普旅游规划模式的典型代表。

由于因农业与乡村的一体性，农业旅游规划必然与乡村旅游规划存在着内容和形式上的交叉与重叠，二者实际上是不能决然分开的，所以，农业旅游有时与乡村旅游是整体进行开发的。

林业、渔业、畜牧业、水利等相关产业和领域，也是与农业和农业生产紧密结合的重要资源，它们与现代旅游业的结合也都形成了相应的旅游规划模式和旅游产品形式，有些还形成了相对独立开发的产品体系，如林业与旅游业结合形成的森林公园体系，渔业与旅游业结合形成的休闲渔业体系，畜牧业与旅游业结合形成的畜牧旅游或牧场旅游体系，水利与旅游业结合形成的水利风景区体系等，都各具特色，不仅丰富了旅游产品的内容和类别体系，更改变了许多传统产业的业态和赢利模式，提升了传统产业的竞争力和绩效。

四、旅游＋工业

第二产业的相关部分，如食品饮料加工业、服装业、家具制造业、文体用品业、工艺美术业、装修装饰业、交通运输设备制造业、电器制造业、通信设备制造业等都与旅游业有着内在的联系。特别是一些具有知名、著名品牌的工业企业，依仗自身的品牌知名度和社会影响力，依托自身的企业资源、设施和设备，将旅游要素植入工业生产过程，开发主题性的工业旅游，已成为一种既可提高企业知名度、又能够产生直接经济效益的多赢发展模式。

（一）工业旅游的含义

在国家旅游局颁布的《全国农业旅游示范点、工业旅游示范点检查标准（试行）》中，将"工业旅游点"定义为："以工业生产过程、工厂风貌、工人工作生活场景为主要旅游吸引物的旅游点。"也就是说，"工业旅游"是"指以工业生产过程、工厂风貌、工人工作生活场景为主要旅游吸引物"而开发的旅游项目。

（二）工业旅游的开发模式

工业旅游最早起源于法国，20世纪50年代，法国雪铁龙汽车制造公司率先开放生产车间，允许客人参观其生产流水线，引起轰动，随后众多厂商纷纷效仿，一时间参观工业企业成为"时尚"。目前西方几乎所有的大企业都定期向公众开放，许多著名企业因此成为旅游景点。

工业旅游在我国还是一种相对新型的旅游产品。我国真正意义上、最早开发工业旅游的是上海的宝钢，20世纪80年代宝钢在生产线的设计上，就已经在生产车间里设计了专门的游览（参观）通道，供政府、部门、企业接待的各类群众和客人"参观""学习"，虽然当时主要的目的还是为了宣传，但毕竟在功能上是按"旅游"的要求设计的。到了90年代中期，以1994年长春第一汽车集团组建一汽实业旅行社，对外开放

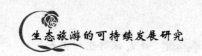

卡车生产线、红旗轿车生产线、捷达轿车生产线及汽车研究所样车陈列室开始，我国具有现代意义的工业旅游开始走上规模化发展的阶段。

通过对国内外工业旅游规划的总结，工业旅游产品开发根据资源性质和产品的不同，其开发模式一般包括四种类型：

1. 工业遗产旅游规划模式

实际上，工业遗产旅游（Industrial Heritage Tourism）在国际上，特别是在西方首先形成了规模化发展趋势的工业旅游产品开发模式。有研究者把工业遗产旅游的兴起归咎于人们的"怀旧情结"尽管工业时代还未真正成为过去，而信息时代对传统生活的颠覆，大都市的"逆工业化"趋势，以及"后现代"的来临，使人们产生了对工业技术以及这种技术所衍生的社会生活的怀念和失落感，进而催生了"后现代博物馆文化"传统的工矿企业成为人们体验和追忆过去的场所。基于这种"怀旧"，工业遗产旅游前景光明，先前的采煤、纺织、蒸汽机制造等工业中心可以当作"工业遗产"推向市场。当然，发展工业遗产旅游的原因有很多，从供给方看，主要是追求形象效益和经济效益；从需求方来看，除了满足"怀旧情结"外，求新、求异、求知、求乐也是重要的动机。

工业遗产旅游具体的产品开发模式，一般包括露天博物馆、社区艺术表演场地、大型景观公园、专业俱乐部、展览馆、画廊、创意产业基地等。如把钢铁厂改造成一个露天博物馆；将废弃铁路和旧火车车皮变成社区儿童的艺术表演场地；钢铁公司厂址"擦去了脸上的煤灰"，成为以煤铁工业景观为背景的大型景观公园，废弃的旧贮气罐被改造成潜水俱乐部的训练池，堆放铁砂矿的混凝土料场被改造成青年活动场地，墙体被改造成攀岩者乐园；一些仓库和厂房被改成迪厅和音乐厅，甚至高雅的交响乐也以巨型钢铁冶炼炉为背景别开生面地演出，艺术灯光工程使公园之夜充满魅力；有色金属矿加工区巨大的厂房改建为大型购物中心（Shopping Mall），焦炭厂则变成吸引众多艺术、创意和设计公司的办公和展览场地；废弃的金矿井被改造成"黄金公园"，等等。

2. 工业科普旅游规划模式

这种模式适合于那些具有高新技术和先进的生产工艺的工业企业或工业园区，如美国硅谷、日本筑波科学城、我国西昌卫星发射中心等。这种模式是在专设的特定场所开辟旅游功能区供游客参观游览，并通过相关的博物馆、展览厅，配备专职导游员对各种科学技术现象进行现场讲解，邀请专家举办专场的科普性知识讲座，出售一些相关仿制科技产品、书籍等，从多方面为游客提供专业服务。这种模式主要是在原有设施的基础上进行功能性开发，即增加旅游功能，而非设施性开发。

3. 产业公园旅游规划

产业公园旅游，是以整个企业或工业园区为主体资源，结合周边环境和其他旅游资源，将企业或工业园区开发成具有观光、休闲、科普等功能的综合性旅游区的一种工业旅游规划模式。

美国比较早地出现了产业公园规划,我国许多高新技术企业和科研基地也利用自身的科技优势和设施、设备优势建设产业公园。

4. 企业文化旅游综合开发模式

企业文化拓展型开发模式,是以企业独特的生产技术、生产工艺和产品为主体性资源或载体,以特定的企业文化为主题,对旅游产品进行拓展开发的一种开发模式,以丰富工业旅游的文化内涵和产品类别。如作为中国汽车工业的摇篮,"一汽"集团在开发工业旅游时便围绕汽车品牌大做文章,重点发展了五个汽车旅游项目,除去游览生产线的"现代化汽车生产观光旅游"外,还有以汽车博物馆为依托的"世界名车风采观光旅游"、充分利用"一汽"历史的"汽车历史文化观光旅游"、强调参与性的"汽车娱乐观光旅游"和注重购物的"汽车购物观光旅游"。再如烟台张裕葡萄酒工业旅游项目,依托"百年张裕"的企业品牌和文化积淀,把具有震撼力的地下酒窖、张裕博物馆、喀斯特酒庄等连成组合产品,进行整体包装,并自行设计了游客自装酒设备,开发了游客现场拍照包装酒、葡萄酒用具旅游纪念品等系列服务项目,深受游客欢迎。工业旅游在我国还是一个旅游规划的新领域,许多原则性问题如开发模式、产品类别等还都在探索之中,需要在今后的实践中,不断深化和完善。

五、旅游 + 服务业

旅游业本身属于服务业或第三产业的范畴。第三产业中的相关部分,如文化产业、交通运输业、邮电通信业、饮食业、卫生体育业、金融业、保险业、商业、教育业等都历史性地与旅游业有着内在的联系,并通过不同形式的融合形成了各具特色的、主题性的旅游产品。

特别是以低能耗、高附加值为特色的文化产业、现代服务业等,与现代旅游业的融合更加紧密。

旅游业与文化产业的融合,产生了旅游演艺业、修学旅游和游学、体育旅游、娱乐旅游等,一些大型的、发生过重大事件、有重大影响的文化、体育设施和场所也都发展成为专业化的旅游场所,如曾经举办过奥运会的巴塞罗那奥林匹克体育中心、巴西圣保罗的大足球场、北京奥体中心等已经成为著名的体育公园;巴黎的红磨坊表演、开罗尼罗河上的晚间游船表演、夏威夷的海上游船表演、上海的老年爵士乐表演、曲阜的《杏坛圣梦》、深圳华侨城的大型晚间文艺演出等都成为外地游客不可错过的当地标志性旅游项目。

旅游业与现代服务业的融合,催生了许多有特色的、能够给游客提供特殊消费体验的旅游设施、场所或主题性的旅游产品组合,如温泉度假、中医保健(或传统医学)旅游、美容瘦身旅游、购物旅游等。还有以适应现代旅游发展趋势而产生的新型的旅

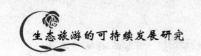

游场所，如大型休闲购物场所，建于大城市的郊区或大型旅游度假地的周边，游客或当地消费者能够在这里进行一整天的与购物相结合的休闲、娱乐综合性消费。

服务业或第三产业的产业要素种类很多，扩展了旅游规划的领域，丰富了旅游产品的内容和种类，而且，这种融合发展模式已经成为一种趋势，不仅在产品开发领域和旅游业内部，而且在城市建设、地方经济发展模式选择等领域也被广泛关注。旅游产业的发展方向，直接引导着城市的功能配置与城市建设的发展方向；而文化产业中的许多内容则被直接作为城市或区域旅游业发展过程中的"软开发"，如社区文化广场与社区文化活动的开展，地方民俗文化的挖掘、整理与开发利用，地方集市、庙会、集会、节庆活动等，都成为地方性旅游资源开发的主要资源，成为展示区域或社区文化、游客体验旅游的重要内容和载体。

第三节　旅游规划与体验经济

一、体验经济的概念及特征

（一）体验经济的概念

"体验经济"概念最早是由美国未来学家、《第三次浪潮》的作者阿尔文．托夫勒（Alvin Toffler）在其 1970 年发表的《未来的冲击》一文中首次提出来的，文中预言：服务经济的下一步是走向体验经济，商家将靠提供体验服务取胜。

体验经济，是指：企业以服务为舞台（依托），以商品为道具（载体），为消费者提供体验或创造出值得回忆的活动的一种经济形态。商品是有形的，服务是无形的，而创造出的体验是令人难忘的。

体验经济有别于传统的农业经济、工业经济和服务经济。在农业经济时代，主要经济提供物是农产品；在工业经济时代，主要经济提供物是工业品；在服务经济时代，主要经济提供物是服务；而今天，商品和服务已不能满足人们的消费需求，他们追求在消费中彰显个性、实现自我。于是，体验成了继服务之后的主要经济提供物，这样人类就进入了体验经济时代。

体验经济摒弃了传统的价格竞争模式和规模经济的竞争模式，从生活与情境出发，塑造感官体验及思维认同，以此抓住消费者的注意力，改变消费行为，并为产品找到新的生存价值与空间。消费者犹如形形色色的演员，沉醉于企业设计好的情感体验"舞台"之中，玩转着各种"道具"，获得物质与精神上的满足，进而心甘情愿地为如此美妙的心理感受支付一定的费用。

（二）体验经济的特征

与其他的经济形态相比，体验经济有着不同的特征：

1. 体验经济讲求与消费者的开放互动

在体验经济中，企业要积极开展与消费者的沟通，寻求触动消费者内在的情感和情绪的切入点。顾客既是体验的主体也是体验的成分，他们已经不甘心再做产品的被动接受者，而要参与产品项目的设计与组合，追求产品与自我的互动。他们希望根据自己的个性购买模块化的产品部件，按自己的需要组合产品，即所谓的 DIY（Do It Yourself）。

迪士尼乐园无疑是体验经济实践的成功典范，它通过主题游乐园、卡通片、电影、电视节目等形式，精心设计了一系列让人眼花缭乱的快乐经历，通过游客参与演出一场场视觉、听觉、触觉、嗅觉和味觉等各种感受交错的完整节目，让游客成为各娱乐项目的"主角"，并从中获得新颖的体验。

2. 体验经济追求满足消费者的个性化需求

大众化的服务会吸引更多的消费者，而体验往往刻意偏向某一类人群，有时甚至还会阻挠一部分消费者进入。根据马斯洛的需要层次理论，服务经济可以理解为满足了消费者的社交需求和尊重需求，体验经济则可以满足消费者的自我实现需求。体验经济时代的顾客追求真实与差异，从逃避走向自我实现。城市化导致个人生活空间的缩小和工作节奏的加快，从而使顾客对情感的需求显得比以往任何时候都强烈，比如亲情、邻里之情等，于是人们开始尝试通过各种途径来实现这些情感需求，包括购买家乡特产、看怀旧电影、探亲旅游等。有些游客为了证明自己的生命价值，甘愿冒着受伤甚至死亡的危险，选择蹦极、攀岩等挑战性较高的活动，在跨越心理承受极限时，游客获得了极大的愉悦感、成就感和自豪感。高尔夫之所以广受欢迎，不仅因为它是一种运动，而且因为它已经成了身份地位、时尚品位、文化品质的代表，高尔夫爱好者在打球的过程中体验到了尊贵、绿色、快乐和满足。

在体验经济中，企业提供的不再仅仅是商品和服务，它提供最终体验，并使消费过程充满了感情的力量，给顾客留下难以忘记的愉悦和记忆；而消费者消费的也不再仅仅是实实在在的商品，而是一种感觉，一种情绪上、体力上、智力上甚至精神上的体验。

二、体验旅游

从本质上说，旅游本身就是人的一种体验过程，或者说是一种"天然的体验"过程。"旅游经济"与"体验经济"有着天然的耦合。因此，体验经济理论一产生就开

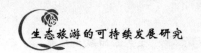

始自觉不自觉地渗入到旅游业，"体验旅游"应运而生。

体验旅游，以旅游企业为舞台和道具，以游客参与互动为主要特征，以使游客得到各种感官刺激和精神震撼为主要目标，是一种最具人性化、个性化的旅游产品设计。旅游产品的消费过程就是旅游体验过程。

体验旅游的基本特征是：主题人性化、目标情感化、服务个性化、产品差异化、过程互动化、结果持续化。有研究者以体验经济的种类为划分依据，将体验旅游分为四类，即是娱乐体验型、教育体验型、探险体验型、审美体验型。也有研究者根据体验参与程度的差异，将体验旅游划分为表层体验、中度体验、深度体验等层次。

三、体验旅游产品设计

体验经济理论，为体验旅游产品的开发与设计提供了基本的理论指导，一般认为，旅游体验的实现路径，亦即体验旅游产品类型包括如下几个方面：

（一）旅游观赏类

旅游观赏是旅游者最基本的需求，也是旅游体验的一种方式，旅游观赏的目的是获得审美体验。

旅游观赏，是旅游者通过视听感官对外部世界中所展示的美的形态和意味进行欣赏体验的过程。从美学的角度上说，这种审美体验不是对世俗愉悦的体验，而是追求旅游审美愉悦。针对旅游者的这种审美体验诉求，在旅游产品设计、开发过程中，要特别注重旅游产品美学特征的挖掘与展示，正确区分"审美"与"猎奇"的不同。

（二）旅游交往类

交往是人类社会的一种普遍现象。根据马斯洛的需求层次理论，交往或交际本身也是旅游的主要动机之一。而从社会学的角度讲，旅游也是人类的一种重要交往方式。

旅游交往具有暂时性，它起始于旅游过程的开始，终止于旅游过程的结束，这种短暂的交往是旅游者实现个人旅游体验的重要方式和基本要求。在旅游过程中，旅游者会与团友、旅游服务人员、旅游目的地居民以及其他相关者发生各种各样的交往，而且，这种交往还有可能向旅游过程之外延伸，由旅游过程中的非正式交往过渡到日常的正式交往。

从旅游产品开发、旅游目的地管理的角度出发，旅游企业及其员工的素质、旅游目的地的人文社会环境等，是在"标准化"的产品和服务之上，影响旅游者感知和体验质量的重要因素，应该努力创造、改善这种影响旅游者感知和体验质量的因素，并注重创造和增进旅游者与旅游目的地居民交往的机会。

目前，正在成为时尚的、走向社区的"深度旅游"，正是这种渴望交往，并通过交往去深度了解旅游目的地东道文化的体验旅游的体现。近些年兴起的社区旅游、胡同游、生活类游学旅游产品等，正是这种交往类体验旅游产品的设计与开发。当然，旅游交往不同于我们生活过程中的日常交往，旅游交往具有暂时性和感知性等特点，所以也被定义为"轻社交"。

（三）旅游模仿类

在心理学上，模仿是指依照别人的行为样式，自觉或不自觉地进行仿效，做出同样或类似的动作或行为的过程。而旅游模仿就是旅游者在旅游过程中暂时放弃其常规角色而主动扮演某些具有愉悦功能的角色的过程。

在旅游过程中，旅游者个体的模仿行为是经常性的，有时也会发生群体性的模仿。模仿本身既可以成为旅游的目的，也可以成为达到目的的手段。而模仿的过程实际也是体验的过程。正因为如此，让游客去"模仿"往往成为旅游经营者有意编排的节目——旅游产品的重要组成部分。如让外国游客穿上传统服装"进入"某个特殊的"历史时期"去体验历史生活，让城市游客到田间与农民一起参加耕作等，都是在增加模仿体验的真实感。

（四）游戏类

旅游过程中的游戏，是为了通过游戏中的乐趣来提高旅游体验的效果。对于旅游者而言，旅游过程中可参与的游戏包括技艺游戏、智力游戏、赌胜游戏、儿童游戏等。不同类型的游戏，可以通过不同的刺激和娱乐程度给人带来不同的感受和愉悦体验。而对于旅游经营者来说，游戏往往是一个赚钱的经营项目，是许多观光性旅游景区中的一种新的赢利模式。

在旅游体验产品的设计、开发过程中，能够帮助旅游者实现或提高旅游体验效果的方式、途径很多，对于旅游经营者来说，应该深入研究目标群体的需求发展趋势，有针对性地设计、开发体验旅游产品，提高体验旅游产品的经营效果。

四、旅游体验营销

体验经济理论在旅游营销中的应用，正在改变着传统的营销模式，提高着旅游营销的效果。从旅游产品的特点出发，旅游体验营销的操作过程一般包括以下几个环节：

（一）确定体验主题

旅游产品开发本身要确定开发的主题，而营销主题的确定应该是与产品开发的主题一同确定的,这样,旅游产品开发的主题才能够与营销主题保持致。当然,随着市场的发展、变化,旅游产品的主题也不能够长期或永久一成不变,应随着市场的变化而适当调整;在有些情况下,即使产品的主体不变,但营销的主题却可以发生一定程度的改变。

总体来说,现代社会游客的旅游经历越来越丰富,对旅游产品的文化内涵和体验的主题、形式等要求越来越多,旅游经营者在设计体验主题时关键是要创造特色,只有特色的、有差异化的主题和形式才会引起旅游者的兴趣。

(二)整合多种感官刺激,建立与顾客的接触

主题是设计体验的基础,但它需要在旅游企业和旅游者接触的过程中被正确地传递,因此旅游经营者应该在与顾客接触过程中,整合多种感官刺激,创造统一的体验效果。

体验营销要站在消费者的感官(Sense)、情感(Feel)、思考(Think)、行动(Act)、关联(Relate)五个方面,重新定义、设计营销的方式。这种方式突破了传统"理性消费者"的假设,认为消费者消费时是理性与感性兼具的,消费者在消费前、消费时、消费后的体验,才是研究消费者行为与企业品牌经营的关键。体验通常也不是自发的,而是诱发的,当然诱发并非意味顾客是被动的,而是说营销人员必须采取体验媒介。可以从影响消费者行为的内部因素入手,通过视觉、听觉、味觉、嗅觉和触觉多种方式传达产品信息,创造体验。

旅游企业与旅游消费者通过多个接触点或面取得关联,从而进行信息、服务和产品的交换。各个接触点都是联系顾客、愉悦顾客,提供给他们正确信息和丰富他们生活的机会,接触过程中可以提高或降低通过品牌体验建立起来的顾客体验。例如希尔顿酒店集团上市的互动项目中,首先确认出产品购买前后的 17 个主要接触点,包括预订、品牌沟通、销售和顾客管理的沟通、到达和入住、叫醒和留言、礼宾服务、客房送餐、商务中心等,进而立足于接触点,实现服务的个性化,将品牌带进生活,培养顾客忠诚度。

一般来说,体验营销经常使用的营销策略有三种:

(1)感官式营销策略:通过视觉、听觉、触觉、嗅觉等建立感官上的体验,主要目的是创造知觉体验。

(2)情感式营销策略:通过触动旅游者的内心情感,创造情感体验,这种情感体验的效果可以是舒缓的、温和的、柔情的,也可以是欢乐、激动或强烈的自豪等。情感式营销需要了解什么样的刺激能够带来什么样的情绪,企图给游客带来什么样的感染等。

(3)思考式营销策略:通过启发人的智力,创造性地让游客获得认识和解决问题的体验。它运用惊奇、计谋和诱惑,引发旅游者产生统一或各异的想法。

（三）加强体验效果的阶段性检验

任何产品的生产与消费都一样，设计时的预想效果与消费后的实际效果不一定一致，这就需要在一段时间后，进行体验效果的检验。检验消费者的体验，要了解消费者在消费过程中是否存在与企业当初设计的体验完全违背的负体验，消费者在消费过程中的自我创新，即企业当初没有想到的、对企业将来发展非常有利的新的体验方式和体验内容等。对于负体验，企业需要对体验活动的设计进行调整，或是通过消费者反馈活动，引导消费者的思想，教育消费者朝正方向思考并行动。针对消费者在体验过程中的自我创新，这是个机会，企业要进行评估，它可能是消费者价值观和意识形态变化的一种预先反映。要想使体验长久新鲜，就必须了解消费者思想变化，并引导他们。

（四）开展内部营销

服务过程是游客亲切感与自豪感的重要来源，优秀的服务员不仅是服务的提供者和承担者，而且是情感的沟通者和传递者。服务的过程中，一方面可以使员工把企业的情感、价值、理念传递给顾客；另一方面又可以把顾客的满意、情谊、感受反馈给企业。

这种相互沟通的行为，可以使服务升华，不断进入新境界。现在的服务业特别重视服务情景中的员工与游客面对面接触的"真实时刻管理"（The Moment of Truth），这一切都为了给游客一个快乐体验。

快乐的人，才能创造出快乐并去经营快乐。因此，在让消费者快乐之前，先要让员工精神起来、快乐起来。在体验营销的过程中，旅游企业先要进行内部营销。如引导员工思想转变，自觉实施体验营销；设计有利于实施体验营销的组织平台；进行有效的员工培训，使员工完全融入企业，在为顾客提供满意的服务和体验之前，达到很高的企业忠诚度和满意度。

（五）开发旅游纪念品

旅游企业要充分利用旅游纪念品创造体验。一次旅游经历结束后，旅游纪念品便成为这次旅游体验过程的"延续"——通过欣赏旅游纪念品对旅游体验进行回忆。度假区的明信片会使人想起美丽的景色，印着时间和地点的热门演唱会运动衫则会让人回味观看演唱会的盛况。如果旅游企业依据主题明确、强调参与等理念，设计出精致的带有体验意味的纪念品，消费者肯定会愿意花钱买来回味体验。

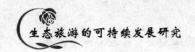

五、体验经济理论与旅游目的地管理

旅游产品、旅游经济都是在特定地域空间里产生的，旅游体验与体验旅游产品开发都离不开旅游目的地管理。

旅游目的地管理涉及的问题、领域是多方面的，有发展背景中的体制问题、法治问题、环境问题、资金问题，也有发展过程中的经营问题、管理问题、市场问题、服务问题、质量问题、设施问题、规划问题、容量问题等，但从游客体验的角度，最为关键的是环境质量、文化质量、服务质量和项目质量四个方面。

（1）环境质量：包括自然环境质量和社会环境质量。从现代社会的发展理念来看，每一个旅游目的地都应该成为生态型旅游目的地，成为景观型旅游目的地，成为身心享受型旅游目的地，所以必须进行环境治理、培育和优化，不断进行美化、绿化和净化，消除影响人们视觉感受的视觉障碍和视觉污点，消除影响人们感官享受的环境污染和文化污染，这样环境质量才能够得以升华。旅游目的地就范围而言，环境质量的升华要进行超范围升华，要包括旅游目的地周边地区，要使人们通过环境过渡带渐入佳境，同时周边地区的环境质量升华也会从总体上保障旅游目的地核心区的环境质量。

（2）文化质量：指的是要抓住旅游目的地的文化精华，将其作为旅游目的地生存与发展的灵魂，通过展示、演出和寻找活的载体（包括人的载体和活动的载体），使文化精华能够被到访的每一位客人充分地体验，从中有所收获、有所教益、有所感悟、有所借鉴。文化质量的升华要发挥旅游目的地从业人员的智慧、发挥专业人员的智慧、发挥专家学者的智慧，通过创意与策划使文化形象特色更加鲜明，体验更加平和，主题更加突出，使人产生难忘的印象。

（3）服务质量：要抓住情感是人际交往的桥梁，高尚的情感是人际关系中最美好的关系，要善待每一位到访的客人，提供更多的方便，通过硬件设施和软件服务使个性化的体验能满足不同客人的需求。旅游不仅是一次活动，而且是一次经历，除了旅游吸引物所能提供的充分体验外，还要使客人通过服务得到情感的充分体验。这种体验如果进而发展成为对自然的热爱、对园林的热爱、对社会的热爱、对文明的热爱、对文化的热爱、对人类的热爱，则是旅游目的地对社会最大的贡献。

（4）项目质量：指的是在设置旅游项目时，要充分考虑市场的需求，要通过内容与形式的统一，消费与价值的统一，项目与主题的统一，来激发游客的参与欲望，项目要注意文化的先进性，时尚的流行性，市场的适应性，特别要注意项目特色的鲜明性，不能雷同化。项目质量的升华，特别要注意不要盲目地把糟粕当成精华，这样不但不是升华，而且会败坏目的地的形象。在项目质量升华中还要注意高科技的应用，尽可能地扩大游客体验的范围和深度，并在保证绝对安全的情况下让游客实现自我。

总之，体验经济既是一种古老的现象，又是一种新的潮流，社会的发展促进了产品类型的多样化、产品功能的多元化，也促进了体验经济理论的不断创新和发展。旅游经济作为一种与体验经济有着天然耦合关系的产业门类，必将在体验经济理论的指导下，在产品开发、市场营销和旅游目的地管理等方面不断提高水平，向社会推出更多的体验性产品，使游客能够在体验中与时代同步。

第四节　旅游规划与城市规划

一、城市规划

城市规划，在美国被称为"City Planning"，在英国被称为"Town Planning"，在德国被称为"Stadtebau"，在法国被称为"Urbanism"，在日本被称为"都市计画"，按照字面意思，都是指以城市为对象进行规划。有关城市产生的原因和时间虽然至今在学术界尚无定论，但是，城市自古就存在，通过规划来建设城市也自古就开始了。影响城市规划的因素很多，主要是经济、军事、宗教、政治、卫生、交通、美学等。古代城市规划多受宗教、军事防卫等因素的影响，现代城市规划则多受社会经济的影响。谁做规划，为谁规划，为何目的做规划，过去与现代的城市规划则完全不同。在城市规划研究领域，人们将城市规划分为两类：一是"理想城市规划"（ideal City Planning），即按照理想城市方案规划建设城市，其特点是基于自由的发想（常常是根据规划师或设计师具有个性的发想）对城市规划做提案；二是"行政城市规划"（Administrative City Planning），即作为行政制度的城市规划，其特点是依据法律与制度，通过调整公共利益与私权的矛盾和关系，实现城市规划的目标。在实践中，这两者在相互影响的同时，各自发展成为较为独立的规划体系。

我国在改革开放以后，城市规划引入了"动态规划"（Dynamic Planning）、"过程规划"（Process Planning）、"以人为本"等观念，但由于物质规划的观念没有根本性转变，同时规划的运行体系与方法也没有改变，所以一直以来，物质建设规划一直为城市规划的始终目的，忽视了城市规划的社会经济目标，使城市规划变成了一种形体空间设计，追求的是规划期末的漂亮蓝图。随着社会的发展和人类城市管理理念的变化，以人为核心的城市规划理念正在成为主流，也正在影响着城市规划、建设和管理走向新的阶段。

二、城市规划与旅游规划

我国于1989年12月颁布了《中华人民共和国城市规划法》，2007年10月修订为

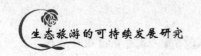

《中华人民共和国城乡规划法》，2015年4月再次修订，确立了城乡规划的刚性和强势地位，也确立了与其他部门规划、行业规划、专业规划的关系。旅游规划与城市规划的关系主要体现在三个方面：

（一）城市规划理论对旅游规划具有借鉴作用

与旅游规划相比，城市规划毕竟是一个相对成熟的学科，有完整的理论体系，其对城市空间的控制、对城市资源和功能的配置、对基础设施的安排布局等，都值得旅游规划借鉴。实际上，旅游规划作为一个只有几十年历史的新兴学术领域，其本身就是在不断借鉴、借用、学习其他学科理论、方法的基础上逐步发展起来的。但至今在学术体系中尚未形成一个"独立"的学科。

（二）旅游规划依赖于城市规划

作为一种经济行为，旅游规划、旅游产业发展规划本身具有一定的局限性，如旅游规划中的旅游空间布局规划、旅游环境规划、旅游政策法规建设、旅游用地规划和旅游规划活动的具体实施等，都受到城市规划的制约。而城市规划是一种决策，一种政府行为，具有实施的权威性，它在地方、区域旅游性质和发展方向的确定、旅游设施的专项规划、旅游空间发展和旅游建设用地规划、环境规划等方面决定或影响着旅游规划。因此，旅游规划必须依赖于城市规划，旅游规划必须纳入城市规划体系，这样才能弥补旅游规划的局限性，真正推动旅游规划的持续、健康、快速的发展。

（三）城市规划需要根据旅游的发展做适应性的调整

城市规划是有关城市社会、经济和城市总体发展的规划，城市规划的对象是整个城市社会，它主要考虑的是城市的内部发展，体现的是城市居民的利益和要求。而旅游规划主要是在发展地方旅游经济的前提下为旅游者服务的，体现了旅游者对城市、对旅游目的地的要求，因此旅游规划与城市规划相比较更具有外向性，它可在一定程度上增强城市的外向性和开放性，丰富城市规划的内容，提高城市的环境竞争力。21世纪是城市的世纪，也是"注意力经济"的世纪，城市必须想方设法吸引人们的注意力，以在城市竞争中脱颖而出，同时旅游是具有裂变效应的注意力经济，它可以带动城市相关产业的发展，扩大城市的效应，从而推动城市注意力经济的可持续发展。城市世纪的到来和旅游的特性决定了未来的城市规划必须考虑旅游的发展要求，提高城市规划的旅游适应性，同时要主动协调旅游部门与其他部门、城市旅游业与其他产业的关系，为旅游规划的科学编制和有效实施提供保证。近年来，由于产业结构的变化和新兴产业地位的不断提升，以旅游业为代表的新兴产业在国民经济中的地位越来越突出，影响到城乡规划实践和管理领域，从中央到地方，出现的"多规合一"理念正在被广泛接受，城乡规划不再"独霸天下"，而是越来越多地融入其他规划的内容，甚至规划本身即为多规划合一的综合规划。总之，在现代社会发展过程中，在理论和实践两个领域，城市规划理论与旅游规划理论、城市规划与旅游规划，是一种相互影响、相互依赖、相互促进的互动发展关系。

第四章

生态旅游线路发展

第一节　旅游线路统筹提出的背景

一、"转变旅游发展方式"是我国旅游业发展面临的急迫问题

从战略高度审视我国旅游产业发展的传统思路，我们看到，长期以来，我国旅游产业发展主要依赖于资源和资本的驱动，而非依靠劳动者素质的提高和科技的进步，旅游产业发展对社会公平、就业、文化、生态目标的促进作用还没有得到彰显，使国内旅游低层次、粗放增长。"一流资源、二流开发、三流服务"，严重影响了旅游产品的档次和品位，制约了旅游产业素质的提升。二是旅游人力、资本薄弱，自主创新能力不足。缺乏高水平的旅游研发机构、旅游教育与旅游研发的投入不足、创新的激励不足，制约了旅游产业的发展。随着旅游产业发展方式的转变，对劳动者素质和科技进步的要求日益增加，旅游人力资本和自主创新能力落后的问题将更加突出。三是旅游产品不能适应我国度假休闲需求，旅游产品的参与性、娱乐性和体验性差，购物和娱乐两大要素发育不足，造成产品单调，供给不足。因此，着力推进旅游发展方式转变是当前我国旅游产业发展面临的急迫问题。2009 年 12 月，国务院出台了《关于加快发展旅游业的意见》，提出要进一步"转变发展方式，提升发展质量，把旅游业培育成国民经济的战略性支柱产业和人民群众更加满意的现代服务业"。如何顺应国家经济社会发展潮流，转变旅游业发展方式，从发展大势中寻求发展机遇、拓展发展空间、增添发展动力，努力在推进科学发展上走在前列，这是当前我国旅游业必须回答的一个问题。

另外，从全球经济发展的趋势来看，自进入新世纪以来，以信息化和知识经济为核心的新科技革命继续成为世界经济发展的引擎。即使面对利率上调和油价上涨，但从经济运行的中长期看，世界经济的走势依然良好，世界各主要经济体依然保持了稳定的增长水平。2007年，中国已超越德国成为世界第三大经济体国，仅仅位居美、日之后。2009年中国国内生产总值为34万亿元，按可比价格计算，比上年增长8.7%。经济的高速增长为旅游产业的发展提供了良好的支撑环境。

同时，随着我国改革开放和环太平洋经济圈的崛起，我国和全球特别是亚太国家的经济联系不断加强，给旅游产业的发展带来了更多机遇。特别是我国加入世贸组织以后，各行业对外开放的联动效应，不仅为旅游产业的发展提供了有利的环境，更为旅游产业的对外开放和发展提供了条件和动力。截至2005年9月15日，经国务院批准的我国公民出国旅游目的地的国家和地区，总数达到了109个，实施的有76个。另外，我国积极参与区域合作，也为旅游产业发展创造了有利环境。2001年，中国、俄罗斯联邦、哈萨克斯坦等六国签订了上海合作组织成立宣言，宣布成立上海合作组织；2002年，我国和东盟十国共同签署了全面经济合作框架协议，确定到2010年建成中国东盟自由贸易区；2003年，我国中央政府与香港特别行政区政府签署了内地与香港关于建立更紧密经贸关系的安排，与澳门特别行政区政府签订了内地与澳门关于建立更紧密经贸关系的安排。我国积极参与区域合作的举措，十分有利于旅游产业的发展。

面对新形势、新机遇、新要求，我们清醒地看到，作为旅游资源优势突出、旅游产业发展初具规模、旅游经济持续发展的我国旅游产业，在旅游服务功能的完善、旅游要素配置的人性化、旅游线路的整体建设水平、旅游综合带动作用的发挥等诸多方面，距离旅游发展的需求有较大差距，距离国家提出的发展目标还有较大差距，亟待加强和提高。

在这种背景下，我们必须从战略高度重新审视旅游产业发展的思路。创新旅游发展思路，以线路统筹全面推进我国旅游产业转型升级和跨越发展。

二、我国区域旅游发展迫切需要理念创新

一直以来，受计划经济体制和短缺经济的影响，区域旅游发展以行政区域为单位，习惯于就旅游发展旅游，注重景区（点）"点状"（或"板块状"）开发。在市场经济条件下，旅游产业有其自身运行规律；在国民经济新的发展形势下，旅游产业呈现出一些新的特征。根据旅游产业发展新趋势，地方政府在发展区域旅游时必须具有统筹发展的新理念：

1. 区域旅游发展必须融入和服务于区域经济社会发展全局

旅游发展与经济社会发展紧密相关。旅游业具有扩大需求、调整结构、解决就业、缩小地区差距、扩大开放等综合经济功能和广泛的社会功能。在现阶段扩内需促增长、保民生促和谐的背景下，区域旅游经济发展要主动融入和服务于区域经济社会发展全局，统筹考虑区域资源保护与开发、经济增长与结构调整、城乡协调发展、发达地区

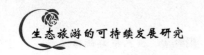

与欠发达地区协调发展等问题。

2. 区域旅游发展必须与相关产业体系协调发展

一方面，旅游产业依托于吃、住、行、游、购、娱等要素所涉及的基础产业的发展；另一方面，旅游业通过对传统产业的融合、演绎和提升，不断创造出新的领域，形成新的业态。在现代市场经济下，旅游产业与相关产业相生相融，相互促进，产业之间的界限越来越模糊。因此，发展区域旅游不能单独地就旅游发展旅游，必须从满足需求的创意角度，整合区域内产业体系协调发展。

3. 发展区域旅游要符合旅游产品形成规律

旅游产品是以景区（点）为核心吸引物，以线路为纽带，涵盖吃、住、行、游、购、娱等要素的综合性（或组合性）服务产品，决非孤立的旅游景区（点）。打造区域旅游产品要以市场为导向、满足需求为目标，按照旅游产品形成规律，推出服务组合体，实现旅游产业各种资源、各个要素的优化配置，提高旅游产业的整体效能和综合竞争力。

4. 建立符合旅游产业特征的权威综合协调机制

在我国经济和行政资源部门化的特殊体制下，旅游产业要得到很好的发展，只靠旅游部门一家是不行的，需要经济社会各部门的大力支持和积极参与。要将旅游产业发展所需的资源和生产要素调动起来，就需要一种能统筹各种资源的方式和机制。在尊重现有行政职能划分的基础上，通过综合协调产业管理职能，将旅游产业发展所需的，分散在交通、城建、林业、环保、文化等不同部门的各种资源和生产要素有效地聚合起来，围绕旅游精品线路的开发建设和营销实现优化配置，共同发力，发挥最大效用，从而加速旅游产业建设和成长的步伐。

三、政府主导、旅游精品景区和旅游精品城市战略迫切需要深化

长期以来，特别是在"十五"期间，我国大多数地区发展旅游业主要是实施政府主导战略、建设旅游精品景区战略和旅游精品城市战略。

实施政府主导战略，增强区域旅游发展的动力。本着"发展旅游业是一项系统工程，离不开政府强有力的主导"的思想，不少地方把旅游作为"一把手工程"突出来抓，大力实施政府主导战略，不断增强旅游产业发展的动力。在地方经济发展定位上更加突出旅游业，在组织领导上更加重视旅游业，在发展政策上更加倾向旅游业。

实施建设旅游精品景区战略，是以旅游资源为核心，目的是建设一流旅游目的地，提升景区的旅游整体形象；方法是整合优势资源，加大项目投资力度。旅游景区（点）是旅游者产生旅游动机的直接因素，是旅游吸引力的根本来源，是旅游目的地形象的重要体现。旅游景区（点）搞得好不好，直接影响到区域旅游的核心竞争力。实施旅

游精品景区战略就是在旅游项目建设上打造新亮点，在特色产品建设上力争形成新格局，在基础设施建设上实现新突破。

实施旅游精品城市战略，就是通过以下方法从经济、政治、文化、社会、生态等各方面提升城市的旅游品质：深入挖掘城市潜力，优化旅游资源配置；准确进行城市形象定位，制定市场营销策略；加强公共服务体系建设，提升城市承载能力；强化宣传推介，突出每一个城市的旅游形象。实施旅游精品城市战略，其中一项重要的工作就是1995年开始的"中国优秀旅游城市"评定。1998年批准了第一批中国优秀旅游城市54个，2000年批准了第二批中国优秀旅游城市68个，2001年批准了第三批中国优秀旅游城市16个，2003年批准了第四批中国优秀旅游城市45个，2004年批准了第五批中国优秀旅游城市23个，2005年批准了第六批中国优秀旅游城市41个，2006年批准了第七批中国优秀旅游城市24个，2007年批准了第八批中国优秀旅游城市35个，总体批准了300多个城市为"中国优秀旅游城市"。

进入"十一五"期间，通过旅游发展规律来看，政府主导、旅游精品景区和旅游精品城市战略面临深化的要求。政府主导战略的实施，既需要政府进一步从宏观调控主体的角度介入旅游业发展，更需要作为旅游市场主体的企业和当地居民的积极参与、良好配合。旅游精品景区战略和旅游精品城市战略更需要深化，旅游业自身发展的规律揭示，旅游开发是一个综合开发过程，既包括旅游线路或者目的地"灵魂"的塑造，也包括形象、机制和功能的塑造，还包括景区、城镇、通道的打造以及政府、企业和居民积极性的发挥，而单纯的旅游精品景区战略和旅游精品城市战略无法满足这些综合需要。在这种背景下，我们需要用统筹旅游线路这样一个思路来提升我们的发展战略。

第二节　旅游线路统筹提出的意义

一、从区域经济发展的角度考察

从区域经济发展的角度，旅游线路统筹是促进区域经济发展的驱动力。

旅游业具有高度的关联性和带动性，我们通过旅游线路统筹开发的方式，可以将各种资源和生产要素有效地聚合起来，围绕着旅游精品线路的开发建设和营销实现较优化的配置，发挥出较好的效用，从而加速旅游产业建设和成长的步伐。

1. 能够创造新的旅游经济增长点

第一，满足游客多样化的市场需求产生新的经济增长点。伴随着居民外出旅游的需求上升和变化，旅游市场经过多年的发展，目前已具有相当规模，旅游市场的产品

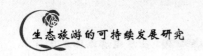

细分化日趋显著。与此相对应，旅游产品从最初单一、以大众观光为主的旅游产品发展到如今包括深度游、品质游、体验游等多种旅游方式在内的多样化旅游产品。以观光为主的产品结构和比较单一的旅游黄金线路，已经难以激起更多的市场卖点，不能适应旅游消费市场的需要，旅游经济增长日益缺乏后劲。在这种情况下，需要开发设计新的旅游线路，推出新的旅游精品和富有特色的旅游目的地，适应市场需求变化。这样，旅游线路统筹一方面满足了游客多样化的需求，另一方面也造就了新的旅游经济增长点。

例如，经过多年建设和实施旅游精品名牌战略，四川以世界遗产为主要依托的观光旅游产品日趋完善和成熟，九寨沟、峨眉山、都江堰等旅游产品在国内外具有较高的知名度和吸引力。主题公园、温泉、滑雪等休闲度假旅游产品正在形成，成都市荣获世界旅游组织授予的"中国最佳旅游城市"称号，会展、商务等专项旅游快速起步。进入"十一五"时期，为了适应旅游市场出现的新的消费需求，针对四川旅游产业发展实际，四川省提出旅游线路统筹发展战略，目的就是推进旅游产业的转型升级、提质增效，开发新产品、发展新业态，实现旅游大省向旅游经济强省的历史性跨越。实施旅游线路统筹，就是由重点抓景区（点）建设，向景区（点）建设与旅游线路统筹开发并重转变，优化配置旅游产业各种资源、各个要素，提高旅游产业的整体效能和综合竞争力。

第二，改变旅游非均衡发展带来新的经济增长点。旅游非均衡发展的结果导致全国旅游发展过于依赖某些省份，某些省份的旅游发展过于依赖某些地区，旅游的整体性受到影响。有人形容这种情况是"热点过热，温冷始终温冷"。由于"温差"过大，旅游资源开发不足与过度并存，旅游业无法实现成为人民群众更加满意的现代服务业。统筹开发区域性的旅游新线路，将有效推动后进旅游区的发展，大大改善旅游产业的空间结构，降低空间布局上的不平衡性及不经济性，从而形成新的旅游经济增长点。

例如，在云南，为旅游产业发展首先做出贡献的是昆明市，统筹开发区域性的旅游新线路后，西双版纳、德宏、大理、丽江和迪庆发挥了新的增长极作用，从而使云南省旅游业在一波接一波的旅游热点地区的推动下保持了持续的发展，创造出富有市场竞争力的若干个增长点，从而使云南旅游业呈现出一种"各具特色、整体发展、全面推进"的势头。相反，如果没有旅游线路的统筹开发，云南省各地的旅游发展将是各吹各打、分散零星，旅游形象、旅游实力必然也是支离破碎，不能形成整体优势和区域产业竞争力。

2. 能够优化旅游产业的空间布局

一方面，我国形成了若干特色旅游区的格局，但是多年来由于各种因素的影响，旅游区的发展极不平衡，甚至在同一个旅游区内的不同旅游开发建设也不平衡，这就使得我国的旅游产业空间布局存在较大的不平衡性及不经济性，导致我国旅游发展过于依赖一部分地区，旅游的整体性受到影响，国内外旅游经销商和消费者缺乏多样化的选择机会，消费市场过于集中和抗风险能力较弱，由此造成旅游资源难以共享、旅游市场分割严重和旅游产品适应性不足等一系列问题。统筹开发区域性的旅游新线路，将有效推动后进旅游区的发展，大大改善旅游产业的空间结构，降低空间布局上的不平衡性及不经济性。随着新的旅游线路形成，全国形成几大区域连片开发的格局，有利于加强区域中各省（直辖市、自治区）的旅游合作、周边国家的旅游合作，极大地优化我国旅游产业的空间布局。

另一方面，要实现旅游业的可持续发展，提高旅游产业抵御市场风险甚至于自然灾害的能力，形成真正持久的竞争力，就必须以线路为核心，形成跨区域的旅游企业、旅游景区和地方政府的联动和整合发展态势，以层层波纹式由核心区域向外延伸和扩展，既能集中沿线区域的优势和特色资源，整合所有的要素、要件，推动旅游业发展，又能让沿线更多区域分担旅游发展风险，分享旅游发展利益；同时，由于以区域联动和整合发展为主要的发展模式，可有效规避旅游产品或线路设计的重复雷同，避免旅游接待设施和旅游六大要素的重复建设和配置，形成供过于求的局面，使有限的资源得以充分利用，避免资源浪费。此外，通过以线路为中心的跨区域发展能够为旅游企业在更广阔的范围内开辟有效市场，实现旅游经济增长方式上的转变，实现区域旅游的可持续发展。

总之，区域旅游业可持续发展和区域经济社会协调发展在以"旅游线路"为核心的旅游线路统筹发展进程中互为条件、互为动力、相辅相成。

3. 能够促进旅游资源和生产要素的优化配置

第一，可以通过旅游线路统筹开发的方式，将涉旅各方面要素，围绕着旅游精品线路的开发建设和营销实现较优化的配置，发挥出较好的效用，从而加速旅游产业建设和成长的步伐。

第二，可以通过旅游线路统筹开发的方式，发挥交通、城建等部门的职能作用，加快旅游交通、城镇等基础设施建设就能发挥林业、环保等部门的职能作用，加快生态建设和环境保护就能发挥宣传、文化等部门的职能作用，推动民族文化的发掘、保护和弘扬，促进文化产业与旅游产业的良性互动就能发挥农业、经委等部门的职能作用，加快社会主义新农村建设，发展观光农业、工业旅游等。也就是说，通过旅游线路统筹开发，交通发展了，城镇化进程加快了，生态建设与环保工作上去了，相关产业也发展起来了。

4. 能够为旅游产业持续发展提供需求保障

市场开发是旅游线路统筹开发的一项重要内容，部署旅游线路统筹开发和制定相关的方案，必然要将市场开发放到突出的位置进行强调，其原因在于市场开发虽然只是旅游产业建设一个方面的工作，但是关系到旅游产业发展的全局，关系到旅游投资、旅游开发建设的最终成效，关系到旅游产业的可持续发展。在市场经济高度发达的今天，没有有效的市场需求，所有的产业投资都不可能取得好的效益，任何一个产业都

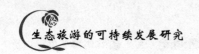

不可能发展。进行旅游线路统筹开发，就是从战略的高度看待旅游市场开发，同步统筹市场开发各方面的工作，确保游客总量长期稳定增长，从而为旅游产业建设提供充足的需求保障和动力支持。例如，"5.12"汶川特大地震对四川经济社会造成重大影响，四川旅游安全目的地品牌形象遭受重创。汶川特大地震不仅破坏了龙门山脉等局部地区的旅游资源，更严峻的是重创了全省旅游市场和境外游客旅游安全信心。四川的旅游发展面临前所未有的严峻考验。要重振旅游业，就需要采取重大举措去创新、去突破。正是在这一背景下，四川省旅游产业发展领导小组决定召开"成乐旅游线"线路统筹督察会议。"线路统筹"作为灾后旅游振兴的突破点和重要抓手，是发展旅游产业的新机遇，沿线地区都借此机会进一步提升和完善旅游产品，围绕各地优势资源打造精品线路，进一步增强旅游业的市场竞争力。

二、从落实科学发展观的角度考察

从落实科学发展观的角度，旅游线路统筹是实现旅游产业科学发展的直接体现。

长期以来，受传统发展观的影响，我们片面追求经济增长的速度。随着经济的高速发展，经济社会发展与资源环境约束之间的矛盾逐渐凸显并日益严重。2003年10月召开的中国共产党十六届三中全会提出了科学发展观，并把它的基本内涵概括为"坚持以人为本，树立全面、协调、可持续的发展观，促进经济社会和人的全面发展"，坚持"统筹城乡发展、统筹区域发展、统筹经济社会发展、统筹人与自然和谐发展、统筹国内发展和对外开放的要求"。

积极借助贯彻落实科学发展观，切实有效地解决长期以来旅游业自身存在、难以祛除的某些痼疾，充分认识旅游业作为竞争性行业的特性，加快推进旅游行业的全面深入的改革，从体制、机制、制度等根本环节上解决旅游业发展与市场经济错位、不对称等问题，同时正确处理旅游业发展过程中规模扩张与产业素质，发展速度与运行质量，经济效益、社会效益与环境效益统筹协调的关系。这不仅是旅游线路统筹要努力实现的目标，也是其实现目标必须要解决的问题。因此，对旅游线路统筹推进程度和结果的衡量也完全可以依照"发展度""协调度""持续度"三大体系来进行。从这个意义上来说，旅游线路统筹完全符合科学发展观的本质运行要求。通过旅游线路统筹让旅游业切入经济社会发展的主旋律，更直接、更紧密、更有效地与政府中心工作挂钩，真正贴近工人、贴近农民、贴近老百姓，宽领域、深层次、高水平拓展旅游发展空间，凸显中国特色旅游业的潜力和优势。

1. 旅游线路统筹是在旅游业过去长期发展的基础上，利用旅游业的发展基础和区域经济社会发展基础，本着"持续发展"的理念来重新统筹区域内各资源和产业要素的分配、使用，统筹沿线各地的规划和建设，以高标准、高起点、高要求的统筹方案和统筹实践为实现未来经济社会的健康发展状态，为满足人们不断增长的高层次的物质和精神生活需求而奠定坚实的基础。

2. 旅游线路统筹理论体系与实践就是要通过以"旅游线路"为核心的区域旅游统筹发展，提升区域旅游经济增长质量，发挥旅游业对环境和资源的保护作用，突出旅游业调动各级各类资源、集合资源和要素优势的能力，形成区域旅游发展合力，最终打造区域旅游业的竞争力优势。

3. 旅游线路统筹在统筹自然资源和产业要素的同时，坚持以人为本、"软硬"兼备、虚实并举，尤其是在基础性、规范性、人情化、个性化方面舍得下功夫，坚持不懈，一丝不苟，细致入微，成就区域旅游业大发展。

4. 旅游线路统筹的一大作用就是能将线路沿线的城乡进行统筹的一体化规划和发展，消除城乡二元结构，缩小城乡差距。同时通过旅游产业的区域大发展带动其他产业，极大满足区域人口就业的需求，同时配合以相关的人力资本培育、储蓄机制和手段，大幅度提高区域人口素质。

5. 旅游线路统筹将原来对景区（点）或资源集中地的资源保护扩展到了线路沿线各地，包括沿线的各城镇、乡村，也包括沿线的荒山荒坡、荒地荒林，极大地拓展了旅游环境保护和旅游生态建设的外延和内涵，不仅为当代旅游产业发展的资源基础提供了保障，更为旅游产业的可持续发展留下了空间和余地。

6. 旅游线路统筹因其以"旅游线路"为核心的统筹发展，创新了区域旅游发展理论，形成以"学习"和"创新"为主的动力机制，以"科教兴旅"和"创新发展"为主的发展战略，并因此而得以又快又好地借鉴先进科技成果，将其转换为区域旅游经济发展动力，同时在区域内形成广泛的"学习效应"，带动旅游产业各部门和其他产业的技术进步。旅游线路统筹还致力于构建"政府主导、社会参与、市场运作"的大格局。因此，以"旅游线路"为核心的旅游统筹发展有助于三个主体把握好各自的内涵和外延定位，处理好三者之间的辩证关系，形成创新的、配套的管理机制，形成三足鼎立、三位一体的良性格局，激发区域旅游产业发展的强大合力和不竭动力。

7. 旅游线路统筹不仅统筹景区（点）和旅游集散地的规划和建设，保护景区（点）和旅游集散地的资源和环境，同时也以相同的标准统筹沿线各地甚至乡村的规划和建设，保护当地的资源和环境。因此，始终调控和维护环境与发展的平衡也成为旅游线路统筹的重要目标，唯有如此，才能保障旅游业的可持续发展。

三、从发展旅游业实践操作的角度考察

从发展旅游业实践操作的角度，旅游线路统筹是筹划旅游产业发展的"抓手"，承担构建和谐社会责任的有力回应，是推动旅游产业的切入口和工作要领。

1. 构建社会主义和谐社会，需要各方面的共同努力。政府、社会和个人应该分别承担什么样的责任和义务，也是讨论的一个重点。从个人来讲，遵纪守法、遵守社会

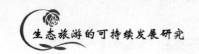

的基本道德规范是最基本的。一些学者提出，在构建和谐社会的进程中，先富起来的人或者说处于优势地位的人应该承担更多的社会责任和义务；从政府来讲，要在构建和谐社会中起主导作用。在当前，政府的主导作用尤其要体现在政策的制定与调整方面。旅游线路统筹坚持"政府主导、企业经营、社区参与"的原则，明确在旅游线路统筹推进的过程中三个主体及其所代表的利益群体的责任，同时也通过机制创新，明确其各自与"责任"相对应的权力，从区域旅游产业发展和区域经济社会发展的角度回答了关于构建和谐社会的责任承担问题，保障旅游线路统筹的顺利推进，保障旅游线路统筹的实施效果。

2. 以"旅游线路"为核心的旅游线路统筹发展都能较好地整合线路沿途各级政府行政力量，实现统一指挥，各司其职，大大地提高区域管理体系的管理效率，更好地发挥政府在区域经济社会发展中的主导作用。

与此同时，旅游线路统筹能更好地挖掘沿途各地文化资源和具有凝聚力的区域核心文化价值，逐步形成线路沿途各地团结协作的良好氛围，最终形成区域发展的凝聚力，极大地推动区域经济社会协调发展。更重要的是，旅游线路统筹在整合资源、提升产业效益的同时，也扩大了产业收益的分享范围，尤其是放大了旅游产业富民、惠民的效果，使线路沿途各地居民和各利益群体均能受益，满足其各自的需求。此外，以"旅游线路"为核心将沿途各地整合为一体，为社会成员特别是农村剩余劳动力在区域内的合理流动创造了条件，有利于增加社会成员的就业机会，拓展其增收渠道，缩小社会成员之间的贫富差距，为构建和谐社会奠定基础。

四、从旅游产业发展可持续的角度考察

从旅游产业发展可持续的角度，旅游线路统筹是促进旅游产业可持续发展的"手段"。

旅游产业可持续发展面临的主要问题是协调人口、资源、环境和发展之间的相互关系。可持续发展的核心思想是：人类应协调人口、资源、环境和发展之间的相互关系，在不损害他人和后代利益的前提下追求发展。正因为如此，实现可持续发展，需要遵循以下三个基本原则：公平性原则、持续性原则、共同性原则。可持续发展的目的是保证世界上所有的国家、地区、个人拥有平等的发展机会，保证我们的子孙后代发展的条件和机会。它的要求是：人与自然和谐相处，认识到对自然、社会和子孙后代应负的责任，并有与之相应的道德水准。健康的经济发展应建立在生态可持续能力、社会公正和人民积极参与自身发展决策的基础上；它所追求的目标是：既要使人类的各种需要得到满足，个人得到充分发展，又要保护资源和生态环境，不对后代人的生存和发展构成威胁；它特别关注的是各种经济活动的生态合理性，强调对资源、环境有利的经济活动应给予鼓励，反之则应予摒弃。旅游线路统筹是对可持续发展三原则的具体实践。

1. 旅游线路统筹保证地区、个人拥有平等的发展机会

通过以"旅游线路"为核心的区域旅游统筹发展，充分体现旅游业发展收益在区域内，尤其是城乡之间、发达地区与欠发达地区之间的公平分配，扩大旅游产业的影响范围和增加受益人群，并且通过统筹沿线各地建设，加快农村城镇化建设和公共事业建设，使旅游业富民惠民的作用得以充分发挥，最终实现共同富裕。

2. 经济增长方式从粗放型向集约型转变是发展市场经济的一个重要目标

改革开放的30多年里，旅游产业发展基本上是靠外延扩大，因此，市场环境好的时候企业效益高，市场环境差的时候企业效益低，普遍缺乏抵御市场风险的能力，也缺乏真正的竞争力。通过统筹沿线各类资源的利用和保护，改变过去靠粗放型的增长方式来支撑整个旅游产业的发展的局面，提高资源能源的利用效益，增加对资源的循环利用、永续利用的投入，实现区域旅游业的可持续发展，最终极大推动区域经济社会的可持续发展。旅游线路统筹正是符合我国国情、符合我国经济社会可持续发展的资源节约型产业发展要求的区域旅游发展模式，不仅能够统筹区域土地、水体、森林等自然资源的开发和利用，而且能够统筹区域产业要素的优化配置；在坚持资源开发利用和保护节约并举的同时，能够通过自身的充分发展，创造更多的就业机会，直接或间接地带动相关产业的发展，推动环境保护和生态建设，实现区域经济社会可持续发展的目标。

3. 旅游线路统筹努力以统筹发展的方式解决可持续发展需要解决的核心问题

可持续发展所要解决的核心问题是：人口（Population）、资源（Resource）、环境（Environment）和发展（Development），简称 PRED 问题。一个区域的经济能力、科技创新能力、社会发展能力、政府调控能力、生态系统服务能力等各方面的综合体现就是对该区域可持续发展综合实力的主要评价指标。而旅游线路统筹不仅能在相当程度上通过集中资源和要素优势，发展优势产业，推动区域经济发展，提升区域经济能力，为区域社会发展能力的提升奠定基础，而且能通过区域范围内的学习效应和创新机制，迅速提高区域整体科技创新能力，为区域社会发展能力的提高提供条件。此外，通过强化区域环境保护意识和加快统筹区域生态建设，增强区域生态系统服务能力，为区域经济社会协调发展提供强有力的支撑。全方位的统筹工作均是在政府主导下进行的，而统筹实现了沿线行政力量的整合，政府的调控能力空前强大。因此，旅游线路统筹是以统筹发展的方式解决可持续发展亟待解决的核心问题。

总之，实施旅游线路统筹的工作方法，符合十七大提出的深入贯彻科学发展观、提高自主创新能力、加快转变经济发展方式、推动产业结构优化升级的要求，符合旅游产业发展的自身规律要求，是推动旅游产业发展的统筹兼顾的根本方法，是旅游产业学习实践科学发展观的具体体现。实施旅游线路统筹既是对政府主导战略的深化，又是对精品战略的深化，也是与时俱进对我国旅游发展历史经验的升华与发

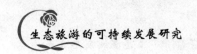

展。实施旅游线路统筹发展，对于充分发挥旅游资源优势，推动区域发展具有十分重大的意义。

第三节　旅游线路统筹实施的现实条件

一、实施旅游线路统筹的基础条件

第一，旅游产业是典型的资源依赖型产业，其发展必须以资源为基础，其产业自身的特殊性又决定赖以存在和发展的资源不仅包括自然资源，而且包括人文资源。全国广大的国土上集合了各种地质、地貌、气候、水体、生物等自然资源，它们中有的已经被旅游业开发和利用，成为区域旅游的重要吸引物，有的还处于待开发状态，但其分布的广泛性和规律性为旅游开发奠定了基础。中国五千年的文明史是世界文明宝库中的奇葩，众多的文化遗产、历史遗迹构成了旅游吸引物的重要元素。按照资源的分布和聚合规律形成的"线路"，是区域资源特色和文化传承的集中体现，根据资源类型基础而规划的"线路'是区域旅游产品的具体表现形式。因此，丰富的旅游资源成为实施以"线路"为核心的旅游统筹发展的首要基础条件。

第二，在影响旅游需求的客观因素中，旅游交通是最为重要的因素之一。在新中国成立七十多年后的今天，对内对外的交通四通八达，形成了融空运、水运和陆路交通为一体的现代化的交通网络，并且还在逐步将交通网络的范围推进到城乡腹地，将交通网络的运营能力和服务水平提高到国际水准。方便、快捷、舒适、安全的旅游交通条件又为旅游线路统筹奠定了第二个必备的基础条件。

第三，从旅游环境条件来看，我国改革开放四十多年已经取得的成就有目共睹，旅游业的国际接轨程度越来越高：一方面，国内各地基础设施建设都随着经济的快速发展而取得了长足的进步，城市建设、供水供电、邮电通信、公共交通等已达到发达国家水平；另一方面，旅游发展水平也有较大提高，生态环境和文化遗产保护、旅游资源开发和利用、旅游服务质量和水平等都取得了令世界刮目相看的成绩，为旅游业发展提供良好的环境和设施保障。

二、实施旅游线路统筹的市场条件

旅游业是在社会经济发展、人民生活水平得到极大提高之后才随着消费者需求的不断增加而形成发展起来的，其发展呈现出在市场需求增加、需求层次提升的推动下由低级向高级发展的一种必然形态。随着国民收入水平的提高和旅游业发展多年后旅游者成熟度的不断提高，旅游市场向着三个方向发展：

一是旅游市场的总量扩张。经济的快速增长、城乡居民收入的快速提高成为旅游市场扩张的基础。旅游需求日益成为国民生活的刚性需求。国民收入提高和闲暇时间增多，旅游需求正在成为国民性的普遍需求。此外，旅游消费还有重复性特征，是多层次、可重复的消费。加之我国对外开放和交流的不断扩大，不仅为国内休闲旅游的发展开辟了广阔的国际客源市场，更重要的是对国内旅游消费形成了重要的示范效应和带动作用，为我国旅游业的发展创造了较好的市场条件。而我国在二十多年的旅游业发展中，不仅在国际客源市场上树立了良好的形象，赢得了超凡的口碑，而且也在市场化、国际化旅游业发展过程中不断学习，不断提升，使已有的旅游业发展模式、管理规范等均为中国旅游业升级创造了充分的市场条件。总之，旅游线路统筹有了快速扩张的旅游市场基础。

二是旅游的横向需求扩张。横向需求即多样化的需求。目前，旅游者对旅游产品的需求已经逐步从单一的、传统的观光型旅游产品对其"求新""求奇"心理的满足向多层次化、个性化和多功能化发展。总体来讲，对旅游需求是两极分化的：一种是需求高端化，极尽细致、极尽享受；一种是旅游需求向大众普及。什么是旅游？世界旅游组织对旅游的概念是：旅游的人和希望旅游的人，离开日常生活、工作的居所，享受旅游便利的过程叫作旅游。从出门到回来的全过程都叫旅游，因此旅游就不仅仅局限于观光或者是休闲，任何出门的事情都是旅游。在不断发展的旅游需求的催生下，旅游产品从观光型向休闲度假、商务、会展、健康养生等多种类、复合型转变。旅游的需求多样化，旅游专业市场或者水平市场的不断扩大为旅游线路统筹提供了旅游服务的多样化市场。

三是旅游的纵向需求扩张。纵向需求即消费质量的提升。旅游需求的无限性使旅游纵深市场不断拓展。人的欲望是无限的，从低到高，受尊敬的需求和自我实现的需求可以无限延伸、无限细分，这就为旅游线路统筹提供了旅游服务的纵深市场。

三、实施旅游线路统筹的社会环境

旅游业以一种超常规的状态在世界经济和区域经济增长中起到巨大的拉动作用，随着旅游经济由自然增长转向竞争性增长，旅游业的竞争发展为国家间、区域间竞争的重要组成部分。无论是经济发达地区，还是欠发达地区，旅游业发展都将是其未来相当长时期的共同性选择。由于旅游产品和消费的特殊性，通过区域联合而形成更大竞争力的发展模式，成为相关各方利益权衡之下的一种必然选择。中国旅游业二十多年发展辉煌成就使得各行业、部门及社会各界对发展旅游业有了较为统一的认识，一直把旅游业作为支柱产业来发展，形成了旅游业发展的良好社会大环境；加之旅游活动已经成为现代生活的一种时尚，在人们的日常生活中扮演着越来越重要的角色，本地居民对旅

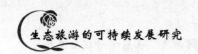

游业的认可程度、对旅游者的接纳程度、对旅游活动的接纳程度都大大提高，同时，他们自己也积极参加旅游活动，在中国旅游业的发展过程中形成较好的社会文化氛围。

第四节　旅游线路统筹发挥作用的保障条件

旅游线路统筹是顺应国民经济社会发展新阶段的要求，顺应旅游产业发展趋势，在实践中总结出来的区域旅游发展模式。四川旅游在近年推进线路统筹试点工作中，仍然存在不少困难和制约瓶颈。在现有的政府行政管理体制下，这套模式要发挥作用，必须具备相应的保障条件。

一、由跨区域的上级政府推动实施

在我国的现行管理体制下，地方政府掌握着地区经济社会发展的决策权，各行政区域的经济社会发展战略、产业发展取向相对独立。而旅游线路统筹需要打破行政区域的限制，围绕一个"主题"（旅游线路、旅游目的地），实现线路区域范围内统筹规划、合理布局、分工协作。因此，旅游线路统筹工作只能由上级政府推动，通过上级政府确立区域旅游发展战略、编制区域旅游发展规划、制定区域旅游发展工作目标和任务等，将旅游线路统筹工作分解为各次级行政区域的工作，并纳入次级地方政府工作目标考核。

二、编制跨行政区域的要素整合方案

旅游线路统筹不仅是旅游景区规划建设，还涵盖了吃、住、行、游、购、娱要素的开发和整合。因此，实施线路统筹必须针对每条精品旅游线路建设的需要，尤其在吃、住、行、游、购、娱六大要素配套建设问题上，形成综合配套方案，细化地方政府和省级交通、建设、通信、环保、文化、旅游等相关部门的工作任务。

三、应对需求编制不同服务组合的线路产品

旅游线路统筹是以市场需求为导向，丰富完善旅游产品结构和体系，适应现实中游客多种多样的选择。因此，在确定一个"主题"的前提下，现实中线路统筹的市场推动要通过策划和编制不同的要素组合、不同服务组合的线路产品，为游客提供参考，满足游客的不同需求。

四、综合协调整体推动的工作合力

旅游线路统筹的最终目的是以发展旅游为抓手，促进区域经济社会的综合协调发展，其工作范围涵盖旅游产品规划建设、涉旅行业管理、市场宣传推广和销售。旅游线路统筹是一项系统工程，仅仅靠旅游部门是难以完成的，必须是政府交通、国土、林业、建设、环保、宣传、文化等相关部门通力协同配合，目标一致，共同发力，并通过鼓励和引导社会企业、居民参与，实现社会资源配置向旅游线路统筹倾斜，才能产生实际效果。

第五章

生态旅游景区开发

第一节　旅游景区形象系统概述、定位及设计

一、旅游景区形象系统概述

（一）旅游景区形象的定义

　　旅游景区形象是由旅游景区各种吸引因素交织而成的文化的综合反映和外在表现，是旅游景区在公众心目中的图景和造型，是旅游景区的文脉和个性在最具代表性的文化符号下使游客产生的直觉。对旅游者而言，旅游景区形象是一个心理认知过程，是游客对旅游景区信息进行综合处理的结果。旅游景区形象是在一定时期和一定环境下，公众对旅游目的地的各种感知印象、看法、感情和认识的综合体现，即旅游者对某一旅游地的总体认识和评价，是对区域内在和外在精神价值进行提升的无形价值。对设计者而言，旅游景区形象是设计者对旅游景区形象的整饰和包装。通过旅游景区的空间外观、环境氛围、服务展示、公关活动等在旅游者心目中确定个明确的综合感知形象。

（二）旅游景区形象的分类（从旅游者的角度）

　　借鉴心理学的相关原理，从旅游者认知旅游景区的内心感受和印象生成的心理过程等角度来进行探讨。

　　从感知对象角度，将旅游景区形象分为人—地感知形象（来源于知觉）和人—人感知形象（包括情感过程和意志过程，大脑对信息的综合处理结果）。人—地感知形象的形成来源于旅游者对人—地感知因素（即旅游景区的地理景观）的感知，感知者与被感知者之间不存在直接的互动关系；人—人感知形象的形成来源于人—人感知因素（即旅游者和旅游景区内的从业人员、管理人员、社区居民等）的感知，人与人之间的感知关系，具有直接的感知互动，并产生深层次的心理感受而不只是单纯的感官感受。从感知空间角度，将要素形象分解为第一印象区形象、光环效应区形象、核心区形象和最后印象区形象；从感知步骤将吸引力的产生分为留下印象、留下好印象、留下好形象、成为心目中美好的地方。

（三）旅游景区形象的"整饰"（从设计者的角度）

所谓"整饰"旅游景区形象，实际上是对旅游景区进行人为的主题设计，对游客进行有意识的引导，是以统的文化基调、差别化的个性塑造、人工强化的符号，有意识地对旅游景区进行简洁化处理。

为什么要对旅游景区进行"整饰"？只要我们提供高质量的服务，以旅游景区的原生形象去提高知名度和美誉度不行吗？

形象是旅游景区的生命，是其形成竞争优势最有利的工具。个性鲜明、亲切感人的旅游形象以及高品质的旅游产品可以帮助旅游地在旅游市场上较长时间地占据垄断地位。而这种垄断力的来源是产品差异性与服务个性化。同时，目前我国旅游产品越来越多，同质旅游产品、类似旅游产品越来越多，突出优点甚至突出特点越来越难；而且，信息传播手段、途径越来越多，旅游者面临的问题不是信息不畅，而是信息过载，游客很难进行有效选择。所以需要通过人为的设计对旅游景区形象进行"整饰"。

1. 形象是吸引游客的关键因素

从体验和文化层面来说，形象是激发游客出游的关键驱动因子。旅游景区通过形象设计，使旅游景区产品易于识别和记忆，引起游客注意，产生一种追求感，诱发出行欲望。

2. 形象掌控竞争优势

鲜明而有创意的形象可以形成较长时间的垄断地位，减弱与其他旅游景区同质产品的冲突，增强旅游景区的附加值和吸引力因素。同时，作为一种感性认识，良好的形象容易使旅游者对旅游景区产生偏爱和品牌忠诚，进而导致认牌购买的行为倾向。

3. 形象是旅游景区品牌和资产

良好形象带来好的口碑和品牌效应，增加旅游景区的附加价值和吸引力因素，是旅游景区的巨大财富和无形资产。个性形象的树立和传播形成宣传热点和轰动效应，提高旅游景区美誉度、知名度是旅游景区开拓市场的先锋和利器。

旅游景区形象"整饰"方法如下。

（1）简洁化

在信息元素多方刺激感官的条件下，人们追求简洁，而且只能接受简洁，所以通

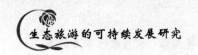

过简洁可以引导信息的传播。

（2）统一基调

旅游景区统一的文化基调，是旅游景区统一的风采和精神。统一可对游客形成多次刺激，增强印象。旅游景区主题形象是旅游景区赋予了特定意义的，简洁、统一的旅游景区形象。一种主题是在一种基调下的加工、搭配、演化，它是丰富的、多样的、变化的，但不是杂乱的。它是一种前置形象，即在游客形成印象之前注入的，确立主题是为了帮助游客获得好心情。

（3）树立差别

引入企业识别系统（CIS）的策划方法，强化、塑造差别，并使之贯穿于旅游景区的实体建设、经营管理和服务的全过程。

① 旅游景区理念识别系统

理念识别系统是旅游景区形象系统的核心和灵魂，旅游景区旅游理念是旅游景区组织的理念和旅游景区的经营管理观念，即指导思想，属于思想意识范畴。旅游景区理念识别系统的组成：旅游景区使命、经营观念、行为规程、活动领域。

② 旅游景区行为识别系统

旅游景区行为识别系统是传播旅游景区组织理念的一种动态识别方式。它主要由服务行为识别和社会行为识别两部分组成。

服务行为识别是指旅游景区对员工进行教育、培训以及为员工创造良好的工作环境，以保证员工有条件提供最佳的产品和服务的一种对内的行为识别。社会行为识别是指旅游景区为塑造良好的旅游景区形象，促进旅游景区产品销售而面向社会开展一系列活动的一种对外的行为识别。主要包括旅游景区公共关系活动、社会公益活动、专题活动、形象广告活动等。

（4）符号化

从旅游景区的象征属性来看，旅游吸引物是一种符号，是一种代表其他东西（属性）的象征。从某种意义上说，人们游历世界各地不过是为了收集各种符号。景物越具有典型性和代表性就越可以看作符号，因为它象征比景物更多的东西和内容。旅游吸引物符号化的过程是双向的，一方面景点转化成符号和象征（这主要是文化过程而非物质开发过程），另一方面景点本身又可以被许多其他符号（如宣传图片、路牌）所代表、所象征。某一景点被符号性的文字、图片渲染得越高，其名声就越大，吸引力就越大。象征性符号是可以经过人工设计的，我们可以通过策划、战略的实施、旅游者暗示等途径来获得具有象征性的符号。

二、旅游景区形象定位与形象设计

旅游景区的形象定位是旅游景区形象设计的前提和核心。形象定位就是要使旅游景区深入潜在的游客心中，占据其心灵位置，使旅游景区在游客心中形成生动、形象、鲜明而强烈的感知形象。旅游景区形象定位必须以形象调查为基础，以旅游景区特色为基础，以客源市场为导向，塑造富有个性、独特鲜明的形象。

（一）形象定位的原则

旅游景区形象定位是旅游景区在公众心目中确定自身形象的特定位置。定位不是发明或创造，定位是去操纵已存在心中的东西，去重新结合已存在的连接关系。定位的实质是一种形象进入和占领的策略手段，要遵循一定的原则和方法。

1. 资源导向

资源是旅游景区的本钱和生命，资源决定定位。大多数旅游景区的旅游开发属（资源产品）提升模式，需要高投入、大手笔、精加工。形象定位的首要原则就是要立足旅游景区资源的挖掘与整合，总括资源最显著特征，体现深刻内涵，并通过实施差别化战略，将旅游景区的独特点以高品位的艺术形式集中表现出来。

2. 文化导向

形象是文化最本质和最直观的表现，主题形象设计在市场导向的原则下，必须回归到文化底蕴、文化提炼和升华旅游景区个性品质、突出旅游景区文化个性和文化品位上。主题要有新意和深度，不能仅停留在一些表层概念上。挖掘特色要体现自然生态环境特征，以文化内涵命主题，是创造和提炼出的新颖，是一种升华了的个性。

3. 市场导向

旅游的本质是体验或经历，以旅游景区为舞台和道具为旅游者创造种意境形象，意境其实就是一种场所氛围。从形象的角度来说，就是通过一系列主题意境形象单元的组合，形成具有内在联系的景观形象意境流，让游客在旅游景区中体会到连续的、过渡自然的意境体验。

（二）旅游景区形象的设计

形象定位是旅游景区形象设计的起点和前提，它是建立在分析市场需求、解读旅游景区地方性表征（地方精神或地方认同感、归属感）的基础之上的。文脉或称地格是旅游景区独特的本土特征和地方风格，包括文化特质和自然特性，是旅游景区形象设计的本源。

1. 文脉研究的内容

文脉的形成既有先天（自然地理特征）的基础，也有后天（历史文化特征）的孕育，往往能够反映一个旅游景区的总体吸引物特征。旅游者对地方和景观的解读，同时投注了人们的无限深情，有一种家的归属感，客观认知加上情感投射就成为一种文

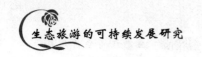

化意义上的地方认同心理。

（1）自然地理特征

旅游景区是否在地理特性方面具有与其他地区截然不同的特征或者占有特殊地位，都有可能被强化开发为地方性，成为吸引旅游者的事物。抓住这些地理特征，有时对潜在旅游者是一个很有吸引力的号召，即使是区域内的地理之最，也可以作为宣传营销的切入点。

（2）历史文化特征

文脉研究的第二个角度是对地方的历史过程进行考察分析，寻找具有一定知名度和影响力的历史遗迹、历史人物、历史事件和古代文化背景，作为地方性的显要因素，利用当地的历史文化影响进行文脉定位。通过对当地民族文化和民俗文化的考察分析，从民俗文化中提炼出富有号召力和地方特色的精彩内容及景观特性。特别是在一些少数民族集中的西部地区，民俗文化往往构成富有旅游号召力的精彩内容。

2. 把握文脉，塑造形象

主题形象源自文脉。旅游景区形象设计应根植于地方文脉的提炼，站在文化沟通与交流的高度，用大众所能接受的方式诠释地方历史文化特征和内涵，通过高创意将旅游景区文化产品化。无论旅游景区的文脉是强是弱，是明是隐，我们都可以在对其内涵深刻解读的基础上，通过主题的选择和提炼，采取顺应或突破文脉的方法来塑造旅游景区地方精神的形骸。

（1）因势利导，顺应文脉

文脉特征鲜明的旅游景区，其内部必然有某些突出而鲜活的景观要素，或某种构景要素具备相对明显的比较优势，即可赋予其具有较高审美价值的文化因素，并以之作为文化主题的载体。采取顺应其文脉，追求同一性的主题选择方法，从文脉特征中提炼主题，加以着意强化和深化，升华主题认同感。旅游景区文脉所包含的多种要素因其表现方式、作用力强弱的不同，主题提炼时要根据具体情况做一些必要的处理。比如，根据主题对文脉要素进行取舍，大胆地剪裁，重新穿插组合，以深化主题形象和主要文脉；对最能体现主题的文脉因素深度挖掘，通过添加素材、充实内容，强化其主题表达能力，达到"锦上添花""画龙点睛"的效果；在保持和深化原有文脉特色的同时，选择与其中某些要素有关联的民间习俗、文学作品、历史事件、代表人物等，通过适当的主题联想和主题延伸，扩展其原有的内涵和外延，丰富旅游景区形象层次和内容。顺应文脉可以使旅游形象具有地方特色，但要防止附近真迹的影响，如北京开发"老北京"便是一个不成功案例。

（2）突破文脉——反其道而行之

多数旅游景区的文脉可以说是先天不足，二三流资源的自然地理特征不明显，后天的孕育也不充分，人文资源能体现该地区的一些特色，却不具有代表性和推广性。按照常规方法进行开发，难以形成足够的吸引力和竞争力。我们完全可以突破文脉的桎梏，抛开资源的局限而另辟蹊径，在市场需求的拉动下，大胆引入全新因素，颠覆定位，架构差异化的主题，达到出奇制胜的市场效果。突破文脉当然不是"无中生有"和"天马行空"，而是渊源有之，需要一个作为突破参照物的背景文脉。从资源的角度来说，可以以旅游景区原生文脉为参照，创造出与之形成强烈对比的新主题，在反差中巧妙地融为一体。从市场需求的角度来说，甚至可以客源市场或依托城市文脉为突破背景，通过截然不同的场景和体验的冲击，形成鲜明个性化的主题，以强烈的反差赢得市场。文脉的突破点如果选择恰当，旅游景区的形象是相当容易出彩的，比如北京开发"世界公园"、深圳的"三园"，都是极好的启示。

三、受众调查和竞争者分析

旅游规划与开发必须以市场为导向，遵循市场资源—产品—市场规律，即根据市场需求筛选资源，经过一定的技术经济行为，将资源加工成产品，推向市场，接受市场对产品的检验，因此，市场因素是旅游资源开发成功与否的关键。市场调查的目的，是摆脱个人有限经验和主观推断，以正确的方法主动收集、掌握与规划决策相关的旅游市场需求信息。具有针对性的客观需求信息，是旅游开发规划决策最主要的依据。其意义有以下几点。

（1）为旅游经济部门和旅游开发部门的决策者制定政策、进行预测和制订计划提供依据。

（2）可以为旅游开发规划提供第一手材料和可靠信息，指导开发者进行总体设计。

（3）为开发部门提供旅游者对旅游消费需求的变化信息，以便合理地规划、布局设计、制定服务项目，购置设备、设施等，并为充分利用旅游资源寻找客源市场和途径。

（4）为开发研究部门提供技术和竞争动向方面的情报。在买方市场的前提下，受众调查和竞争者分析是确定旅游景区总体形象、选择形象口号的科学基础和技术前提。

（一）受众调查

旅游景区形象是由开发者和旅游者共同决定的，即取决于地方性和受众。受众即旅游景区可能或潜在的旅游者，是旅游景区旅游形象传播的对象。受众调查是为了了解人们对旅游景区形象的感知。旅游者对旅游景区形象的感知，包括对地理环境实体如风景实体的感知以及对当地人文社会的抽象感知，即人—地感知形象和人—人感知形象。受众调查的基本内容包括受众基本情况（身份、受教育程度、收入水平等）；对旅游景区旅游认知和产品选择；收入水平与产品偏好；年龄与产品偏好；对旅游产品和服务的预期；获取信息的途径等。

旅游景区形象是影响游客出游目的地的重要因素，因此旅游地形象的现状调查首

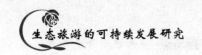

先要调查旅游者对目的地的了解程度、对目的地的喜欢程度，即旅游地的知名度和美誉度。旅游景区的知名度和美誉度是旅游者关于旅游景区印象（量和质）的定量评价指标。知名度是一个旅游景区被公众知晓、了解的程度，是评价旅游景区"名气"大小的客观尺度。

（二）竞争者分析

竞争者分析即在市场竞争下的一种形象差别化战略。旅游景区在形象塑造过程中会遇到地方性及市场比较类似的其他旅游景区的竞争，或者较能反映本地特色的形象已经被周边地区抢先注册了，这时就会面临着一种直接的形象挑战。通过形象替代分析，根据差别定位、独特性定位、比附定位等不同形象战略，对旅游形象审慎抉择。只有独树一帜、难以被竞争者模仿的形象才能被旅游者注意和感知。旅游竞争分析时一般需要对下列因素进行比较评价：自然旅游资源，如气候与地形；文化和历史资源，如历史遗存、传统节事；基础设施，如道路网络、水的供应、通信设施等；进入方式及旅游景区内交通设施；吸引物与旅游设施等。

（三）主题形象口号设计

形象定位最终应由一句精辟而富有创意和感染力的主题口号概括和表述。形象口号是旅游者易于接受和容易传播旅游形象的最有效的方式，它集中揭示旅游景区形象理念，是文、史、地三脉的三维时空组合。形象口号作为形象定位的外在界面表现形式，是打入潜在旅游者脑海的关键，要具有亲和力和时代感，并考虑形象信息传播的深度性和广泛影响力，形式可以借鉴广告。

设计旅游景区形象口号的原则：地方性—内容源于文脉；行业特征—表达针对顾客；时代特征—语言紧扣时代；广告效果—形式借鉴广告。

1. 多面孔的形象口号

形象口号不是唯一和一成不变的，在旅游景区不同的发展阶段，面对不同尺度的目标市场空间，形象口号是"分尺度""分时段"，内外有别，以"多形象"面孔设计和推出。根据涉及的空间大小可以把旅游空间行为的尺度划分为大、中、小3个尺度，空间尺度和时间维度往往是同步、统一的，即小尺度空间形象也正是旅游景区近期的目标形象；同理，中尺度空间对应中期形象，大尺度空间对应远期形象。

2. 形象口号：从具象到意境

意境其实就是一种场所氛围。诺伯舒兹（1995）提出的场所精神认为，场所是环境的一种具体形态，是由物质的本质、形态、质感及颜色的具体的物所组成的一个整体，这些物的总和决定了一种"环境的特性"，亦即场所的本质或"气氛"。从形象的角度来说，就是通过一系列具有一定主题的意境形象单元的组合，形成具有内在联系的景观形象意境流。形象意境流的设计很大程度上取决于地方性研究和某种意境的创造。山川、水体、村庄和社会文化心理积淀共同构成旅游景区的本底形象意境流，这种自然状态的形象意境需要把地方精神提升为主题思想，并采用古典园林的造园手法，使整个旅游景区形成一个大的主题形象意境，让旅游者产生心理意境重合，提升审美感受。

旅游景区形象越来越趋于给旅游者创造一种意境形象，不管是在景观设计还是在宣传口号上都力图让接受者产生一种联想，以此吸引旅游者的注意力。如大连过去的形象口号是"北方明珠"，现在则定位"浪漫之都"，通过广场绿化、城市建筑、海滩、节庆活动来营造浪漫的感觉和氛围。中国香港过去是"购物天堂"，现在则改为"动感之都"，让旅游者对香港的魅力更加迷恋。上海 2002 年推出的旅游形象口号"上海，精彩每一天"，也有异曲同工之妙。随着空间尺度的由小到大，以及发展阶段的由近及远，旅游景区的形象口号有一个从具象上升到抽象意境的过程，意境形象是最高层面的外在界面表现形式。

（四）旅游景区形象设计的要素分析

1. 人—地感知形象设计

（1）旅游景区景观形象

旅游景区景观是自然景观和人工景观的整合。自然景观要力图保持自然景观的原生态面貌，必要时可将自然景观按照既定主题进行必要的切除和修补，"去其糟粕，取其精华"，使旅游景区视觉景观有各自的特性，同时又在主题的赋予过程中成为一个整体。人工景观要"少而精确"，依据主题策划的需要而建造，不仅要满足使用功能，还要充分体现艺术性和景观功能，做到"巧夺天工"，不露痕迹。

（2）视觉识别系统

旅游景区的视觉形象（Ⅵ）包括基本设计要素（旅游企业标志、名称、标准字、标准色、景物造型和口号）和应用设计要素（办公用品、证件、礼品、广告、指示系统、交通系统、服饰用品、娱乐设施等）。Ⅵ要做到全面化和特色化，它强调的是一种格调，塑造的是一种气氛，奉献给旅游者的是一种浪漫的风情，观念上重视人性化，形式偏重于艺术化，手法浪漫。旅游景区Ⅵ设计的核心是旅游形象标志。形象标志通过引用旅游景区标志性景观，或用构景手法，提炼并显露主题文化，来营造并强化旅游景区的旅游形象。

2. 人—人感知系统

人—人感知是通过游客满意程度（Tourit Satisfaction，TS）来实现。有 3 种行为因素决定 TS 的大小，即旅游从业人员通过提供给旅游者的服务来影响 TS；当地居民的态度和行为在与旅游者的接触中影响 TS；其他旅游者的行为通过影响旅游景区的社会环

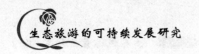

境容量影响 TS。

（1）旅游服务者—心手相连

"善解人意和细致入微"只是行为识别当中的基本要求，行为识别的设计重点应该是个性化和人情化的高质量旅游服务。要训练旅游景区服务人员对旅游景区形象内涵的理解能力，以及将形象主题传递给旅游者的能力。

（2）当地居民—微笑的距离

旅游景区所在地居民是旅游景区形象的塑造者和体现者，他们的生活方式、语言、服饰、活动行为等，是与风景同样的被观察或观赏的对象。居民的形象设计和包装要突出正面形象因素，以便弘扬正气，增强信心，自觉地以自己的言行体现来维护旅游景区良好形象。

（3）其他旅游者—我们同行

旅游者会对旅游景区的形象和主题产生文化共鸣和心理认同。旅游者在旅游过程中相互交流和沟通，能够获得更多的体验和感受，提高旅游满意度。

第二节　旅游景区的形象链设计及传播策略

一、旅游景区的形象链设计

成功的旅游景区往往有一个大主题和多个副主题，采用功能分区来解决，或者以核心地段形象的方式实现主题形象和景观意境链接。同时，旅游景区作为一个整体的社会功能系统，必须围绕主题来整合产品项目、游憩系统、营销方案的设计，形成形象统率下的产品链、活动项目链、游憩导读链、营销链，此所谓旅游景区形象链设计。

（一）旅游景区形象系统链

整体形象、功能区二级形象和旅游景区核心地段形象构成了旅游景区形象的系统链，作为一个逻辑概念的旅游标志，成为旅游者容易辨认的特质和游玩线索。

1. 功能区形象链

旅游景区各功能区是依据开发主题和开发时序划分的相对而非绝对独立的空间，功能区之间有相互衔接和融合的关系，旅游景区总体形象也相应分解为若干副主题或称为分区形象主题、二级形象，落实到具体的功能区域。环环紧扣，承上启下，重点突出，构建多层次、有深度、内涵丰富的主题形象体系，体现旅游景区系统内部的丰富性、组织性、功能整合性。功能区形象设计原则如下。

（1）承上启下原则

旅游景区总体形象是核心和统率，功能区形象要与之保持一致，但这种一致性不是要弄文字技巧的模仿或复制，而是承上启下的整体与局部的关系。功能区形象应在体现各区资源特色、产品项目以及发展目标的基础上，从某一个方面，作为一个点去充实和强化总体形象，同时也使功能区在整体背景中凸显出来，形成自身亮点。

（2）协调互补原则

旅游景区各功能区之间资源分布的空间差异，导致旅游开发功能定位、发展目标和产品项目有所不同，功能区形象也必然各不相同。但作为同一层次的景域空间，在旅游开发的各个方面和各个层面存在着协调一致、互动互补、相互促进的关系，而不是相互干扰和替代，因此，功能区形象设计应遵循协调互补原则，避免各个功能区之间概念混乱和开发冲突。

2. 核心地段形象链

核心地段主要指旅游景区的第一印象区、最后印象区、光环效应区、地标区，是旅游景区形象的重要景观载体和精华所在。核心地段的形象塑造具有举足轻重的作用。

（1）第一印象区

旅游者到达或进入旅游景区时最先看到和感受到的地区，多为旅游景区入口、接待中心、边缘区域等引景空间。由于第一印象效应和晕轮效应，该旅游景区形象设计非常重要。把第一印象区作为引景空间打造，对景观进行一定的主题赋予，注重营造氛围，从而给游客特殊的情感体验，成为连接世俗空间与旅游景区旅游空间，旅游者从外部空间进入旅游景区的情感缓冲地带，以及实现预体验的特定空间。

（2）最后印象区

旅游者离开旅游景区时最后接触的地点，在很多情况下与第一印象区相重合。最后印象区是整个旅游景区的终点，要给游客一种温馨和回味的场景及氛围，使游客身心愉快，满怀激情和感悟，重新踏上人生路。

（3）光环印象区

对旅游景区的整体形象具有决定意义的地方，会极大地影响旅游者对旅游景区的实地感知形象，并产生以光环印象决定全部旅游景区形象好坏的形象全息效应。光环印象区形象要注意景观效果设计的细节完美和自然环境绿化，精致不唯多，创意而时尚，成熟又过瘾。同时人性化的周到服务形象必不可少。

（4）地标区

旅游景区标志性形象特征所在区域，具有唯一性，在形象设计中与第一印象区有同等重要的地位。在地标区通常都会有一个浓缩和集中体现旅游景区主题的标志性景观。作为整个旅游景区的标志性景观区域，地标区形象设计强调视觉的冲击（外在表现的险峻、高大或精美），强调文化的积淀（深入挖掘旅游景区文化精神内核，艺术化的外在表现形式），强调对旅游者心灵的震撼。

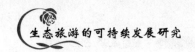

（二）旅游景区形象整合链

主题形象设计是旅游景区规划的灵魂和核心，它制约和统率产品设计与营销规划。

强调必须围绕形象来整合旅游景区产品项目、游憩系统、营销方案的设计，形成形象整合下的产品链、活动链、营销链、品牌链。

1. 产品链

城市作为大尺度空间的旅游目的地，近年来出现了整体打造城市，城市主题化、旅游景区化发展的趋势，城市旅游产品链设计值得作为小尺度旅游目的地的旅游景区借鉴和学习。

大连提出了"浪漫之都"的城市主题形象，深入挖掘和整合六大资源形成系统化的旅游产品链，对游客产生了强大的吸引力，促进了城市经济的全面"六大浪漫"：

① 浪漫的广场、绿地、喷泉——城市建在花园里；

② 浪漫的建筑——奏响城市凝固的音乐；

③ 浪漫的大海——空气清新、海鲜上乘；

④ 浪漫的金石滩、旅顺——休闲度假好去处；

⑤ 浪漫的大型活动——火爆热烈、精彩纷呈；

⑥ 浪漫的市民——笑脸喜迎八方客。

2. 活动链

当年，杭州准备采用"爱情之都"的形象口号，取代使用已久的"上有天堂，下有苏杭"的口号。为此，杭州拟推出一系列时尚与爱情、浪漫与经典相结合的旅游活动，以加快这一形象的塑造与传播。

（1）爱情故事：征集民间爱情故事，让市民人人都能讲爱情故事和传说。

（2）爱情女神：着力开发如世界名模大赛等具有阴柔美的时尚活动。

（3）爱情节庆：创造中国的爱情节，每年农历七月七日组织100对鹤发童颜的夫妇，100对郎才女貌的新婚夫妻参与。同时抓住婚姻的节点，举办新婚、银婚、金婚等各种婚庆活动。邀请香港凤凰卫视中文台"非常男女"栏目在杭州拍实景录像。

（4）爱情线路：从凤凰山的万松书院，经万松岭、候潮门、海潮寺至观音塘、七甲渡，直到祝英台渡江南归，打造梁祝"十八相送路"经典爱情之路。

（5）爱情影视：将有关梁山伯与祝英台、许仙与白娘子以及其他名人爱情故事的戏剧、电影，按照产业化思路，设计成适合游客口味的保留项目。

（6）爱情服务：为情侣们提供完善的"爱情之旅"配套服务，游情侣景点、吃情侣餐、住情侣店、行情侣路、购情侣信物、参与情侣娱乐项目。

3. 营销链

20世纪90年代以来，"童话世界"迪士尼公司制作了多部重量级动画电影，1991

年《美女与野兽》、1992 年《阿拉丁》、1994 年《狮子王》、1995 年《风中奇缘》《玩具总动员》、1996 年《钟楼驼侠》、1997 年《大力士》、1998 年《花木兰》，以及以后的《虫虫特工队》《海底总动员》等都在全世界引起轰动，全球票房收入上亿美元。《狮子王》更达到了动画电影的巅峰，在全球获得超过 7.6 亿美元的票房收入；片中主题曲获奥斯卡最佳原创音乐奖、最佳歌曲奖，被全世界传唱。迪士尼公司正是利用电影、MTV 等可大量复制放映，有广泛传播力，更生动、形象、更具感染力的媒体，成功地进行迪士尼乐园形象和产品的持续营销，通过形象整合的营销链，为公司赢得了市场。另外，积极向上、惩恶扬善、美好结局的童话大片也极大提升了迪士尼乐园完美的"童话世界"形象。比如《阿拉丁》改编自阿拉丁神灯的故事，结尾做了改动：阿拉丁利用第 3 个愿望赋予灯神自由，也赋予迪士尼更深刻的意义。

4. 品牌链

深圳华侨城旅游主题公园的品牌链培植：1989 年 9 月建成开园的"锦绣中华"是我国具有真正主题意义的旅游主题公园；1991 年 10 月，"中国民俗文化村"对外开放；1994 年 6 月，"世界之窗"开园纳客；1998 年 10 月，"欢乐谷"投入运营；1999 年春节，"欢乐干线"开通营运；2000 年元旦，OCT 生态广场建成投入使用。通过不断创新，人们培育出了具有规模效应的旅游主题公园群，从而提升了华侨城的旅游功能和品牌形象。

二、旅游景区形象传播策略

从传播学上讲，传播是信息在时间和空间上的移动和变化，旅游景区的形象传播即旅游景区与目标客源市场和潜在的旅游者在时空上进行的形象信息沟通。经过设计的旅游景区形象能否产生预期的效果，很大程度上取决于形象传播。如何将形象信号有效地传达到旅游者注意力范围并被认可，就显得尤为重要。

（一）旅游景区形象感知阶段的形象传播

在旅游者游程中存在着一个递进的形象感知平台，即形象的本底感知（平台Ⅰ）—形象的决策感知（平台Ⅱ）—形象的实地感知（平台Ⅲ）。当处于某一形象平台的旅游者受到强烈的旅游景区信息刺激时，旅游者就会对旅游景区的形象形成强烈的感知，获得极大的审美感受，然后进入审美感层次提高的下一个平台区。在不同的形象感知阶段，旅游者对形象信息的了解渠道和接受方式也不尽相同，这就需要运用适当的方法把形象传递给消费者。

1. 本底形象感知阶段形象传播策略

本底感知形象是长期形成的对旅游景区的总体认识，此时旅游景区形象处于表象

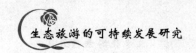

平台。

（1）旅游者感知特点

① 旅游者对旅游景区的本底感知形象来源于电视、杂志的"偶有所闻"，或是听亲戚朋友介绍的"道听途说"，是一种无意、被动的刺激反应行为。对旅游景区形象产生的形象感知具有不完全、刻板、牢固、模糊等特征。

② 此阶段的形象传播是社会性的非商业传播，由于语言、文字和电视电影描述的形象性、感染性，画面的直观性、艺术性，情节的曲折生动、引人入胜，旅游者对旅游景区产生的是一种感观形象，感性而非理性，充满情感想象空间的朦胧感觉。由此产生强烈的第一印象，一般情况下难以改变。

（2）形象传播策略

形象传播不同于营销战略。形象传播是传达定性的概念，即"我（旅游景区）是什么"；营销则是承诺"我（旅游景区）能给你什么利益"，完全单向的行销行为。本底感知阶段形象传播的关键是旅游景区形象的概念传播。

① 制造新闻，利用大众传播展示美好形象

大众传播是左右公众信息选择和决策的最主要渠道，新闻的真实性、权威性代表信息的公正和客观。新闻媒介的正面宣传可较长期地影响旅游者对目的地的本底感知形象。旅游景区要广泛运用大众传播进行事件炒作，制造"上镜"机会，保持对旅游者的经常性刺激。首先，找准与大众传媒的契合点。针对新闻媒体，关键是选择报道的角度，主题活动或事件必须具有社会性、时效性、时事性、趣味性，否则，花钱也买不到版面。比如，重庆市歌乐山烈士陵园利用资源优势，经常举办革命主题活动，白公馆《江姐》夜场演出、《红岩魂》全国巡回展览等。包括中央三套电视台在内的国内外知名媒体不请自来，全程跟踪报道，吸引了国内外旅游者的注意，在弘扬革命精神的同时，强化了旅游景区主题形象。其次，要讲究技巧。要成为新闻报道的对象，有两种方式：一是自己"驾车"，即自己搞一些有意义的事情，比如大型节庆活动或公益事业来制造新闻。每个旅游景区都有本地的节庆事件，如南方地区的妈祖庙会、龙舟赛，北方的冰灯节，旅游景区若成功运用这些引人注目的节事，必能吸引媒体的注意，通过媒体的传播扩大旅游景区形象影响。重庆珊瑚公园每年举办的山城啤酒节已经成为公园的招牌，持续好几天的文艺表演，竞争激烈的啤酒大赛总是成为新闻的焦点。二是"搭车"，即不做新闻的主角，而是以背景、场地或参与者、协助者的方式在新闻中被提及。自己"驾车"要靠实力，也需要时机，这往往是可遇不可求的。而只要用心寻觅，"搭车"的机会是很多的。如果能与体育赛事、影视节目、文艺活动拉上联系，借它们的影响力和号召力，旅游景区形象传播可谓事半功倍。比如重庆永川区茶山竹海旅游景区，邀请到中国围棋队前来集训和比赛，张艺谋《十面埋伏》的拍摄，激烈的赛事，电影的炒作，文体明星的名人效应，一时间成为媒体争相报道的对象，旅游景区在各大媒体频繁出镜，其形象也借此机会广泛传播。

② 开展社区公共关系，塑造良好社区形象

公关活动不需要给广告媒体付费，但活动本身可吸引媒体的关注，从而达到对外发布的效果，是一种低投入高产出的传播方式。通过社区公益活动，宣传展示旅游景区极具亲和力的公益形象，还能联络感情，融洽社区邻里关系，赢得良好口碑。同时，建立一整套处理突发危机事件的防御体系，一旦出现问题及时处理，通过公共的渠道化解形象危机是很有必要的。

2. 决策形象感知阶段形象传播策略

决策感知形象是旅游者通过主动收集商业广告、人际信息和公共旅游信息，所形成的对旅游景区的形象性认知。

（1）旅游者感知特点

① 旅游者由被动变主动，有意识地去注意和收集相关的旅游信息，是一种理性行为，并具有较强的针对性。

② 旅游者获得的有关旅游景区信息多来源于旅游经营者所做的广告、促销活动、印发的旅游指南等，这种商业渠道的信息一般能全面、系统地反映旅游目的地的实际情况。

③ 旅游者的决策感知形象是经旅游经营者设计和传播整合的诱导形象。比第一阶段感观形象更为清晰、全面，并具体落实到距离、价格、产品和服务等实际环节。

（2）形象传播策略

主要是配合商业广告、营业促销等营销手段进行形象传播。它侧重于建立完善的旅游信息网络以及电话服务系统，以语言、数据、图像、文字以及其他符号等为载体反映与旅游景区有关的形象、产品、旅游景区发展等多方面的状况，向旅游者传递有关旅游景区的全面信息。

3. 实地形象感知阶段形象传播策略

实地感知形象是旅游者到达旅游景区后的感官和感觉形象。旅游者进入旅游景区实地游览，会将头脑中的感官形象和诱导形象进行复合和对比，并在游览过程中不断地调整，从而达到某种心理平衡，并使旅游景区形象到达新的平台。

（1）旅游者感知特点

① 旅游者的实地感知形象由功能性形象和心理感受两方面形成。功能性形象来源于旅游景区可直接观察和衡量的部分，如旅游资源特征、服务设施状况等；心理感受来自旅游景区的无形部分，如社会氛围、安全状况、风土人情等。

② 旅游者通过自身的观察和感受，对旅游景区形象会有更清晰的认识和理解，在此基础上形成对旅游景区的再评价形象。再评价形象具有一定的主观性，并因人而异。

（2）传播策略

主要依赖旅游景区产品、环境、氛围和旅游服务进行现场形象传播。同时，建立及时有效的反馈系统，开展"售后"传播是非常有必要的。影响反馈行为的两个因素：

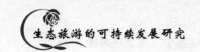

接近与参与。受众越接近传播媒介，反馈的可能性越大；参与程度越大，反馈的可能性越大。旅游景区可借鉴酒店的做法，在附近城区进行问卷调查，对进入旅游景区的游客发放意见名片，发送小纪念品，建立客户数据库和 VIP 档案，利用面向个人的观众传播工具（比如邮件、电话、传真等），以双向沟通的方式进行形象的有效传播。

（二）旅游景区生命周期的形象动态传播

产品生命周期（Product Life Cycle），简称 PLC，是美国哈佛大学教授雷蒙德·弗衣（Raymond Vernon）1966 年在其《产品周期中的国际投资与国际贸易》一文中首次提出的。产品生命周期是产品的市场寿命，即一种新产品从开始进入市场到被市场淘汰的整个过程。旅游产品生命周期也被称为旅游景区生命周期（Resort Life Cycle，RLC）。加拿大地理学家巴特勒（Butler，1980）对旅游景区生命周期理论进行了系统阐述，他认为一个地方的旅游开发不可能永远处于同一个水平，而是随着时间变化不断演变。旅游景区的发展阶段可以分为投入期、成长期、成熟期和衰退期 4 个阶段。旅游景区作为独立的生命体，同样具有生长、发展、成熟和衰亡的生命历程。而作为一个既定的旅游景区形象只是一定时期的精神和文化的反映，随着时间变化和旅游景区的发展，旅游景区形象也有一个更新的问题，也就是说形象也有生命周期。形象生命周期的不同阶段有不同的特点，因此各阶段的传播重点也应有相应的调整。

1. 生长期

利用旅游景区开发造势，以形象设计作为兴奋点，通过向社会公开征集形象口号和形象标志，邀请媒体连续报道，吸引公众眼球，引发注意力经济。

2. 发展期

确立旅游景区形象，通过新闻事件、公关活动等提升形象品牌的理解度，扩大影响力。主要是概念传播，要的是知名度的大幅度提高。

3. 成熟期

大规模拓展旅游市场，深化形象品牌。旅游景区的形象传播要配合旅游产品和主题活动的不断推出，通过不同周期的传播重点来刺激吸引注意力。社会注意力资源分布一般以周、季和年为周期。对于旅游景区，以周为周期进行形象传播调整，太过于频繁，且不利于整体形象的塑造和传播。旅游业是一个季节性明显的产业，旅游景区的形象传播随季节的变化而相应地调整，延伸出旅游景区的季节形象。季节性主题给旅游者以常变常新的新鲜感，有利于吸引其注意力，丰富对旅游景区主题形象的认识。

4. 衰退期

旅游景区要把握好"转""改""撤"3 个基本原则，换一个"卖点"，换一种形象。通过旅游景区建造不断制造旅游景区"新概念"，开始新一轮形象传播。旅游景区的魅力来自丰富的文化内涵，旅游景区的文化并不是一成不变的，需要在市场运转中不断地充实、扩展与更新，只有创新才能使其保持旺盛的生命力，促使其生命周期不断延长。

第三节　旅游景区空间布局的原则及影响因素

区域旅游的空间布局与功能分区是旅游规划、开发与管理的一项重要工作，它对今后区域旅游的开发建设和管理起着重要的指导作用。区域旅游的空间布局受诸多因素影响，其中旅游资源的特征、旅游客源市场的消费行为和偏好、旅游企业的区位成本、旅游区工业及旅游相关产业的布局、旅游城镇体系建设均为影响旅游产业布局的重要因素。

一、影响旅游景区空间布局的主要因素

旅游景区的空间布局形态既反映旅游景区各组成要素的分区、结构、地域等整体形态规律，也影响着旅游景区的有序发展及其外围环境关系。旅游景区空间布局必须综合考虑区域的资源特色、现有交通条件，甚至未来的大型项目布局等因素。

（一）旅游资源分布

旅游资源是游客活动的载体，旅游景区大部分旅游功能都是建立在旅游资源基础上的，旅游开发的目的就是为了更好地利用资源，将旅游资源转化为旅游产品，满足旅游者的需求。资源分布状况是旅游景区空间布局的一项重要依据，只有在对区内旅游资源进行深入调查和科学评价的基础上，才能明确各分区（亚区）的资源特色和开发定位，统筹安排旅游空间布局。

旅游景区旅游资源的分布情况以资源调查的方式取得，通过资料收集和实地勘察，查明可供开发利用的资源状况，系统全面地掌握其数量、质量、性质、特点、级别、成因、时代、价值，以及相关的旅游环境状况（自然环境、社会环境、经济环境等）。旅游资源评价的重点是资源特色、资源价值与功能、资源组合、结构和规模，以及旅游景区的环境容量和环境承载力等，其中资源特色（稀有度、悠久度、文化差异等）是吸引旅游者的关键性因素。

（二）客源市场需求

现代旅游规划认为，在旅游市场（即旅游需求市场或旅游客源市场）上，旅游者所购买的和旅游经营商所销售的，并不再是纯粹的旅游资源，而是将资源筛选、加工、

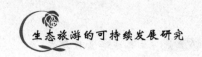

再创造的旅游产品。旅游市场大小取决于购买力、购买欲望（或出游愿望）和出游机会，其中购买欲望是反映潜在购买力变成现实购买力的重要条件。

旅游开发应实现资源与市场的对接，立足资源特色，以市场为导向生产适销对路的旅游产品。旅游景区空间布局在一定程度上决定了各分区（亚区）的主导功能、产品类型和未来的发展方向，这就要求对旅游景区客源市场进行调研，把握和了解旅游需求特征和发展趋势，在市场细分的前提下确定旅游开发的方向和目标，从而实现科学的空间布局和功能分区。

（三）旅游景区交通条件

旅游景区现有的交通网络强调的是工程技术上的合理必要性，突出了交通便利性和成本的可控制性。从经济和环境的角度出发，旅游规划要尽可能保证现有的交通条件能够得到充分利用，因地制宜地构筑旅游景区旅游交通线路，使其畅通、便捷，解决好进与出的问题。合理的空间布局应该有利于旅游景区内的游览线路组织。旅游景区的游览线路既要充分考虑旅游者游程中的心理需求和审美偏好，以实现符合人体工程学的旅游动线规划，注重人情味、节奏感与空间的"起、承、转、合"。同时，旅游景区布局应体现空间进程的层次性，游览线路上要有景可观、有点可游、有活动可参与，并能取得渐入佳境的效果。符合美学效果的景观视线系统，让游客能在最佳视点充分享受到完美展示的自然景观。

（四）产品项目布局

旅游景区旅游产品和活动项目必须依托一定的空间环境，需要通过空间布局来具体落实。各旅游空间以核心吸引物和各自的特殊条件形成自己的优势，对各种旅游活动进行相关分析，确定相互之间的互补、相依或相斥关系，形成产品项目的差异性和丰富性，以此明确各区的主导功能定位。布局在强化旅游空间差异的同时，还要注意到区域空间之间的连续性和均衡发展，使各个空间单元分层次并连成片，形成完整、丰满、具有多种适应性的功能整体。

（五）配套设施建设

在确定空间布局时，要事先估计到该空间布局状况将会对配套设施建设投入的影响，排水、供电、供暖等基础设施的总体安排将在很大程度上影响旅游区的未来发展。必须在严格保护自然生态系统完好性的前提下进行合理、适度开发，防止破坏性建设和建设性破坏行为。基础设施和旅游服务设施在空间上相对集中的布局，可以把对生态和资源的破坏控制到最小限度，也能够降低建设成本。

二、旅游景区空间布局原则

(一) 区域空间一体化的竞合原则

旅游活动受制于旅游吸引物的空间结构。旅游景区的空间布局分为宏观、中观和微观 3 个层面。宏观布局作为大尺度空间，主要是指区域空间旅游发展的总体轮廓和部署。中观布局则形成内部结构布局，确定各旅游景区在地域空间内部的配置与部署关系。微观布局主要研究旅游景区内部点与点的聚集或分散的关系。城市及其吸引范围构成一个旅游区域，旅游景区作为其中的旅游节点，必须与宏观布局统一与协调，通过旅游景区与城市区域空间一体化，实现最佳的区位优势和整合区域竞争力。在城市的空间布局里，旅游景区与其他旅游景区构成了横纵并列的"繁星图"。由于旅游发展的自身特点在一定程度上影响着区域关系在空间上的分割态势，而处于同一城市区域的一体化模式要求联合与整合，因而旅游景区之间存在着空间的竞争与合作关系。所以旅游景区布局还必须考虑中观层面上旅游景区与旅游景区之间的集聚与均匀、联结与疏离、优先与兼顾等战略抉择关系。旅游景区规划要考虑与邻近旅游社区之间的差异性和互补性，尽量避免冲突，增加合作和互相激励。

(二) 功能区相对集中原则

旅游景区在开发成本大于其收益的情况下，这种开发是不经济的。旅游景区的空间布局应尽可能保持旅游资源的完整性、共同性，根据旅游景区旅游资源自然分布状况与景观空间组合特征，将具有成因共同性和类型相似性的景点（景物）划分在同一旅游功能区内，依据各自景观特色，确立不同主题，在整体上形成优势互补的格局。必须按区域结构和旅游功能的差异，对观光、休闲、住宿、餐饮等不同类型的功能单元采取相对集中的布局，通过快捷方便的道路系统连接，在空间上形成规模集聚效应，强化整体功能，以取得最大的经济效益。聚集的旅游景区布局具有聚集效应优势：

1. 实现了开发的低成本、高产出。集中分布能降低基础设施建设成本，许多旅游设施可以同时让当地社区居民使用，形成综合的市场竞争优势，整体规模优势产生高效益。

2. 环境保护的大整治和可持续发展。集中布局可防止对主要自然景观的视觉污染，也有利于环境保护与控制，对垃圾、废水等污染物进行集中处理和连续控制，使敏感区能得到有效保护。

3. 经济效益的多联动、宽辐射。景观类型多样性可以吸引游客滞留更长时间，从而增加地方经济中旅游服务部门的收入，带动社区经济的发展。

4. 原生文化的继承与发展。集中布局有利于游客与当地居民的交流与沟通，也有利于民俗文化的延续和社会风俗的优化等方面协调一致的共生双赢。但集中布局应充分考虑承载力（自然承载力、社会承载力和管理承载力）问题。

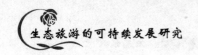

（三）旅游景区可持续发展原则

在旅游规划的哲学理念上，可持续发展已经成为全世界的共识。旅游景区布局的可持续表现为强调对自然资源和生态环境的保护和延续；强调文化的完整性和生态过程；强调满足当前需求，为东道主提供发展机会的同时，保留并强化未来的发展空间和机会。

1. 自然、生态及文化环境的完整与延续

旅游开发必须立足于生态环境的承受力和旅游资源的永续利用。由地文地貌、人文历史所构成的旅游资源总体特征是核心旅游吸引物，旅游景区布局和分区应注意保持与当地文、史、地三脉的内在联系，保护旅游区内特殊的环境特色和主要的吸引物景观，注重人文景观与自然景观的和谐，服务设施区外布局，防止景观的视觉污染。把游客接待量控制在环境承载力之内，以维持生态环境的协调演进，并通过旅游的良性发展促进人与自然之间和谐共进，实现经济效益、社会效益和环境效益的有机统一，实现开发与保护在更高层次上的协调统一。

2. 旅游开发空间的长远发展战略

旅游发展的日新月异和旅游者的"喜新厌旧"，注定了旅游景区无限度发展和持续开发的可能。规划所拟定的空间布局必须为旅游景区的长远发展留有足够的余地，在综合考虑资源状况、交通条件、客源市场潜力等因素的基础上，为旅游活动与开发建设的分片开发、分步实施，未来旅游区的地域扩张、各功能区之间的合并等，做出具有前瞻性和可变性的安排。这实质上是一种在变化中求发展的可持续战略。

（四）形象导向原则

形象是统率旅游规划的纲，形象问题本质上是旅游景区如何发展的问题。改变以往的布局模式出发点，以形象导向来进行布局，会给布局理论及模式带来一个新的思考视角。其核心是围绕主题形象对旅游景区进行统一的布局规划，以核心吸引物为中心，通过自然景观、建筑风格、节庆事件和服务方式等的有机组合来突出与强化主题形象，从而给游客留下一种清晰、深刻的视觉印象，以独特的形象风格影响旅游者的决策。同时，各功能区应根据本区的资源条件、交通连线等实际情况，确定明确的功能和形象定位，并通过氛围的营造和主题的延伸使各功能单元过渡自然、融为一体，保证旅游规划在更高层次上的综合和形象的一脉相承。

第四节　旅游景区功能分区

区域旅游功能分区是旅游规划与开发的重要内容，它决定了旅游区今后发展的方

向，对于区域旅游特色的形成和区域旅游形象的塑造以及区域旅游空间结构的优化等具有重要的意义。

一、旅游景区功能分区和功能单元

（一）功能分区及相关概念

旅游景区规划中，功能分区与旅游资源分区以及旅游景区划分很容易被混淆，这是 3 个既有区别又有联系的概念。

1. 功能分区与旅游景区划分

功能分区与旅游景区划分是不同尺度空间的规划手段。旅游景区划分是在大、中尺度的区域空间中，遵循全域覆盖法，根据旅游资源相对一致、旅游活动的连续性、开发建设的一致性等原则进行不同旅游景区的划分。旅游景区一般是由一个或者几个紧邻的主要景点为中心，通过交通线将若干景点统一起来形成的小尺度旅游目的地。每一个旅游景区都有其独特的资源特色，与其他的旅游景区有着较为明显的差别。

功能分区则是在同一旅游景区内部进行的用地功能划分，对每个所划分区域赋予一定的功能，防止雷同，从而发挥旅游景区整体功能优势。功能区可以不遵循全域覆盖法。清晰的功能定位有利于旅游景区实现深度开发和持续发展，同时也便于旅游者组织游览活动。

2. 功能分区与旅游资源分区

功能分区与旅游资源分区都是在同一旅游景区空间内进行，但两者的划分依据各不相同。旅游资源分区是根据旅游资源的区域差异，把旅游景区划分为不同的旅游资源区，它要兼顾行政区域划分原则、区内旅游资源组合相对一致与区际差异明显原则以及多级划分原则。在旅游规划中，旅游资源分区是旅游景区功能分区的前提和重要依据，但两者在地域空间上并不总是完全吻合。有时，出于旅游景区发展目标、形象与功能定位，以及旅游产品有效组合的需要，一个功能区域可能覆盖两个或更多的旅游资源区，以提高旅游景区用地的利用效率和地区整合功能，使旅游者的满意程度达到最大值，从而使旅游景区经济效益最大化，这是旅游功能分区的目的所在。

（二）旅游景区功能分区的导向

现代旅游规划注重对原生环境和本土意境的保护和设计，强调理解自然、尊重自然的过程，人与自然和谐共生的关系；强调理解人、尊重人、规划人的体验。文化导向、生态导向及体验导向的功能分区以全新的视角，体现了以人为本、生态（自然和文化）优先的规划理念。

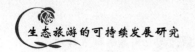

1. 坚持立足资源的产品导向

传统规划中以资源为导向的分区模式虽单调而呆板，但却注意到了资源的重要作用。资源是游客活动的载体，旅游景区大部分旅游功能都建立在资源基础上，而功能分区的目的就是更好地利用资源，将旅游资源转化为旅游产品，满足旅游者的需求。

旅游产品和旅游资源有着紧密的关联性，旅游资源是旅游产品的基础和主体。吴必虎提出了资源—产品（R—P）导向的分区模式，并将其划分为共生型（低投入、高产出）、提升型（高投入、高风险、高产出）和伴生型（资源与产品伴生）3 种模式。

2. 坚持个性和品位的文化导向

文化是一种复杂的社会存在，具有社会性、历史性、多样性、地域性和继承性等特征。生活在各种不同文化背景的人进入异质文化环境时，会感到文化差异性的存在，并由此激发旅游者探求的欲望。文化导向模式正是以"文化个性"和"文化品位"对旅游景区进行功能分区，强调文化意义和文化作用，坚持旅游的原汁原味。以文化为导向的功能分区，第一，要遵循旅游景区旅游开发总体布局要求，结合旅游景区资源特色和分布规律，针对目标市场需求进行主题文化的选择；第二，要重塑原生文化的形骸和精神，注重文化的哲学因素制衡，防止文化生态链断裂；第三，在进行功能分区时不仅要传承文化，还要对文化进行创新，赋予它新的内涵和时代意义，丰富旅游者的文化体验；第四，各功能区要分工合理，通过旅游吸引物、旅游设施及整体环境营造，完美展现旅游景区文化。

3. 坚持可持续的生态导向

生态导向模式从环境适应的角度构筑了生态性旅游分区框架，其核心是对生态环境加以保护，尽量减少环境污染和破坏，尊重自然的异质性，不再把自然看成被征服、被利用的对象，达成"天人合一"的和谐。生态旅游规划具有保护自然环境和谋富当地居民的双重责任，在实现经济、社会、美学价值的同时，寻求适宜的利润和环境资源价值。

俞孔健在《景观：文化、生态与感知》中对安全生态格局的研究为生态功能区面积范围的界定找到了答案。核心区将保护对象（残遗斑块或濒危物种栖息地）尽量完整地保护起来，并将人类活动排斥在核心区周围的缓冲区。缓冲区或过渡带的功能是保护核心区的生态过程和自然演替，减少外界景观人为干扰带来的冲击。缓冲区边界和形状，可以有效利用土地，减少缓冲区划分的盲目性。户外游憩区位于旅游景区最外围，完全以游憩活动为目的，但强调地方风格，并与环境协调一致。

4. 坚持人文关怀的体验导向

旅游人类学为旅游景区提供了一种"以人为本"的规划哲学，使旅游景区建设和管理成为一种人文关怀的社会实践。它要求旅游规划分区研究人的特性、活动及需求，尊重人、理解人与自然的相互关系，为旅游者寻找或者创造一个充满人文关怀的旅游功能区域，而不仅仅是人活动的物理环境载体。体验经济时代宣布了人的体验需要开始转变为现实需求。旅游的本质就是体验，旅游景区以服务为舞台，以产品项目为道具，为旅游者创造一种或多种难忘的经历。体验导向的功能分区，实际上是体验经济在旅游规划中的运用。

（1）娱乐体验

为了满足旅游者娱乐体验的需求，应考虑以居住区为中心，游乐、观光、文化和运动各区环绕集聚的组团方式，功能区间线路选用多枢纽式（多点轴）联结。

（2）教育体验

教育体验分区要把寓教于乐放在首位，线路设计上选用单线贯通式，引导游客循序渐进，体验知识从感性到理性的升华。

（3）遁世体验

儒家道学的长期熏染、后工业社会的人地失衡，使自然山水成为中国人情感的投射对象和灵魂栖息的家园。遁世体验只是暂时地"离开"，在回归自然的反差中获得解脱和平衡。各功能分区采用单点轴线路互不干扰，营造一种"逃离现实的独处"

（4）审美体验

审美导向的体验分区通过游览动线、视线和游憩导读系统设计，满足游客心理景观"可读性"和精神愉悦，强调悦形、抒情、比德的旅游审美体验过程。

5. 坚持突出主题的形象导向

形象导向模式的理论基础就是旅游景区形象策划。Guun 把形象分为原生形象与引致形象；Fakeye 和 Crompton（1991）在 Guun 的基础上提出形象三分类：原生形象、引致形象与复合形象（Complex）。在规划实践中还应注意以主题形象为导向，通过氛围的营造和主题的理性延伸，使各功能单元的过渡自然并融为一体。大体上，形象导向模式根据引景空间、旅游景区的原生形象、引致形象与复合形象来划分功能区，对于旅游景区的核心地段还可以再细化为第一印象区、光环效应区、地标区和最后印象区，总体上形成一种渐进式的分区布局。

6. 坚持未来发展的弹性导向

旅游发展的日新月异和旅游者的"喜新厌旧"，注定了旅游没有一劳永逸的规划，稳定只能是相对的，变化是绝对的。因此，旅游景区的功能分区要具有前瞻性和可变性，注重分区形象和产品项目的兼容性、创新性和延展性，这实质上是一种在变化中求发展的模糊战略。

（三）不同类型旅游景区的功能单元

在我国基本上有两类旅游景区：一类以经济开发为主要目的，如主题公园和旅游度假区，一般也称为第一部类功能区；另一类以资源保护为主要目的，包括风景名胜

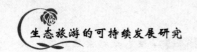
区、自然保护区、国家森林公园、历史文物保护单位等几种类型，也称为第二部类功能区。旅游景区里的各种功能单元是人的活动在旅游景区里的物质体现和主要载体，不同类型旅游景区的功能单元划分不尽相同。

1. 自然保护区

自然保护区是指法律上确认的，为达到特定保护目的而进行调节或管理的一片公有或私有土地或水域，以保护地球上的基本生态过程、生命维持过程，保存物种遗传的多样性，保证物种和生态系统的永久利用。并非所有的自然保护区都是成片连在一起的，有的是分散的，在许多国家都出现了所谓的保护区群（或叫联营保护区、保护区联合体），我国自20世纪50年代以来即开始建立各种自然保护区。

（1）自然保护区功能单元

① 核心区（绝对保护区）：保护区的核心，主要是各种原生性生态系统类型保存最好的地方。这个区域严禁任何砍伐和狩猎等，主要任务是保护，以保护其物种多样性，使之尽量不受人为干扰，使它们能自然生长和发展，成为遗传的基因库，并可用作生态系统基本规律研究和作为对照监测环境的场所。

② 缓冲区：一般位于核心区外围，也可包括一部分原生性生态系统类型和由演替类型所占据的半开发地段。可预防核心区受到外界的影响和破坏，起到一定的缓冲作用；也可以用于某些试验性或生产性的科学试验研究，但不应破坏其群落环境，可在其中划出一定地段做采药、旅游、蔬菜生产等的基地，以适应各方面的需要。

③ 试验区：缓冲区的周围相当面积的保护区，可包括荒山荒地在内，最好能包括部分原生或次生生态系统类型。主要发展本地特有的生物资源生产，以及建立人工生态系统。

（2）美国国家公园功能单元

美国国家公园管理模式中，将国家公园划分为3～5个不同的功能单元。

① 生态保护区是研究生态的自然保护区，只对工作人员而不对游人开放。

② 特殊景观区是指美学价值很高、供旅游者游览观赏的自然区，除必要的安全、卫生及道路外，不得新建任何建筑物，严格限制开发。

③ 历史文化区是保护历史文物及其环境的地区，在不影响历史原貌的原则下，其附近可以适当营建卫生、保护和绿化设施。

④ 游憩区是公园内设施集中的区域，是公园的服务区，可建设必要的服务设施，如游客中心、旅馆、商店、车站、停车场、电信、公路等设施，但要求其建筑尺度小，采用地方材料、地方风格、保护与环境协调一致。

⑤ 一般控制区属于普通管理区域，除上述4种区域外，都是一般控制区，有的控制区包括公园界外的相邻地区。

2. 森林公园

1982年9月，我国第一个国家森林公园——张家界国家森林公园成立，标志着我国森林公园与森林游憩事业的正式开始。1993 年，林业部《森林公园管理办法》认为：森林公园是指森林景观优美、自然景观和人文景物集中，具有一定规模，可供人们游览、休息或进行科学文化、教育的场所。森林公园根据地域特点和综合发展的需要，可划分为下列功能区。

（1）游览区：游览区是游客游览的景观区域，由特色群落、古树名木、自然山水组成，是公园开展各种旅游项目的主体部分。

（2）野营区：野营、露宿、野餐等活动用地，多为森林茂密、较为平坦的地面，坡度一般在 10° 以下。

（3）游乐区：在距城 50 千米左右的近郊森林公园，为弥补景观不足，吸引游客，在条件允许的情况下可以建大型游乐与体育设施，但项目一定要体现当地特点，不能将城市项目搬到森林中。

（4）狩猎区：选择地形较为封闭，远离游览区、野营地和娱乐区，在适宜野生动物繁殖的生活地段开辟狩猎区。出于对野生动物的保护，很多国家禁止在野生动物保护区或森林公园打猎，狩猎区多被取消。

（5）旅游商品生产区：在较大型森林公园内，用于发展服务的森林旅游系统。

（6）生态保护区：保持水土、涵养水源、维护公园环境生态平衡的区域。

（7）生产经营区：从事木材生产、加工等非旅游业的各种林业生产区域。

（8）接待服务区：相对集中建设的宾馆、饭店、购物、娱乐、医疗等接待服务项目及配套设施。

（9）行政管理区：行政管理用地。

（10）居民住宅区：为保护核心景观，居民区多已搬迁到森林公园外围，森林公园内生态保护区已经不许新建居民住宅和山野设施。上述功能分区视森林公园大小、资源状况、经营项目多少，可适当减少或合并。

3. 主题公园

主题公园是为了满足旅游者多样化休闲娱乐需求和选择而建造的一种具有创意性游园线索和策划性活动方式的现代旅游目的地形态。1955 年 7 月美国加利福尼亚州迪士尼乐园诞生，很快获得世界性认同和接受，形成了一种规模化的旅游目的地形式。

1989 年 9 月建成开园的"锦绣中华"是我国具有真正意义的旅游主题公园。主题在主题公园中起着决定作用，区别了一个公园和另一个公园的不同，但无论主题有何区别，其景观内的各功能单元都具有相似性。

（1）游乐设施：为游客提供游憩项目，是主题公园的核心吸引物和主要赢利途径。

（2）餐饮、住宿等商业设施：为游客提供餐饮、住宿等配套服务，主题旅游景区赢利的另一个重要来源。

（3）后勤服务设施：游客服务需求得以满足的各种保障。

（4）技术供应和工程服务设施：游客游憩需求得以满足的保障等。

第六章

生态旅游安全管理

第一节　旅游安全概述

寻求安全是人类生存的本能。自从人类社会出现旅行活动开始，安全便是旅游者关心的首要问题，而且旅游业越往高级发展，旅游安全问题越受重视。旅游安全贯穿于旅游活动的食、住、行、游、购、娱各环节，任何环节的任何疏忽都可能导致旅游安全问题的发生。旅游安全的类型极其复杂，大到造成毁灭性的交通事故、爆炸，小到极其细微的欺骗、隐瞒等。旅游安全问题的发生不仅将使旅游者蒙受经济或名誉损失，严重的还将危及旅游者的生命，甚至损害旅游地形象和国家旅游形象。

一、旅游安全的基本概念

（一）旅游安全

旅游安全有广义和狭义之分。广义的旅游安全指旅游现象中的一切安全现象的总称。既包括旅游活动中各相关主体的安全现象，也包括人类活动中与旅游现象相关的安全事态和社会现象中与旅游活动相关的安全现象。例如，"恐怖主义"是一种社会政治现象，但它与旅游活动的开展有关，因此，"恐怖主义"也属于旅游安全的广义范畴。狭义的旅游安全指旅游活动中各相关主体的一切安全现象的总称。它包括旅游活动各环节中的安全现象，也包括旅游活动中涉及人、设备、环境等相关主体的安全现象。既包括旅游活动中安全的观念、意识培养、思想建设与安全理论等，也包括旅游活动中安全的防控、保障与管理等。

从旅游活动的环节和旅游活动特点看，旅游安全贯穿于旅游活动，可相应分为饮食安全、住宿安全、交通安全、游览安全、购物安全、娱乐安全六大类。

从旅游学研究对象看，旅游安全可分为旅游主体安全、旅游媒体安全和旅游客体安全。旅游主体安全即旅游者安全；旅游媒体安全集中表现为交通安全和旅游从业者安全；旅游客体安全即旅游资源的安全，涉及资源的保护、环境容量与可持续发展等方面的问题。从旅游安全学的学科角度理解，旅游安全包含了旅游安全的现象（本质、特征与发生规律）、旅游安全的基础理论和旅游安全认知，也包括旅游安全管理与旅游安全保障等方面的内容。

（二）旅游安全问题

旅游安全问题是旅游活动中各种安全现象的具体表现。既包括旅游活动中各相关主体的安全思想、意识问题，也包括发生在旅游活动各环节或旅游活动中各相关主体间的具体的安全事件或安全事故。

旅游安全表现的形态反映旅游安全问题发生的类型，在旅游活动的各环节交替或同时出现，是旅游安全的外在表现，包括犯罪、交通事故、火灾与爆炸、疾病和其他意外安全事故。旅游安全问题是现实存在的，旅游业的特性决定了旅游安全问题有其自身的特征，主要表现为以下几点。

1. 广泛性

旅游活动涉及诸多方面，各种旅游安全问题广泛存在于旅游活动的各个环节。就整个社会而言，旅游安全事故是不可避免的。旅游安全涉及人员众多，除旅游者外，还与旅游地居民、旅游从业者、旅游管理部门以及包括公安部门、医院等在内的旅游地各种社会机构相联系，影响广泛。

因而，旅游安全也是社会舆论关注的焦点。安全事故会引起传媒以及社会大众的强烈关注。

2. 隐蔽性

事故往往有一定的隐蔽性，发生前的征兆一般不是很明显，难以做出准确的预测，而一旦爆发，往往难以控制。事故的隐蔽性造成了事故防范的困难，因此，旅游地应建立安全预警系统，不断监测安全状况，收集整理并及时汇报可能威胁旅游地的安全信息，以便及时采取措施，将风险消灭在萌芽状态，同时还应提前决策，精心策划全面的事故反应计划，以便在事故来临时从容应对。

3. 突发性

发生在旅游系统中的各种安全问题，往往不期而至，常常在意想不到、毫无防备的状况下突然发生，爆发前基本没有明显征兆，令人猝不及防。例如，2014年8月18日，湖南长沙岳麓书院一棵200多岁的古枫树突然齐根折断，压垮了文庙大成殿一半左右的建筑，造成1名旅游者死亡，另外1名旅游者和1名工作人员受伤。因此，旅游

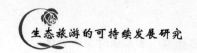

管理部门、旅游企业、旅游从业人员在平时要有处理各种突发事件的准备，在突发旅游安全事故时就能做出有效反应，在事故产生灾难性后果之前采取各种有效的防护、救助、疏散和控制事态的措施。

4. 复杂性

旅游活动是一种开放性活动，旅游目的有娱乐、度假、运动、保健、商务、会议、学习、探亲、访友或宗教等，因而旅游者五花八门，旅游企业面对的服务对象很复杂，如旅游饭店每天有大量的人流，其安全管理涉及的环节和人员复杂。另外，旅游安全的影响因素广泛而复杂，包括政治、经济、社会环境等方面，旅游安全工作除防火、防食物中毒外，还要防盗、防暴力、防各种自然及人为灾害等，表现出极大的复杂性。

5. 扩散性

扩散性是对旅游安全事故的影响过程和范围而言的。随着旅游经济的发展和交通、通信技术的发展，旅游地事故影响的范围不断扩大，影响旅游的关联产业。事故的发生和发展具有动态性，开始发生的时候其影响范围和程度有限，随着事故"涟漪效应"的出现，其影响和危害逐步扩散，一些初始事故可能会引发更大的事故，并可能衍生出新的危机。例如，发生火灾时，拥挤的人群在逃散过程中往往容易引发踩踏事故。

6. 破坏性

旅游安全事故对过去的稳定状态构成了一定的威胁，不安全不仅使旅游者蒙受经济损失，遭受生命威胁，还可能造成社会秩序紊乱，对公众心理造成障碍。不论是什么性质和规模的安全事故，都会不同程度地给旅游系统及关联产业造成破坏和损失，如人员伤亡、经济损失、环境破坏、形象受损、竞争力下降等。

（三）旅游安全事故

旅游安全事故，是指在旅游活动的过程中，由自然或人为原因所引起，造成旅游者人身或财产损失，并由此导致有关当事人相应法律责任的事件。旅游安全事故，是指在旅游过程中，因发生旅游安全事件而造成旅游者人身伤害、财物损失的事故。旅游安全事故与旅游安全问题都是旅游安全的重要概念，但两者之间既密切联系又有区别。旅游安全事故更加具体一些，旅游安全问题则比较宽泛、笼统。旅游安全事故反映了旅游安全问题产生的结果，是可以通过主观努力而减少或避免的，尤其是通过及时的旅游安全救援，往往可以减轻或避免旅游安全事件造成的事故危害和损失。

1. 旅游安全事故的等级

当旅游安全事故发生后，需要根据其造成的旅游者伤亡程度和财产损失程度，确定旅游安全事故的性质或等级，对此各个国家有不同的界定和分类。我国根据旅游安全事故对旅游者造成的伤亡、财产损失程度，把旅游安全事故划分为轻微事故、一般事故、重大事故和特大事故四个等级。

（1）轻微事故，是指在旅游者的旅游活动过程中，一次安全事故造成旅游者轻伤，或者经济损失在1万元以下的旅游安全事故。

（2）一般事故，是指在旅游者的旅游活动过程中，一次安全事故造成旅游者重伤，或者经济损失在1万至10万（含1万）元的旅游安全事故。

（3）重大事故，是指在旅游者的旅游活动过程中，一次安全事故造成旅游者死亡或旅游者重伤致残，或者经济损失在10万至100万（含10万）元的旅游安全事故。

（4）特大事故，是指在旅游者的旅游活动过程中，一次安全事故造成旅游者死亡多名，或经济损失在100万元以上，或者性质特别严重，产生重大影响的旅游安全事故。

2. 旅游安全事故的生命周期

旅游安全事故演化有一定的生命周期，可以分为五个阶段：休眠期、初发期、发展期、控制期、消除期。在不同阶段，旅游安全事故对旅游系统的影响方式、影响程度和表现特征有所不同，旅游安全管理必须根据安全事故的不同阶段，采取针对性的预防和治理措施。休眠期是旅游安全事故的酝酿时期。在这一过程中，与旅游安全事故诱因相关的各种要素相互作用，它们之间的矛盾、冲突在不断地形成和积累，直到旅游安全事故的发生。旅游安全事故在休眠期具有隐蔽性，不容易被人们察觉。初发期是从第一个前兆出现到开始造成可感知的损失这一阶段。

旅游安全事故在初发期影响的范围和程度都较小，而由于危害程度太小，很少引起人们的足够关注和重视。发展期是旅游事故影响范围快速扩散、影响程度急剧上升的时期，会对旅游系统造成明显的损害。如果事故没能得到及时控制，造成的损害还会迅速地加深、积累和扩散，对旅游组织的生存能力造成直接威胁，对旅游系统形成全面打击。控制期是旅游事故的危害程度从顶峰转而下降，矛盾和冲突不断减弱，危机形势逐渐趋缓的时期。这一时期旅游安全事故已经得到有效的控制，旅游系统开始恢复，但要恢复到事故发生前的状态，仍需假以时日。消除期是引起旅游事故的因素已经消除，造成的损害已经得到弥补，旅游系统已经恢复到原有或正常的状态。

3. 旅游安全事故的处理程序

旅游安全事故发生后，有关人员、单位和相关部门应遵循有关法规制度的规定，按照以下程序迅速有效地进行处理。

（1）及时报告有关事故情况。发生旅游安全事故后，领队、导游等现场陪同人员应立即向本单位报告，并将有关情况及时上报主管部门，主管部门应当及时报告归口管理部门。报告内容包括：事故发生的时间、地点；事故发生的初步情况；事故接待单位及与事故有关的其他单位；报告人的姓名、单位和联系电话等。

报告程序视事故的严重程度和事故的等级而定。通常，属于轻微或一般等级事故的，现场人员应立即向本单位和当地旅游行政管理部门报告，当地旅游行政管理部门接到事故报告后，应同时向当地人民政府和上一级旅游行政管理部门报告。属于重大

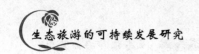

以上等级事故的，当地旅游行政管理部门和人民政府应及时向省级旅游行政管理部门和人民政府报告，省级旅游行政管理部门接到报告后，应尽快报告省级人民政府、国家旅游局和安全管理部门。

（2）迅速请求救援，保护事故现场。旅游安全事故发生后，现场陪同人员及事故发生单位，应立即报告事故发生地的旅游、公安、消防、海事、医疗、急救中心等，请求给予紧急救援支持。同时，报告单位应马上派人赶赴现场参加救援，并会同事故发生地的有关单位严格保护现场。事故发生地的有关单位接到报告后，要立即赶到现场开展救援工作，旅游行政主管部门应及时派人到现场了解情况，积极参与和协助救援工作。

（3）协同有关部门进行抢救、侦查。报告单位的陪同人员及赶赴现场处理的工作人员，要积极配合和协同事故发生地有关部门进行抢救、侦查。如有伤亡情况的，报告单位应尽快核查和登记伤亡人员的旅游团队名称、团籍、姓名、性别、年龄、护照或身份证号码及国内外保险情况；有死难者的，应保护好遗体、遗骸，对事故现场的行李物品，要认真清理保护并登记注册；伤亡人员中有海外旅游者的，责任方和报告方在对伤亡人员核查清楚后，要及时报告当地外事办公室，同时责任方要及时通知境外有关方面，并向伤亡者家属发出慰问函电等。

（4）单位负责人应及时赶赴现场处理。对旅游安全事故的处理，原则上由事故发生地政府协调，由相关部门、事故责任方及其主管部门负责。对重特大旅游安全事故，应迅速成立由当地政府领导、相关部门、事故责任方及其主管部门组成的事故处理领导小组，统一负责和协调事故的处理工作。在事故处理过程中，责任方及其主管部门要认真做好伤亡者家属的接待、安慰及遇难者遗体、遗物的处理和其他善后工作，并按照有关规定做好对旅游者的理赔工作等。

对事故处理过程中的情况，要及时向旅游行政管理部门及有关方面报告，报告内容包括伤亡情况及伤亡人员姓名、性别、年龄、国籍、团名、护照号码；事故处理的进展情况；对事故原因的分析；有关方面的反应和要求；其他需要请示或报告的事项。

（5）对特别重大事故的处理。对特别重大的旅游安全事故，应严格按照国务院《特别重大事故调查程序暂行规定》进行报告和处理。各级旅游行政管理部门要按照国家旅游局《重大旅游安全事故处理程序试行办法》所规定的事故报告内容和要求，及时正确地对旅游安全事故的发生情况及事故处理情况写出报告。

（6）事故处理后的调查报告。对旅游安全事故处理完以后，报告单位要认真总结事故发生和处理的全面情况，立即写出事故调查报告上报旅游行政管理部门及相关部门。报告内容应包括事故经过及处理；事故原因及责任；事故教训及今后防范措施；善后处理过程及赔偿情况；有关方面及事主家属的反应；事故遗留问题及其他。

4. 旅游安全事故善后处理的原则

对旅游安全事故的善后处理工作，应遵循保护旅游者基本权利和利益为第一位的基本原则，切实维护旅游者的权益。在具体工作中，应按照以下工作原则认真做好旅游安全事故的善后处理工作。

（1）依法办事，尊重当事人的意愿。对旅游安全事故的善后处理，要依据我国现行的法律、法规、条例和制度处理，要严格依法办事，要言出有据、耐心细致，不要凭主观臆断，避免引发不必要的麻烦和扩大事端。在不违反我国现行法律、法规的情况下，各项具体事宜的处理，要尽可能地尊重伤亡人员及其家属的意愿，不要激化矛盾。

（2）尽早开放现场，规范对外报道。对旅游安全事故处理要及时、准确、快速，对造成旅游者伤亡事故现场的取证工作，要赶在伤亡人员的家属来现场之前完成，尽早地对外开放现场，以减少外界的无端猜疑。同时，应有专人负责拟定有关事故的对外报道，送有关部门审定、规范对外报道内容，尽早对外宣布报道，增加对事故情况的透明度，避免造成误导宣传和不必要的麻烦。

（3）处理外国旅游者伤亡的注意事项。处理外国旅游者重大伤亡事故时，应当注意下列事项：立即通过外事管理部门通知有关国家驻华使领馆和组团单位；为前来了解、处理事故的外国使领馆人员的组团单位及伤亡者家属提供方便；与有关部门协调，为国际救援组织前来参与对在国外投保的旅游者（团）的伤亡处理提供方便；对在华死亡的外国旅游者严格按照外交部《外国人在华死亡后的处理程序》进行处理。对于外国旅游者的赔偿，应按照国家有关保险规定妥善处理。

（四）旅游安全管理

旅游安全管理指为了达到安全的目的，有意识、有计划地对旅游活动中各种安全现象进行各种安全教育、防范与控制活动的总称。这些活动既包括安全的宣传与教育，安全管理方针、政策、法规、条例的制定与实施，也包括安全防控、管理措施的制定与安全保障体系的构建与运作。现代旅游业已涉及旅游资源、旅游设施、旅游服务、旅游活动、旅游商品流通等诸多领域的社会生活和生产方式，其中，旅游活动在客观上又包含了行、游、住、食、购、娱等多个方面，涵盖不同的行业和领域。因此，旅游安全在人（旅游者、旅游服务和管理者）、机（运载工具和游乐设施、设备）、环境（旅游地、游乐场所、住宿和饮食、服务场所等）三个方面包罗了安全生产的诸多领域，如交通运输安全、人员密集场所消防安全、特种设备安全、游乐设施安全、用电安全、食品安全、景点环境安全以及各类旅游项目的安全管理等。旅游业的行业特性，使得旅游安全不是单纯的行业安全，而是个复杂的系统工程。

旅游安全管理体系包括旅游安全常态管理、旅游安全应急救援、旅游安全事故恢复管理这三大板块。旅游安全常态管理是将安全管理融入企业日常工作之中，使之成为旅游企业的常态管理活动，其目的是减少旅游安全事故发生的可能性，消除或者降低旅游事故的危害和损失。通过旅游安全常态管理，实现旅游区"人人安全、事事安

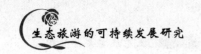

全、时时安全、处处安全"的目标。一旦发生旅游安全事故，往往会造成惨重的生命、财产损失和环境破坏。由于自然因素或人为的、技术的原因，当不可能完全避免事故或灾害的时候，建立旅游安全应急救援体系，组织及时有效的应急救援行动，是抵御事故风险或控制灾害蔓延、降低危害后果的关键。发生旅游安全事故后，事故造成的破坏还会在很长一段时间内持续影响旅游目的地。此时的工作重点是恢复旅游者和旅游地的信心，对安全管理战略的效用进行评估、更新、提高。

旅游安全管理的重点是旅游者、旅游企业、旅游目的地、旅游产业的安全。通过加强这四个方面的安全管理，可以有效防范和应对各种旅游安全事故的发生和影响。

1. 旅游者安全管理

旅游者安全管理，是指对旅游者在食、住、行、游、购、娱等旅游过程中，应得到的人身、财产、精神方面的安全保障和管理。保障旅游过程中旅游者的安全，不仅是激发旅游者的旅游动机和需求，促成旅游者的旅游行为的重要因素，而且是保证旅游者充满信心、愉悦地进行旅游的基本条件，也是促进旅游健康发展的重要前提。因此，重视和加强对旅游者活动中的安全管理，既是旅游安全工作的关键，也是旅游安全管理的重点对象。

2. 旅游企业安全管理

旅游企业安全管理，是指旅游企业在经营服务过程中，通过努力克服和应对各种危机与风险，不仅为旅游者提供安全的饮食、住宿、交通、游览、购物和娱乐服务，而且还必须保证旅游从业人员在提供服务过程中的安全，以及旅游企业开展经营和服务的经营安全等方面的管理。在当今旅游发展中，旅游企业既面对来自旅游者、旅游市场的各种风险因素，也面对由国内外政治、经济、社会和自然环境变化所带来的旅游危机的影响，旅游企业只有通过建立一套精心计划和组织的旅游安全管理方略，才能够有效协调人、财、物力和公关力量等，应对各种旅游安全事件，有效避免和克服各种旅游危机和经营风险的打击与影响，保障旅游企业经营和发展的安全性。

3. 旅游目的地安全管理

旅游目的地安全管理，是指旅游目的地国家或地区通过对旅游安全的研究，在不断改善旅游目的地安全条件的同时，采取切实有效的对策和措施，积极应对各种突发的自然、社会、经济、政治安全事件带来的冲击和影响，努力营造和保持旅游目的地安全的环境与形象。随着全球自然灾害频繁发生，政治经济格局的变化发展，国际社会冲突及各种危机事件不断，旅游目的地安全问题已引起各国政府及国际组织的高度重视，从不同角度加强对旅游目的地安全问题的研究，并通过加强国内旅游安全管理来规避旅游安全事件的发生，采取系列的国际合作措施应对各种旅游危机的冲击和影响。

4. 旅游产业安全管理

旅游产业安全管理，是指在一个国家或地区的开放经济体系中，为了保证旅游业在国际竞争中的产业地位和竞争优势，实现国内旅游产业结构的最佳组合和旅游产业效益的最大化，从而促进旅游业健康发展和对外旅游服务贸易所进行的管理。随着我国加入世界贸易组织后，我国旅游业将全方位地融入国际经济体系，参与国际旅游市场的竞争与合作。因此，旅游产业安全管理问题已经引起国内学者的高度重视，并着力研究相关的对策措施以确保我国旅游业的产业安全和管理。

二、旅游安全的本质

安全是旅游业的生命线，是旅游活动正常进行的保障，是旅游业发展的前提。旅游者外出旅游是为了"寻求改变精神状态、获取最大的身体和心理满足，达到精神愉快"。旅游安全为旅游者的"精神愉快"、身心放松提供了最大保障，使旅游者能真正融入旅游地的异地生活体验中。由于旅游业的存在和发展是以旅游者旅游活动的存在为基础的，没有安全保障的旅游业的存在和发展是不现实的。因此，旅游安全本质具有客观存在的两面性。一方面，旅游安全以旅游本质为基础，并建立在旅游本质上，旅游安全问题始终依存和伴随在旅游活动之中，没有旅游活动，就不会有旅游安全问题；另一方面，旅游安全本质又决定了旅游本质，旅游安全的存在与否决定了旅游的审美、愉悦本质能否得以体现。

此外，旅游本质及其特征与旅游安全也产生了一定的关系：一方面，旅游的流动性、异地性、暂时性使旅游者在旅游活动中置于一种完全陌生的环境中，从而产生不安全感，对安全的需求必然上升。另一方面，旅游本质决定旅游者追求精神愉悦与放松的特征与目的致使旅游者放松安全防范，导致安全问题的增加；而旅游者消费攀高、道德感弱化、文化干涉、物质摄取等行为特征又直接导致旅游安全问题必然存在。旅游安全本身就是一种矛盾现象。旅游者既需要旅游安全，又放松旅游安全防范，使安全问题客观存在；而安全问题的存在又会刺激新的旅游安全需求的产生。就是在这样的结论和循环中，旅游安全始终贯穿于旅游活动的始末。只要旅游本质不变，旅游现象存在，那么，旅游安全也必将伴随旅游现象而存在。

旅游安全是动态的安全保障。旅游的基本特征是亲历性。旅游安全是保障旅游者在交通、游览、游乐、体闲、购物等系列旅游活动运行过程中的安全，是动态状况下的安全保障。旅游安全的这一特征，决定了其安全监控和管理工作的特殊性，要求负有安全管理和监督职责的各方应加强工作联动，对旅游安全所涉及的各个方面、各个环节采取针对性的管理办法和措施，对旅游活动实施全过程的安全监控和动态管理。

三、旅游安全的影响因素

旅游业是一个具有敏感性和脆弱性特点的综合性产业，外在宏观环境中各因素都

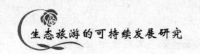

会对旅游安全产生影响。具体来说，旅游安全的影响因素包括以下几个方面。

（一）政治因素

政治因素方面，如国家内部政局不稳定，与其他国家的外交关系不融洽，发生恐怖组织活动等。

第一，国家内部政局不稳定。国内政局的稳定是推进该国国内旅游发展和吸引国际游客的必备条件之一。可以想见，倘国内党派纷争不断，局部地区战乱频发，则该国很难被客源地政府和旅游者选为适宜出行的目的地。例如，2007 年 9 月 28 日，我国国家旅游局就对旅游者发出提示："近期缅甸仰光、曼德勒发生群众示威游行活动。近期欲前往和目前在缅甸旅游的游客要密切关注外交部有关信息和当地局势，并采取自我安全防范措施，慎重前往两地，必要时改变行程。"

第二，与其他国家的外交关系不融洽。当某些国家间因政见相左或观念相悖或某些特殊事件而影响了彼此的外交关系、甚至发生战争时，自然谈不到旅游业的发展、旅游资源的保护、旅游者的人身安全等问题。

（二）经济因素

在认识到经济的发展会对旅游安全问题的预防与控制起到积极作用的同时，也不能忽视经济因素对旅游安全实现的影响。

第一，经济危机的影响。在全球经济一体化的今天，各国间的经济关联比以往任何时候都要紧密，因此无论哪一个国家或地区的经济发生了动荡，都会引发与之有商贸往来国家的经济震荡，使各国旅游业遭受打击或重创。以 1997 年 7 月爆发于东南亚的金融危机为例，这一次金融危机，据世界旅游协会统计，给东南亚地区约 1 900 万从事与旅游业相关行业的人们带去了如何维持生计的问题。而其所带来的客源剧减、行业萧条、恶性竞争的局面，则使我国一大批旅行社纷纷倒闭，1997 年和 1998 年的全国旅游饭店客房出租率和平均房价连续大幅下滑，一大批饭店处在经济效益低下、甚至经营亏损的非正常状态中。2008 年全球金融危机对我国旅游业产生了强烈的冲击。在中国三大旅游市场中，金融风暴对入境旅游的影响最大，尤其是欧美等远程客源市场。国家旅游局的统计数据显示，2008 年我国入境旅游人数为 13003 万人次，比 2007 年下降 1.4%。

第二，贫富差距引发的问题。贫富差距过大以及由此而带来的社会矛盾和纷争是很多国家所面临的棘手问题。社会中生活水平较低的少部分人，将其生活状况的不如意归咎于社会和政府，从而有可能采取极端的方式发泄不满、报复社会。当然其中可能不乏某些犯罪集团和组织的参与、煽动。某些旅游者，其在外出旅游的过程中又常受"穷家富路"观念的指导，从而出现消费攀高的现象，极易成为被袭对象。在肯尼亚的内罗毕，旅游者会被建议不要把相机伸出车窗外拍照，因为这里贫富差距很大，偷盗者较多。

（三）社会文化因素

社会文化方面影响旅游安全实现的主要因素有如下几方面。

第一，社会治安条件较差。一个社会的安全程度决定着旅游安全实现的可能性。如果旅游目的地治安案件频发、偷盗者横行，旅游安全自然难以保证。

第二，旅游目的地居民与旅游者之间的矛盾。随着旅游者数量的日益增多，旅游目的地居民原有的生活节奏和生活模式被打破，固守的传统观念受到冲击，其合法权益的实现也常因要优先满足旅游者的需求而被忽略或搁置。另一方面，旅游者在外出旅游时也常常忽视了对目的地居民价值观念、生活方式的尊重，言行随意，举止不当，如评论其独特风俗、未经允许而随意拍照等。

如此，则容易引发旅游目的地居民与旅游者之间的隔阂与矛盾，甚至以较激烈的方式表现出来。

第三，文化的融合。文化间的差异是旅游者出行最大的动力，正是"求新、求异、求知"的心理让旅游者不远千万里跋涉而来，体验异域风情。而对旅游目的地而言，旅游者是外来文化的代表，其言行举止是新鲜的、独特的，是会引发当地人热烈讨论甚至效仿的。当地原有的文化在受到外来文化的冲击后，是可能出现包容、吸纳、逐渐与之融合的状态的。久而久之，那些曾经吸引人们、令人们为之神往的当地的传统风俗可能会消失，独有的特色可能会异化。于是，曾经独有的特色旅游资源与旅游产品蜕变成了大众化的、毫无个性的旅游资源与产品。

（四）法律因素

法律层面对旅游安全影响最大的因素莫过于相关法律、法规不配套，不健全，且未能严格执行。国家各级行政主管部门制定的防范、应对旅游安全问题的法律、法规，虽然能够从制度层面保证旅游业运行的各个方面受到保护，但由于这些法律、法规之间尚未形成相配套的体系，且多从宏观的角度着手，很少就微观层面制定规则，故而执行效果并不明显。而对有些新兴的旅游方式及旅游项目尚无相关的法规规范指导市场运营，如有较高参与性、刺激性的蹦极热气球、空中滑翔等旅游项目。没有法律的约束，没有行业人员的指导，相关的旅游安全事故时有发生。另外，在实践层面，制度的贯彻执行情况不尽如人意也是导致法律、法规不能充分发挥保障安全效用的原因。

（五）技术因素

科技的发展为旅游业的发展提供了推动力，如交通技术的发展使得旅游者的出行更加便捷，声控技术和光学技术在旅游人造景观上的运用增加了旅游景点对游人的吸引力等。同时，也应意识到，如果在设计、施工、使用等阶段出现失误，则先进的科

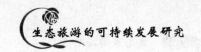

技也有可能成为旅游安全隐患。例如，2007 年 3 月 25 日上午，广州某公园游乐场内"激流探险"探险船因船艇受力构件的设计、焊接工艺存在质量缺陷而引发安全事故，造成 1 名乘客脊椎粉碎性骨折。2015 年 4 月 6 日，河南新乡市长垣县铜塔寺商业街庙会上，"太空飞碟"游乐设施在空中发生故障，旋转杆断裂，有 19 人被甩下来，其中 1 人为骨折重伤，18 人轻伤。

（六）自然因素

自然因素作为影响旅游安全的常见因素，其对旅游者、旅游业从业人员的人身和财产的危害性、对旅游资源的破坏性都极为巨大。像飓风、台风、海啸、暴风雪、地震、泥石流等，都严重影响、限制着旅游安全的实现。2004 年 12 月 26 日，印度洋发生里氏 9.0 级强烈地震并引发海啸，灾难波及印度尼西亚、斯里兰卡、泰国、印度、马尔代夫等国，遇难总人数接近 30 万。此次灾难据 2005 年 3 月威世国际为世界旅游机构进行的一项调查显示，亚太地区因为南亚海啸所蒙受的旅游损失高达 30 亿美元。再如，2005 年 10 月 21 日，墨西哥遭到"威尔玛"飓风的袭击，3 万旅游者陷于惊恐和黑暗之中。其中，坎昆岛一地滞留 1 万 ~ 1.2 万游客，坎昆以南地区滞留大约 2 万名游客，而著名旅游胜地坎昆岛处于水淹之中。2012 年 7 月 21 日，北京被特大暴雨袭击，特大暴雨过后，北京大部分公园景区遭到了不同程度的破坏，其中通州大运河森林公园、丰台北宫国家森林公园等 23 家公园，房山十渡、石花洞等 8 处风景名胜区在这次强降雨中受损最为严重。因设施受损，部分公园景区雨后一度停止开放。据官方统计，这次特大暴雨导致全市旅游直接受损约 10 亿元左右，涉及旅游景区、旅游饭店、生态观光园、民俗村等多种旅游业态。其中，景区损失占 60% 以上，尤以十渡风景区、上方山风景区等位于房山的景区损失最为严重。2015 年 4 月 25 日，尼泊尔中部地区突发 8.1 级强烈地震，造成境内约 9000 人死亡，2.2 万多人受伤；地震还导致尼泊尔文物损毁严重。

除此之外，像高原反应、极端气温、凶禽猛兽、有毒动植物、森林火灾等也都会影响旅游安全的实现。

四、旅游安全保障的措施

旅游是现代社会中居民的一种短期的特殊的生活方式，是人们从外出经济消费中获得身心健康、精神愉悦和文化信息传播的过程，其主体是人的审美、游乐、考察、交流和求知活动。因此，旅游安全与旅游者的旅行知识、安全观念和行为特征有着必然关联。搞好旅游安全，应坚持"以人为本"的理念，高度重视研究不同人群的旅游心理和精神需求，并加以正确的引导和必要的安全知识教育，以确保旅游者在旅行过程中的人身安全和健康。

虽然旅游安全工作涉及旅游业的方方面面，内容十分庞杂，但同样有规律可循。只要加强行业安全管理，提高人们的安全意识和安全防护能力，旅游安全事故是可以预防的，即使出现了意外事故，如果补救得当，损失的程度也能降到最低。从内在联系来看，旅游安全工作的主体包括旅游行政管理部门、旅游企业、旅游从业人员和旅游者，因此，要做好旅游安全工作，也必须从这些方面着手。

（一）建立完善的旅游企业安全制度

每个旅游企业都应本着"安全先行"的原则，在认真遵守国家有关法律法规的前提下，建立和健全企业内部的各项安全管理制度，并严格执行，保证旅游者的人身和财产安全。饭店安全保卫部门负责制定各主要部门安全工作条例，确保各部门的工作井然有序，从而为客人提供安全、舒适、宁静、怡人的休闲环境。旅游交通企业应有计划地改进交通工具，并健全检修制度，加强对工作人员的管理，以确保游客的旅行安全。旅行社要完善团队旅游安全管理、散客旅游安全管理等规章制度，加强对导游人员的安全知识培训，并做好有关旅游保险工作。经营性娱乐场所要制定各项安全保障措施，合法经营，并及时对娱乐设施、设备进行检修，以尽量避免安全事故发生，餐饮、商场等企业也应健全各项安全管理制度，如制定食品卫生标准、保证商品使用安全等，从而为客人提供物有所值的产品，让旅游者感到满意。

（二）增强旅游从业人员的安全意识

旅游从业人员作为旅游企业的主体，直接或间接为旅游者提供各项服务，他们的工作涉及旅游者的食、住、行、游、购、娱等方面，任何环节出了差错，旅行质量都会受到影响，因此，旅游从业人员安全意识的高低关系到旅游活动是否能顺利进行。旅游从业人员的安全意识包括安全预防意识、事故补救意识和安全法律意识。在实际工作尤其是直接对客人服务中，旅游从业人员应注意观察、勤于思考，及时发现各种安全隐患，并采取相应措施，从而有效地防止安全事故发生。对于威胁旅游者人身和财产安全的坏人坏事，要善于利用法律武器与之做斗争，力求杜绝在旅游过程中出现治安事故。例如，为保证旅游者安全，导游人员在带团过程中要经常提醒游客保管好自己的钱物；经常清点人数，防止旅游者走失；就可能发生危及旅游者人身和财产安全的情况向旅游者做出真实的说明和明确的警示，并按照旅行社的要求采取防止危害发生的措施；万一发生安全事故，要以保护旅游者安全为最高行为准则，及时采取有效的补救措施，并做好请示汇报工作等。

（三）提高旅游者的自我防护能力

在现实社会中，由于旅游者缺乏安全知识而导致旅游安全工作失败的例子很多。例

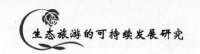

如，旅游者在客房里卧床吸烟、贵重物品不及时寄存、擅自单独外出购物，甚至是沐浴时没有放好防滑垫等，都有可能引起安全事故的发生。因此，提高旅游者的自我防护能力很有必要。一方面，国家有关部门要加强旅游安全宣传和教育，以提高全民的旅游安全意识。另一方面，就旅游者自身而言，在出行前应认真了解有关旅游安全知识，并掌握常见的安全防护技巧；在游览过程中，服从工作人员的统一安排，时刻注意人身和财产安全，一旦不幸遇到安全事故，应做到临危不惧，果断处理，从而将损失减到最小。

第二节　旅游安全的法规与教育

鉴于旅游安全的重要性，20世纪90年代以来，世界各国明显加大了旅游安全工作力度，纷纷制定和健全相关法律法规，以保证本国旅游业的持续、健康发展。我国历来十分重视旅游安全工作，国家旅游局、公安部曾多次发出通知，要求各地、各企业采取有力措施，保障旅游者的安全；国家旅游局还先后多次召开全国旅游安全管理工作会议，并出台了一系列管理办法和条例，有力地促进了我国旅游安全工作的规范化、制度化。旅游安全政策与法规是旅游安全保障的基础，指导并规范着旅游安全保障体系中的预警、控制、施救行为，为旅游安全提供法律依据，保障旅游活动的顺利进行和旅游业安全、健康、有序的发展。另外，应坚持"以人为本"的理念，高度重视研究不同人群的旅游心理和精神层面上是需求，并加以正确的引导，给予必要的旅游安全知识教育，以确保旅游者在旅行过程中的人身安全和身体健康。

一、旅游安全法规

（一）旅游安全法规体系的构成

从构成类型角度看，旅游安全法规体系由政策法规和质量标准两个类型组成。前者包括了宏观性的政策法规（全国性政策法规）和微观性政策法规（地方、行业性法规条例和企业、部门规章制度）两部分内容，从而形成了全国层面的政策法规体系、地方行业层面的政策法规体系和企业、部门层面的规章制度体系。

从表现形式上看，旅游安全法规体系有三种表现形式：由全国一级政府颁发的全国性政策法规与标准；由地方政府、行业主管部门颁发的地方性、行业性法规、条例与标准；由企业和部门制定、实施的规章制度。三种形式的政策法规同时作用于旅游安全保护与约束的对象，同时运用于旅游活动的六个要素环节的安全控制与管理，从而形成了一个完整的、有效的、可操作性强并能规范与指导旅游活动安全、有序进行的旅游安全法规系统。

（二）旅游安全法规的作用

旅游安全法规的作用主要体现在以下几个方面。

1. 提高旅游安全意识，约束旅游行为

旅游安全法规能够从政策法律的权威性和强制性的角度来规范和控制旅游从业人员的行业行为，强化和提高旅游从业人员的安全意识和防范意识，唤醒和提高旅游者的安全意识，约束旅游者的旅游行为。同时，通过旅游安全法规，还能够唤起和提高广大社会公众对旅游安全问题的关注，提高社会大众旅游安全防控的意识和能力。

旅游安全法规对旅游行为的约束作用表现在以下三个方面。

第一，规范指导旅游经营管理中涉及旅游安全的各个层面的工作，加强旅游业经营管理中的安全管理。由于旅游安全法规的导向性作用，部分旅游企业还针对自身的情况制定了相关的安全规章制度，建立了一整套安全管理的规程，配备了专门的安全管理人员和安全设施，在一定程度上提高了企业的安全性，进而促进了整个旅游企业管理水平的提高。

第二，规范了旅游从业人员的旅游服务行为，为旅游服务的安全操作提供了依据，保证了旅游服务的安全性。

第三，旅游安全的相关政策法规在提高旅游者安全意识的同时，有效地规范了旅游者的行为。一方面，相关政策法规加强了旅游景区、旅游企业的安全防患意识，使少数想借旅游者身份掩饰其不法活动的不良分子无从下手，降低了以旅游者身份作案、造成旅游安全问题的可能；另一方面，通过法律法规的权威性，旅游者不仅能够自觉遵守旅游活动中的各种安全规章制度，而且能约束自己的旅游行为，减少旅游安全隐患。

2. 创造安全的旅游环境

旅游安全法规体系的建立促进了旅游社区安全管理的开展，为创建安全的旅游环境提供了保障。首先，在旅游安全法规的规范和指导下，旅游管理部门通过建立旅游安全管理机构、配备安全管理干部、制定安全管理规章制度和监督检查制度等行业安全管理，为开创安全的旅游环境提供了可能。其次，在旅游安全法规的规范和约束下，旅游企业能自觉提高安全防范意识，关注旅游安全的各种动向，加强旅游安全的防范与管理，从而能及时发现隐患，把旅游安全问题杜绝在萌芽之中。再次，在旅游政策法规的约束下，社区民众和旅游者也会自觉遵守法规条例中的规定，约束自己的不良行为，共同维护和构建安全的旅游环境。

3. 规范旅游安全管理工作

旅游安全法规规范旅游安全管理工作主要体现在以下三个方面。

第一，规范和健全了相应的旅游安全管理机构与组织，形成了从国家到地方、从行业行政管理到行业协会、从企业到部门各级相应的领导和开展旅游安全管理工作的机构和组织。

第二，健全和完善了相应的旅游安全管理制度和条例。在旅游安全法规的规范下，各地方、各行业和各企业都根据自己的情况和特点，制定了相关的安全管理条例和制度，规范和提高了旅游安全工作的力度。

第三，建立了旅游安全预警系统、控制系统与施救系统，有效地提高了旅游安全的防、控、救、管工作。

4. 进一步完善旅游管理法规体系

旅游安全法规不但是现有旅游管理法规的补充和拓展，而且很大程度上充实了现有旅游法规的内容，促进了旅游政策法规体系的进一步完善。例如，自 1987 年公安部发布《旅馆业治安管理办法》以来，国家旅游局先后独立或会同相关部门，制定了包括《旅游安全管理暂行办法》《旅游安全管理暂行办法实施细则》《旅行社办理旅游意外保险暂行规定》重大旅游安全事故报告制度试行办法》《重大旅游安全事故处理程序试行办法》《漂流旅游安全暂行办法》《旅游安全管理办法》等一系列旅游安全法规条例。其中，有不少法规是针对新兴的旅游活动而制定的，为新兴、新开发旅游活动项目的安全管理提供了可遵循的依据。这些法规条例不仅充实了旅游管理法规体系的内容，而且客观上进一步完善了旅游管理法规体系，并把旅游安全管理工作纳入了规范化、法制化的轨道，使旅游安全管理工作有法可依，为旅游安全管理工作创造了良好的法制环境。加上其他相关法规，如《国内航空运输旅客损害赔偿暂行规定》《铁路旅客运输损害赔偿规定》《中华人民共和国消费者权益保护法》《中华人民共和国食品卫生法》《娱乐场所管理条例》等，我国已基本形成了一整套旅游安全法规。这些管理办法与条例涵盖旅游业的各个行业和部门，构成了一个比较完善的旅游安全法律保障体系，使我国的旅游安全管理工作初步走上了法制化的轨道。

二、旅游安全教育

旅游地应通过安全知识的宣传和教育，强化人们的安全意识与法制观念，培养安全需要，形成自我约束的行为动机，使人的行为符合旅游活动的安全规范和要求，提高其风险控制的防范、判断和化解能力，减少人的失误，促进旅游地的安全经营。

（一）旅游安全教育的内容

安全教育是对人们的行为过程，即认识、判断、反应的全过程进行教育，其内容包括安全思想教育、安全知识教育和安全技术教育。安全思想教育是提高人们思想认识，使人们思想上产生安全的需要与动机；安全知识教育是提高人们对安全的判断和反应能力，使他们在旅游活动过程中明确哪些是危险因素，如何消除，哪些行为不正确，应该怎样做；安全技术教育则是提高人们安全行为的规范性，使其掌握一定的应对事故的技巧。因此，安全思想教育是促使人们的思想观念，从"要我安全"转变到"我要安全"，安全知识和安全技术教育是促使人们能够做到"我会安全"和"我能安全"。

这里重点说说对旅游者的安全宣传教育内容，其一般主要有以下几方面。

1. 交通安全方面

旅游者在旅行中乘车（机、船）时，主要应预防意外事故的发生。特别要注意在车辆停稳后，方可按先后次序上下车，避免因拥挤而发生意外；在乘车旅途中不要与司机交谈和催促司机开快车，不要将头、手、脚伸出窗外，不要向车窗外扔废弃物品；下车游览、就餐、购物时，注意关好车窗，贵重物品随身携带；乘坐飞机时，应注意遵守民航乘机安全管理规定等。

2. 住宿安全方面

旅游者入住酒店后，应及时了解酒店安全须知，熟悉酒店的安全通道位置及安全转移路线；注意检查酒店配备的用品是否齐全、有无破损，如有不全或破损情况应立即向酒店服务员报告；贵重物品应存放于酒店服务总台保险柜，不要随意放在房间内；不要将自己住宿的酒店、房号随便告诉陌生人，不要让陌生人随便进入房间；出入房间要锁好房门，睡觉前注意门窗是否关好，随身物品不要放在靠窗的地方；入住酒店需要外出时，应在酒店总台领一张饭店卡片，一旦迷路可按卡片上地址询问或搭出租车安全返回；发生火警等紧急情况时不要慌张，镇定地判断火情，主动实行自救和求救等。

3. 饮食卫生安全方面

旅游者在旅游期间，要十分注意饮食卫生，要合理饮食，预防和避免中毒、疾病的发生。外出游览时应随身携带一点矿泉水、食品以备不时之需；购买食物要注意商品质量，不喝生水，不食有异味、变质的食品；不要随便接受和食用陌生人送的香烟、饮品和食物；喜欢喝酒的游客在旅游过程中要控制自己的酒量，不要酗酒误事或闹事等。

4. 游览安全方面

旅游者在游览观景时，要注意预防和避免意外事故、突发性疾病的发生。特别是前往险峻观光地点时应考虑自身条件是否可行，经过陡峭、狭窄、潮湿道路等危险地段时不可拥挤，登山活动中应注意避免过度激烈运动，水上游览活动时要注意乘船安全，乘坐缆车或其他载人观光工具时，应服从景区工作人员安排，自由活动期间不要走得太远等。

5. 娱乐购物安全方面

旅游者在购物、娱乐时，主要应防止被诈骗、盗劫和抢劫等事故发生。特别是不

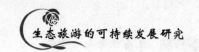

要轻信流动人员的商品推销，无意购物时不要随意向商家问价还价，不要随商品销售人员到偏僻地方购物或取物，细心辨别商品的真伪，不要急于付款购物，同时注意保管好自己的钱包、提包、贵重物品等，不要前往管理混乱的娱乐场所等。

（二）旅游安全教育的方式

旅游地要通过定期和不定期的安全知识课堂讲解、安全技能模拟培训、安全信息通报学习等教育方式，通过旅游安全的相关事故案例、事故处理的模拟训练及相关知识的学习，对旅游系统各相关人员的安全思想、安全职责、安全知识和安全技术等方面进行教育培训，增强相关人员的安全意识，提高旅游地的事故应急处理和应对能力。其中，旅游安全宣传教育要面向全社会普及旅游安全知识，在全社会营造安全发展的良好氛围。有针对性地增加游客旅游安全知识，增强安全意识，提高自救互救能力，防范和化解旅游安全风险；在旅游景区、景点和各种娱乐场所，设立足够的安全警示标志，使游客在游览过程中时刻牢记旅游安全，并遵从安全规范要求。

（三）旅游系统各主体的安全教育

1. 旅游管理者的安全教育

旅游管理者的安全教育内容主要包括安全生产的方针、政策、法律、法规及有关规章制度和安全生产管理职责；安全技术、劳动卫生和安全文化的知识；伤亡事故报告、处理，有关事故案例及事故应急措施处理等。通过开展针对性教育培训，使旅游管理者提高风险识别能力和安全管理能力，将危机意识深深植入自己日常的工作中，保持对安全信息的敏感度，把安全管理融入旅游地日常的管理中。

2. 安全重点岗位的安全教育

安全重点岗位工作人员（旅游活动场所水、电、气、热等关键部位的管控人员，索道、游乐设施设备等特种设备的操作人员，搭建工作人员和关键部位的安保人员等）上岗之前需要经过与本工种相适应的、专门的安全技能培训和操作训练，如岗位操作规程、游乐设备安全知识等，经安全技术理论考核和实际操作技能考核合格，取得上岗证的方可上岗作业。每年要定期进行安全知识培训和考核。

3. 普通从业者的安全教育

通过将职工安全教育培训制度化、经常化，培养旅游从业人员的安全意识，普及安全常识，提高旅游从业人员的安全事故应对意识和技能，可以降低事故伤亡和损失，做到在突发事故的初始状态就能迅速反应，立即处理，防止事故扩大，并为其他救援部门赢得宝贵时间。具体而言，普通从业者的安全教育可从以下三方面入手。

（1）加强员工安全意识。建立健全员工安全培训制度，包括在岗安全培训和其他安全知识培训；确保员工了解旅游系统内风险的特征及危害，掌握自身岗位的安全管理流程，规范旅游服务安全操作；增强集体协调意识，熟悉临近工作人员的职责，以便在发现安全问题时能做到相互提醒、互通信息和相互帮助；提高员工识别危险及有害因素的能力，在日常工作中对危险有害因素进行提醒、检查和监督。针对旅行社、星级饭店、旅游景区的行业特点，督促各企业对职工进行有针对性的安全生产教育，要求特种作业人员必须持证上岗。展开必要的演练，制定区域和旅游景区、景点的旅游安全事故应急救援预案，加强应急救援预案的演练工作，提高应对、处置突发事件和重大旅游安全事故及事故症候的能力，争取最大限度地减少可能发生的事故及灾害带来的损失。

（2）提高员工应急能力。员工的应急能力会对旅游地安全管理的效果产生重要影响，安全意识高、应急能力好的员工在突发事故时不会措手不及，能够在第一时间采取有效的措施控制或缓解事态发展。所以，应对员工进行如下教育：应急职责和义务；各种可能发生的突发事件的基本应对方法；学会使用各种应急救援设施、设备，如会用消火栓、灭火器；学会自救、互救知识，如伤口包扎、人工呼吸、心肺复苏等。

（3）进行岗位安全考核。岗位安全考核主要有基本知识考核、操作技能模拟考核和安全事故表现考核，考核工作配合培训定期进行，将考核结果作为评价员工工作能力的重要依据。

4. 当地居民的安全教育

旅游安全问题，不仅仅是旅游者、旅游企业和从业人员的事情，也与旅游地社区居民相关联。特别是一些旅游安全事故的发生，不仅与旅游地社区居民的旅游安全意识、安全防范行为有关，而且事故发生后也会对旅游地社区居民的生产、生活造成一定的影响。因此，必须加强对旅游地社区居民的旅游安全宣传教育。对旅游地社区居民的旅游安全宣传教育：第一，要提高社区居民的旅游安全意识，使他们明确安全、舒适的旅游环境，不仅对促进当地旅游发展具有重要意义，而且对社区居民的生产、生活也有重要的促进作用，从而自觉地关心和参与旅游安全的各项工作。第二，要规范社区居民的旅游安全行为，引导社区居民不在旅游交通要道设置障碍，不出售变质的旅游食品，不提供违法的旅游服务和产品，不破坏旅游安全设施等。第三，加强对旅游社区的安全管理，严防偷盗、抢劫、投毒、放火等各种社会治安问题，努力营造安全、舒适的旅游环境。通过对旅游地社区居民的旅游安全宣传教育，在旅游地形成人人关心、事事注重安全的良好氛围，为旅游安全打下坚实的基础。

5. 旅游者的安全教育

旅游者是旅游安全事故直接威胁的对象，旅游者面对风险的应对能力是决定旅游地受安全事件影响程度大小的关键因素。应利用各种途径和手段对旅游者进行安全预防、安全救助和安全技能教育，提高旅游者的事故应对能力。旅游地要通过合适的渠道和形式向旅游者介绍区域内的不安全因素、潜在的危害及防范措施，培养旅游者良好的心理素质，增强旅游者的安全意识和判断能力，如在容易发生事故的旅游地点张贴有关事故风险、预防、避险常识的醒目宣传画，使旅游者认识到可能遇到的危险情境。当发生旅游安全事故后，通过一定的手段和途径引导或调整旅游者的个人行为模式，有利于促进旅游者的旅游愿望、信心的恢复和旅游目的的实现。引导旅游者行为模式的改变包括：引导旅游者出游方式、时空选择的多元化；引导旅游者进行生态化、文明化的旅游行为模式；引导旅游者逐步提高旅游目的层次。

（四）各类旅游安全警示

做好旅游安全警示也是旅游安全宣传教育的重要途径。

1. 国际上的一般旅游安全警示

"旅游警告"是近年来十分多见的一个词语，已经被人们所熟知。当一个国家出现政局不稳、爆发大规模传染性疾病、自然形态的地震或火山突然喷发等情况的时候，都会有一些国家发出旅游警告，劝诫本国国民暂时不要外出旅游。旅游安全警示可以以警告、提醒等各种形式向旅游者提示，目的都是要为旅游者提供有效的信息，把可能的危险事先向旅游者传达出来，这对旅游安全十分必要。南非旅游局制作的一份约翰内斯堡城市的导游小册子，上面就有这样的一些直言不讳的旅游安全警示：天黑后或街上无人时，不要一人走在街上；夜间外出要坐出租车或乘私人车，要向声誉好的出租汽车公司租车；在街上不要拿照相机或佩戴贵重首饰；将贵重物品存在旅馆的保险箱内（包括现钞美元、机票和护照等）；在市中心行车时要关上车门、锁上车门，车座上不要摆有任何提包；如果遇到抢劫，奉劝你不要抵抗，否则后果不堪设想。也许这样的城市安全警示读上去会有几分恐怖的印象，但却不失为一份实用有效的信息。对于想去或正准备出发到南非约翰内斯堡旅游的旅游者来说，了解这样的内容、掌握正确的与犯罪周旋的方法自然是有益无害的。见诸报端的"旅游警告"一词，多数情况下是作为旅游安全警示的一个宽泛概念来使用，而不是用以表达旅游警示的等级或危险程度。但在目前的国际社会中，用以作为旅游警示的词语，并非仅局限于"旅游警告"这一个词语，还有另外一些词语也在为不同国家所选用。常见的用以作为旅游警示目的、表达危险程度、警示危险级别的词语，主要有旅游警告、旅游劝告或旅游忠告、旅游建议或旅游提醒这几个。

（1）旅游警告

"旅游警告"（Travel Warning；Travel Caution），属于警示程度最重的旅游警示，一般是旅游目的地出现了重大的旅游安全事件之后由政府部门瞬即发布。旅游警告将会把旅游目的地的危险性直接阐明，要求身处危险目的地的本国国民尽快撤离，其他旅游者也不要在近期前往。旅游警告通常会带有严厉口吻，发出后有一定的强制作用。有些国家政府对不听从旅游警告的旅游者，还会有惩戒措施。

（2）旅游劝告或旅游忠告

"旅游劝告"（Travel Advice；Travel Advisory；Travel Expostulmion）或"旅游忠告"

（Travel Advice；Travel Counsel），均属中等程度的旅游警示，主要针对即将出发的旅游者。它的内容主要是对来自旅游目的地的危险进行理性分析，希望能够引起旅游者足够的重视，以确定是否更改或取消预订中的旅游行程。

（3）旅游建议或旅游提醒

"旅游建议"（Travel Advice；Travel Instance）或"旅游提醒"（Travel Attention；Travel Alert；Travel Notice）属于警示程度较低的一般性警示，基本上等同于旅游常识的范围，内容多会是一个涵盖了旅游目的地状况的粗略评价，比较适合公众阅读的服务性的报纸杂志、媒体广播等，对将要制定旅行计划或者计划确定后正处于着手准备阶段的旅游者较为适用。"旅游建议"多是告知旅客所处环境有潜在危险，并建议将非必要的旅程延期。"旅游提醒"则是以如何准备、防范风险为主进行善意的导向。

应当看到，"旅游警告"与"旅游劝告或旅游忠告"之间警示程度的轻重，只是基于汉语层面的理解。欧美国家在对"旅游警告"与"旅游劝告或旅游忠告"的选择上，并没有这样的认识。一个国家的旅游警示通常只会在"旅游警告"与"旅游劝告或旅游忠告"之间选择一项，这与我国的做法有所不同。

2. 我国旅游主管部门发布的各类旅游提醒

我国先前并没有采取发布旅游警示的形式，旅游行政主管部门对中国旅游者的旅游安全警示，是在中国公民出境旅游不断发展、旅游安全事件出现之后才开始发布的。2006年4月公布的《中国公民出境旅游突发事件应急预案》（以下简称《预案》）当中，第一次有了这方面的具体规定。这个《预案》明确规定，我国将按照旅游安全的轻重程度，采用提示、劝告、警告三种警示形式，标志着我国的"旅游警示"制度得到了确立。《预案》还对三种警示形式进行了细致解析。提示中国公民前往某国（地区）旅游应注意的事项。

具体而言，我国旅游主管部门发布的旅游提醒可分为以下两类。

（1）在对旅游安全宽泛性工作部署中的旅游警示

国家旅游行政主管部门与下级的交流，最顺畅的方式是通过下发文件来进行。近年来以旅游安全为主题词的文件很多，其中大部分都包含了旅游警示的内容。比如，在每年的黄金周之前，国家旅游局都会以通知的形式，对黄金周工作进行部署。其中必然涉及旅游安全问题，并且也一定会包含做好旅游警示工作的内容。2005年下半年，中国出境旅游团队在马来西亚、瑞士等部分目的地国家遭遇到抢劫、偷窃，不仅财产受到损失，人身安全也受到威胁。因此，国家旅游局下发了《关于做好近期旅游安全管理工作的通知》。通知要求各级旅游部门要提醒组团社慎重组团，对发生恐怖袭击和以游客为侵害目标的国家及地区，要提醒组团社不要组织游客前往，或及时调整团队游览路线予以规避。此外，对各出境游组团社，通知要求，要认真制定出境旅游团队突发事件应急处理预案，明确应急处置措施及实施程序，将责任落实到人。2006年五一黄金周期间，因新疆、内蒙古自治区等地先后发生4起探险旅游者被困、3人死亡事

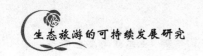

件，引起了国务院领导和社会各方面的高度关注。2006 年 6 月 21 日，国家旅游局发出了《关于加强探险旅游安全管理工作的通知》，指出这类安全事故的发生，暴露出当前探险旅游存在着安全意识淡薄、保障能力差，以及管理缺失等问题。通知要求各地要明确探险旅游安全工作责任，加强对公众的探险旅游安全教育，开展对探险旅游的调查研究，引导探险旅游的规范化管理。2016 年 1 月 19 日，北京市旅游委组织召开"2016 年春节假日暨旅游行业安全与应急工作总结部署大会"。在会议上，安排了 2016 年春节假日旅游工作，总结部署了全市旅游行业安全与应急工作。会议还印发了《北京市假日旅游工作领导小组办公室关于做好 2016 年"春节"假日旅游工作的通知》（京假日办发［2016］1 号）、新修订的《北京市假日旅游工作运行机制》《北京市旅游发展委员会关于进一步推进北京市旅游行业安全生产标准化创建达标工作的通知》（京旅发［2016］26 号）等文件资料。不过，这一类的政府公文，虽然也都包含有旅游安全警示的内容，但从其下发的层次来看，多属于行业内部的工作部署。因其并非专门针对公众或普通旅游者，因而与公众视野中的旅游警示尚不完全对位，无法让旅游者周知，很难起到对公众的旅游警示作用。

（2）在旅游安全事件发生后做出的针对性提醒

在发生了各类旅游安全事件之后，旅游行政管理部门及时进行有针对性的旅游警示，最能引起旅游者注意。比如，在发生传染病、车祸，旅游团被偷盗、抢劫等安全事件之后，及时地进行旅游警示，会极大地增强旅游者对旅游主管部门的信任感，有效降低旅游非常事件的危害。2017 年 1 月 28 日发生了马来西亚中国游客船只失联事件，1 月 29 日发生了宁波雅戈尔动物园老虎咬人事件和湖北荆州恒信旅游公司大巴侧翻事件。上述事件说明，随着春节假期旅游出行人数持续攀升，各景区（点）接待压力持续增强，旅游安全事故有上升的苗头。为吸取事故教训，有效防范和坚决遏制旅游重特大事故的发生，确保人民群众过一个安定祥和的新春佳节，1 月 30 日，国家旅游局下发《国家旅游局办公室关于进一步加强旅游安全工作的通知》（旅办发［2017］345 号），以进一步加强旅游安全工作。

第三节　旅游安全管理的原则与内容

一、旅游安全管理的原则

为了加强旅游安全管理，必须确定旅游安全管理的原则。所谓旅游安全管理原则，是指在旅游安全工作和管理中必须遵循的行为规范与准则。根据我国有关旅游安全管理的法规制度，加强旅游安全管理必须始终坚持以下基本原则。

（一）安全第一、预防为主

为了切实加强旅游安全工作，保障旅游者人身、财物安全，在旅游安全工作和管理中，必须始终坚持"安全第一、预防为主"的原则。坚持"安全第一"，要求不论是旅游行政管理部门，还是旅游企业和从业人员，都必须始终把安全工作放在首位，丝毫不得有懈怠的思想和行为，这既是对旅游实践的总结与认识，也是旅游业自身发展的客观要求。坚持"预防为主"，要求各级旅游行政管理部门、旅游企业和从业人员，必须增强旅游安全责任心，提高旅游风险防范意识，执行旅游安全规章制度，对旅游活动中可能发生的安全事件，一定要做到预防在先，防患于未然，等到安全事件发生后再做，则已经无法挽回所造成的损失。

（二）统一领导、分级管理、以基层为主

加强旅游安全管理，必须坚持"统一领导、分级管理、以基层为主"的原则，实行在国家旅游局统一领导下，各级旅游行政管理部门分级管理，旅游企业为主的安全管理体制。国家旅游局在旅游安全管理上，主要制定旅游安全的大政方针，并加强对旅游安全工作的宏观领导、组织协调和检查监督等。各级旅游行政管理部门按照属地原则，结合本地旅游安全管理实际，切实加强对旅游安全工作的组织指导、协调管理和检查监督。所有旅游企业，包括旅行社、旅游饭店、旅游车船公司、旅游景区景点、旅游购物商店、旅游娱乐场所等，是落实旅游安全管理工作措施的基层单位，只有旅游企业认真贯彻落实旅游安全管理的有关规定，才能使旅游安全工作落到实处，收到实效，真正为旅游者提供安全、优质的旅游服务。

（三）上下协作、部门协调

加强旅游安全管理，既是旅游全行业的工作目标和任务，也离不开相关行业的支持和配合，因此必须坚持上下协作、部门协调的原则。坚持上下协作，要求在制定旅游安全管理法规规章时，要认真总结各地旅游行政管理部门、旅游企业在实践中积累的丰富经验和成果。在颁布实施各种法规规章前，应广泛征求各地方和旅游企业的意见，充分反映地方和旅游企业的合理要求；在贯彻实施旅游安全管理法规规章时，要统一步骤，上下一致，并及时对贯彻落实中的问题、困难予以指导和服务。坚持部门协调，就是要针对旅游业的服务性、综合性及涉及面广的特征，在进行旅游安全管理时，要主动加强与其他部门的协调和合作，积极争取其他部门的支持和配合，形成旅游安全管理的部门联动机制和协作机制，提高旅游安全管理的效率和效果。

（四）有法必依、执法必严、违法必究

随着社会主义市场经济体制的建立和完善，旅游安全管理必须逐步实现制度化和

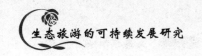

法制化。

一方面，要加强旅游安全管理的法规体系建设，使旅游安全管理做到有法可依；另一方面，要加大旅游安全普法教育力度，加强对旅游法规制度的贯彻落实，严格按照旅游安全管理法规制度的要求，做到执法必严、违法必究，把旅游安全工作落到实处，抓出成效。在依法加强旅游安全管理的同时，还必须根据实际情况，合理地运用法律法规处理具体的旅游安全问题，提高旅游安全管理的合法性和合理性。

二、旅游安全管理的内容

安全、有序、稳定是旅游安全管理的目标，相关管理部门和人员要在旅游风险的休眠期、初发期、发展期、控制期、消除期的全过程，采取预防、监控、控制、评估、恢复等措施，防范潜在的事故风险，处理发生的旅游事故，消除事故的不良影响，甚至将不利影响转化为机会，促进旅游地持续、健康、稳定的发展。旅游安全管理从防范事故、化解危机到恢复正常的旅游秩序，是一项全方位的、全过程的管理工作。通过旅游安全管理，可以消除风险与危害因素，控制经营过程中设施设备事故的发生，保障旅游系统内人员的安全与健康，保护旅游地的资源和财产安全。

（一）旅游安全管理机构及其职责

要保证旅游安全工作的具体落实，还必须明确各级旅游行政管理部门、旅游企业的旅游安全管理职责。我国有关旅游安全管理的法规，对国家、地方旅游行政管理部门和旅游企业的旅游安全管理职责做出了明确的规定。

1. 国家旅游行政管理部门的职责

国家旅游局是我国旅游管理的最高机构，负责对全国旅游安全工作进行统一领导和管理，其旅游安全管理职责主要是：制定国家旅游安全管理规章，并组织实施；会同国家有关部门对旅游安全实行综合治理，协调处理旅游安全事故和其他安全问题；指导、检查和监督各级旅游行政管理部门与旅游企事业单位的旅游安全管理工作；负责全国旅游安全管理的宣传、教育工作，组织旅游安全管理人员的培训工作；协调全国旅游安全管理方面的其他有关事项等。

2. 地方旅游行政管理部门的职责

地方各级旅游行政管理部门，是各地旅游安全工作的管理主体，其旅游安全管理职责主要是：贯彻执行国家旅游局制定的安全法律和规章制度；制定本地区旅游安全管理的规章制度，并组织实施；协同公安、工商、交通、卫生、劳动保障等有关部门，对新开业的旅游企事业单位的安全管理机构、规章制度及其消防、卫生防疫等安全设施、设备进行检查，参加开业前的验收工作；协同公安、工商、交通、卫生、劳动保障等有关部门，开展对旅游安全环境综合治理工作，防止对旅游者敲诈、勒索、围堵等不法行为的发生；组织和实施对旅游安全管理人员的宣传、教育和培训工作；参与旅游安全事故的处理工作；受理本地区涉及旅游安全问题的投诉；负责本地区旅游安全管理的其他事项等。

3. 旅游企业的旅游安全管理职责

旅游安全工作的重心在基层的各旅游企事业单位，这些单位的安全工作成效如何，决定着整个旅游安全工作的成败。因此，旅行社、旅游饭店、旅游车船公司、旅游景区景点、旅游购物商店、旅游娱乐场所和其他经营旅游业务的企事业单位在旅游安全管理工作中也担负着非常重要的责任。旅游企业的旅游安全管理职责，一般包括以下几方面。

（1）在企业设立安全管理机构，配备安全管理人员；建立安全规章制度，并组织实施；建立安全责任制，并将安全管理的责任落实到每个岗位、每位职工；把安全教育与职工培训制度化、经常化，培养职工的安全意识，普及安全常识，提高安全技能，对新招聘的职工，必须进行安全培训，合格后才允许上岗。

（2）接受当地旅游行政管理部门对旅游安全管理工作的行政管理和检查、监督；新开业的旅游企事业单位，在开业前必须向当地旅游行政管理部门申请安全设施设备、安全管理机构、安全规章制度的检查验收，检查验收不合格者，不得进行开业营业。

（3）坚持日常的安全检查工作，重点检查安全规章的落实情况和安全管理漏洞，及时消除安全隐患；对用于接待旅游者的汽车、游船和设施，要定期进行维修和保养，使其始终处于良好的安全状况，在运营前进行全面的检查，严禁带故障运行。

（4）在旅游活动中，对旅游者的行李要有完备的交接手续，明确责任，防止损坏或丢失；在安排旅游团队的游览活动时，要认真考虑可能影响安全的诸项因素，制定周密的行程计划，并注意避免游客处于过分疲劳的状态；开展登山、狩猎、探险等特殊旅游项目时，要事先制定周密的安全保护方案和急救措施，重要团队需按规定报有关部门审批等。

（5）树立风险、危机、安全事故防范意识，积极落实国家对旅游保险的各项规定，主动负责为旅游者人身及财物投保；直接参与处理涉及本单位的旅游安全事故，包括事故处理、善后处理及赔偿事故等。

（二）旅游安全监督、检查和考核

旅游安全检查监督，是防范旅游安全问题的重要环节，也是加强旅游安全管理的关键。旅游行政管理部门要定期联合相关部门，对旅游企业的安全工作进行检查和监督，尤其是在旅游"高峰"和"黄金周"到来之前，要认真组织旅游安全大检查，全面查找旅游安全隐患，及时采取有效措施，防范各种安全问题和事故的发生。旅游安全检查的重点主要有：旅游企业对旅游安全重要性的认识情况，有关旅游安全的规章

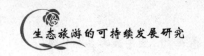

制度,对旅游从业人员的安全教育情况等;旅游车船公司的车辆、游船的安全状况及驾驶人员执行交通安全法规情况等;旅游企业特别是饭店、宾馆、重要旅游娱乐场所的锅炉、压力容器、压力管道、煤气管道、电路、电梯的安全状况及消防设施的配置状况等;旅游景区景点的索道、吊桥、游艺机等设施的安全状况;旅游宾馆、饭店、餐馆的食品卫生状况等;各种漂流、登山、蹦极等高风险旅游项目的安全保障情况;旅行社投保旅行社责任险的情况,以及有关应对各种旅游安全事故的预案等。

旅游安全考核是通过建立健全考核制度,加强对旅游安全的监督管理。旅游安全考核方法,可以采取旅游安全管理目标考核方法,通过设定一套系统的考核指标,采取定量和定性相结合的方法定期进行考核、评比,对考核优秀的给予表演和奖励,对考核达不到要求的给予通报批评和处罚。

(三) 旅游安全管理基础工作

旅游安全基础工作,是旅游安全管理的重要组成部分和基础保障。旅游安全基础工作是否健全和完善,直接影响到旅游安全工作的正常开展,影响到旅游安全管理的效果和水平,因此必须切实抓好旅游安全基础工作。从目前旅游安全管理看,抓好旅游安全基础工作,重点要加强以下几方面的基础工作。

1. 完善旅游安全规章制度

旅游安全规则制度,既是开展旅游安全工作的依据,也是加强旅游安全管理的基础。尤其是旅游企业,必须不断完善旅游安全规章制度,依法制定旅游安全工作的目标、内容和原则,明确各个部门、岗位和人员的安全工作职责与权限,使旅游安全工作有法可依、有章可循.建立起良好的旅游安全工作秩序,不断加强对旅游安全的管理。

2. 抓好旅游标准化工作

旅游标准化工作,既是对各种旅游服务、经营和管理标准的制定、执行与管理的过程,也是保证旅游安全的前提和依据。通过抓好标准化工作,加强各种旅游安全标准的建设和执行,规范旅游者的旅游活动,规范旅游企业员工的旅游服务,规范旅游企业的经营管理,既为旅游者活动的安全进行提供了保障,也促进了旅游管理水平的不断提高。

3. 加强旅游安全统计工作

旅游安全统计工作,既是有关旅游安全工作情况的基础性资料,又是进一步分析安全问题、查找原因、提出解决安全问题的重要依据,因此必须切实加强旅游安全统计工作。加强旅游安全统计工作,应从以下几点入手。

第一,要建立专门的旅游安全统计制度,加强对旅游安全的日常统计,建立旅游安全事故资料库,便于对旅游安全问题的分析和研究。

第二，要加强和公安、交通、医院、保险等部门的协调与合作，联合建立旅游安全信息网络，及时了解和掌握旅游安全事故的发生，以及事后处理的有关情况。

第三，适时、适度向社会公开旅游安全统计资料和情况，以引起旅游者注意并提高旅游安全意识，督促企业改善和加强旅游安全工作，促进旅游行政管理部门加强旅游安全的管理，引导全社会都关注、关心和重视旅游安全工作，营造良好的旅游安全氛围。

4. 健全旅游安全保险工作

旅游安全保险，是做好旅游安全事故善后工作，维护旅游者合法权益的保证，也是加强旅游安全的社会联动机制，促进旅游安全救援系统建设的基础。随着旅游业的发展，改革旅游保险制度，确定方便旅游者投保的险种，加强旅游安全保险的工作越来越重要。另外，旅游者还应该提高对旅游安全问题的防范意识，结合旅游活动的具体情况，按照自愿原则向保险公司购买其他旅游保险。旅行社也应该积极引导旅游者，针对不同旅游活动的风险性，合理选择购买必要的旅游保险，以抵御旅游安全事故带来的危害和损失。

5. 加强旅游医疗卫生保障

在旅游活动中，往往难免发生疾病、疫病、食品中毒、交通事故、意外伤害等安全问题。因此加强旅游医疗卫生保障也是旅游安全基础工作的重要内容。对于旅游者来讲，尤其是有某些突发病史的旅游者，外出旅游时一般应带上一些必备药品，以应不时之需。对于旅游服务人员来讲，特别是领队和导游，应掌握一般疾病和某些突发疾病、意外伤害的应急与抢救知识，以应对旅游活动过程中出现的意外情况。对旅游目的地来讲，应指定旅游涉外定点医疗单位，并具有一定的医疗急救设施和保健、疗养、康复专项设施等，旅游景区景点内一般应设有医疗站或医疗点，旅游餐饮场所应加强食品卫生管理，并定期公布旅游地的气候情况、空气质量指标等。

6. 落实旅游安全工作责任制

旅游安全管理责任制，是通过建立旅游安全管理机构，明确相应的职责和任务，具体负责旅游安全工作的组织和实施，做到各司其职、各负其责、责权清楚、赏罚分明的管理制度。落实旅游安全工作责任制，必须健全完善旅游安全管理体制的机制，明确旅游安全管理各部门与各单位的职责权限、工作范围和相应权力，遵循旅游安全管理的原则，严格执行旅游安全工作的各项法规制度，确保政府旅游部门承担起旅游安全工作的管理主体职责，确保旅游企业承担起旅游安全工作的责任主体职责，确保相关部门承担起旅游安全工作的监管主体职责，切实把旅游安全工作的各项要求落到实处，不断提高旅游安全管理的能力和水平。

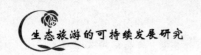

第四节　旅游安全救援与保险

旅游安全救援与保险相辅相生。旅游救援起源于 20 世纪 50 年代末期的欧洲，目前服务范围已扩大到全球，其服务内容也由当初为游客提供拖车服务等简单项目，扩大到现在的提供医疗救援、旅游及个人行政救援、咨询等广泛、全面的救援服务。旅游保险在世界许多国家已成为旅游者必不可少的一项安全保障。购买了旅游保险，不仅能让旅游者在旅游意外事件发生后获得赔偿，而且在整个旅程中还能获得保险公司提供的旅游信息咨询服务，甚至是旅游救援服务，能够为整个旅游带来极大的便利。

一、旅游安全救援

在旅游过程中，旅游安全事件的发生是难于避免的。为了应对突发的旅游安全事件，消除其带来的旅游危机，减轻或避免对旅游者造成的危害和损失，切实保障旅游者的人身财物安全，必须尽可能地为旅游者提供救援和帮助。

（一）旅游安全救援的概念

旅游安全救援，就是当旅游者在旅游过程中遇到各种旅游安全事件时，有关部门及救援机构迅速有效地对旅游者提供救援和帮助，以减轻或避免旅游安全事故的全部活动过程。正确理解旅游安全救援的概念，必须明确以下几点。

（1）旅游安全救援的主体，包括旅游行政管理部门，公安、交通、食品、卫生、质监等相关职责部门，消防、交警、医疗机构、专业救援机构及旅游企业等。发生旅游安全事件尤其是造成重大安全事故时，上述部门和单位要在各级地方政府的统一领导和指挥下，迅速而有效地组织救援和施以帮助，以减轻旅游安全事件造成的事故危害和损失。

（2）旅游安全救援的对象，主要是在旅游安全事件发生时，正在进行旅游的旅游者、旅行团体和自助旅游者，提供旅游服务的服务人员、管理人员和社区居民以及受到旅游安全事件危害的其他人员等。通过对他们的紧急救援和帮助，尽可能减轻和避免旅游安全事件造成的事故危害与损失。

（3）旅游安全救援的内容，包括对旅游安全事件的紧急应对，及时抢救人员和财物，对死亡人员进行处置；实施医疗救援，采取有效措施紧急救治伤病人，减少和减轻伤亡人员；进行个人事务救助，协助查找丢失的行李、物品、旅行证件、现金借款等；对旅游安全事故进行调查和处理，协调好对旅游者的伤亡、财物损失的理赔等。

旅游安全救援包括医疗救援和非医疗救援两大类。医疗救援包括：建立医疗呼救系统，及时将伤病员送往和安排到医疗单位，担保住院押金，垫付医疗费、住院费，完善医疗追踪服务，运送紧急药品，提供医疗翻译，医疗遣返转运，安排亲友探访，尸体火化或转运等。非医疗救援包括：旅游咨询，查找丢失行李、证件，紧急信息传递，信用卡挂失，代办登记，代订酒店床位、机船车票，代垫保释金，代聘律师，贷款及诉讼帮助等。

（二）旅游安全救援涉及的主要机构

1. 救援核心机构

救援核心机构负责旅游安全救援工作本身的开展、统筹、协调，是整个旅游安全救援的核心。例如国际紧急救援中心（SOS）扮演的就是这种角色。

2. 救援机构

救援机构是在旅游安全问题发生时，能够赶赴现场提供实质性救援工作的机构，是整个旅游安全救援的"实施"单位。医院、公安部门、消防部门等都属于救援机构。

3. 外围机构

外围机构是在旅游安全救援工作中能够提供辅助性工作的相关机构。社区、保险机构、通信、旅游接待单位（包括饭店、旅行社、景区等）都属于旅游安全救援的外围机构。这些外围机构在旅游安全救援中虽不起主导作用，但却扮演着相当重要的角色。例如，可能是社区居民首先发现旅游安全问题并报救，从而使旅游安全救援能够及时、顺利地进行。社区、旅游接待单位等都能够在旅游安全问题发生后为旅游安全救援提供极有价值的线索。应该指出的是，旅游安全救援的这些机构组成并不存在泾渭分明的界线。救援机构（如公安、消防部门）、外围机构（如旅行社）在紧急情况下也可能扮演着临时救援指挥中心，也即救援核心机构的作用。

（三）旅游安全救援的原则

旅游安全救援的目的，是在旅游安全事件发生时，通过救援尽可能保障旅游者的生命财物安全，减轻和避免安全事件的危害与损失。因此，在旅游安全救援中，必须坚持以下基本原则。

1. 以人为本，救援第一

处理出境旅游团队安全问题要以保障旅游者生命安全为根本目的，尽一切可能为旅游者提供救援、救助。在游客没有能力支付救援、救助费用的情况下，组团社要和地接社交涉，由地接社先行垫付救援、救助费用。

2. 就近处置、减少危害

当旅游团发生游客伤亡或重大财产损失时，出境旅游领队人员应立即报警，与地

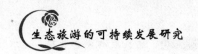

接社的导游一起，尽快协助当地有关部门进行紧急救援工作；组团社和领队人员要协调地接社进行救援，接受我国驻所在国使、领馆或驻所在地区有关机构的领导和帮助，力争将危害和损失降到最低。

3. 及时报告、信息畅通

当出境旅游团队发生游客伤亡或重大财产损失时，出境旅游领队人员应立即报告国内组团社，组团社要立即向所在地旅游行政主管部门报告，所在地旅游行政主管部门要在第一时间内，向上级部门及相关单位报告，并及时协调处理和做好各项善后工作。

（四）旅游安全救援机制

旅游安全救援工作，不仅仅是发生安全事件或造成安全事故后的工作，还应该包括安全事件发生之前的安全预警和提示等，这样才能真正做到防患于未然，有效应对旅游安全事件的发生，减少或避免旅游安全事故的危害和损失。

1. 建立旅游安全预警机制

根据有关部门提供的信息，当某个旅游目的地国家或地区出现危及旅游者人身安全情况时，要适时向旅游者发出警告、警示和通报。安全预警的警告、警示和通报，由国家旅游局报国务院批准后发布，各级旅游行政管理部门应及时在辖区内贯彻、传达和落实。因各种原因无法更改行程，应事先报告旅游行政管理部门给予妥善解决；对出境旅游团队，旅游行政管理部门应及时通报有关部门，或我国驻外使、领馆及有关机构，给予必要的支持和帮助。

2. 健全旅游安全提示机制

通过印制旅游目的地国家或地区的旅游安全须知和提示，以折页或小册子方式摆放在机场、接待场所供游客阅览和索取，或者由旅游组团社发放；要加强对旅游企业经理、领队和导游人员的旅游安全知识培训，增强他们的旅游安全意识；要全面实行旅游团队行前安全说明会制度，对旅游者进行旅游安全问题的教育和提醒；要督促旅游目的地国家或地区的地接旅行社、旅游饭店、景区景点等制定旅游安全的保障措施；旅游团队到达目的地后，领队、导游人员应将在本地旅游应该注意的安全要点告知旅游者，同时对当地的导游、司机等有关人员提出旅游安全的相关要求等。

3. 公布旅游安全救援联络方式

为及时了解和掌握旅游活动过程中的安全情况，方便旅游团队和旅游者对旅游安全救援的报告与请求，国家旅游局可通过《中国旅游网》《中国旅游报》、印制小册子等渠道，向出境旅游者公布推荐旅游目的地国家或地区的使领馆电话、旅游安全救援电话、报警电话等；国家旅游局和各地旅游行政管理部门应公布旅游安全救援电话，并保证24小时畅通；旅游组团社应向每位旅游者发放一份包括旅游目的地的旅游安救援、报警电话等在内的紧急联系通讯录等。

4. 实施旅游安全事件报告机制

旅游团队、旅游者遇到旅游安全事件或发生旅游安全事故时，领队人员、旅游者及相关人员应立即向组团社和当地旅游行政管理部门报告，同时向有关救援机构发出救援请求报告。报告内容包括团号、参团人数、领队人员姓名、事件发生的时间、地点、伤亡人数、财产损失情况、其他参团人员情况，以及请求救援的具体内容和要求等。当地有关救援机构和人民政府、各级旅游行政管理部门、旅游组团社和地接社接到报告后，应立即启动旅游安全保障工作方案，尽快组织和采取应急处置措施，积极开展旅游安全救援工作，并且及时将有关情况向上一级部门报告。

5. 启动旅游安全紧急救援机制

旅游活动过程中，发生旅游安全事件并造成游客伤亡或重大财产损失时，要迅速启动旅游安全紧急救援机制，主要工作职责和内容包括以下几个方面。

（1）旅游团队的领队或导游人员应立即向地接社、组团社和当地有关部门报告，并协助当地有关部门进行紧急救援工作，出境旅游团队还应尽快报告我国驻该所在国使领馆或有关机构，请求协调、帮助有关救援和善后工作，同时做好旅游团队的稳定工作和剩余行程的调整工作。

（2）地接社和组团社在接到发生旅游安全事故的报告后，应立即成立应急工作小组，启动旅游安全应急工作预案，立即派人赶赴现场进行紧急救援和处理善后工作，同时尽快将有关情况报告所在地旅游行政管理部门。

（3）所在地旅游行政管理部门接到发生旅游安全事故的报告后，要立即启动旅游安全保障工作方案，并迅速向上级旅游行政管理部门报告。重大旅游安全事故要及时报告国家旅游局，并在上级旅游行政主管部门的指导和当地政府部门的领导下，指导和协调救援工作、处理善后工作和赔付事宜等。

（4）国家旅游局接到省级旅游行政管理部门的报告后，应按照国家事故报送标准，及时将情况报告国务院，对发生重特大旅游安全事件时，还应启动安全保障工作方案，指导所在地旅游行政管理部门正确处理有关事宜，对出境旅游团队还应及时协调我国驻该所在国的使领馆，帮助进行紧急救援及有关事宜等。

（五）我国旅游安全救援系统及加强对策

1. 我国旅游安全紧急救援现状及存在的问题

我国国际旅行社接待的外国旅游者大部分都持有保险救援卡，有的海外旅行社为游客投了海外平安险或其他险种，领队持有海外急难救助服务卡，卡上印有海外救援公司和保险公司的名称、电话和传真号。这些游客一旦发生事故需要援助时，接待社的陪同就可以据此与发售保险卡的海外国际救援公司或保险公司联系，请求实施救援。

上面可以标明游客的个人健康信息，遇到突发事件需要救援时，可以及时提供重要信息，避免因搞不清游客的血型、过敏史、既往病史等健康信息耽误救助。

我国旅游安全救援机构主要有亚洲紧急救援中心、国际救援中心。亚洲紧急救援中心简称"亚急"。它是一个能够昼夜提供紧急医疗服务的组织，这个组织在世界各地均设有工作网、站，并将空中救护与地面医院紧密衔接起。它的服务对象主要是全球性的跨国公司、世界通用的信用卡持有者、保险公司、旅游者。一些在公司和旅行社还可以与组织建立委托关系，并在救助中享有优先服务。服务中所涉及的费用由委托机构办理。个别没与之建立关系的客户也可以在发生意外事故时向其提出求助，所需费用与客户、家属、保险公司等协商解决。该组织向客户提供服务的范围很广，包括旅行信息服务，协助用户办理出发前的准备工作，可以帮助解决旅途中的问题，担当客人的法律顾问。出现法律纠纷时，可以全权充当顾问，提供安排律师或适当的法律机构。医疗救助国际救援中心是世界上最大的非政府的跨国救援服务实体。国际救援中心与我国平安保险公司、新华人寿保险公司、中国太平洋保险公司合作，开展中国公民境外紧急救援服务。中国公民在国外如遇到紧急情况，就可以凭借在国内的保险，得到国外医疗机构的救援服务。此外，国际SOS、蒙迪艾尔旅行援助服务有限公司等外资企业也在我国开展业务。与快速发展的中国旅游业相比，国内旅游安全救援机构数量少，规模小，整体发展缓慢。我国本土的旅游安全救援机构有中国国际旅行社旅行救援中心、广州紧急救援中心、云南途安旅游安全保障救援中心等为数不多的几家。如今，国家旅游局已经启动了旅游紧急救援服务规范标准的制定，并与保监会一起建立了旅游保险合作机制，推进了旅游责任保险体系和游客的各种保险的建立，使之成为覆盖整个旅游过程的保险保证。

综上所述，我国旅游安全救援工作体现在三方面：第一，我国已有了初步的旅游安全救援机构，国际性救援机构已在中国开展相关业务上。第二，我国已有一些成功的旅游安全救援的先例，某些旅游安全救援机构甚至参与了国际旅游安全救援工作。第三，现有的某些机构客观上起到了旅游安全救援的功能与作用。它们也是今后我们建立旅游安全救援系统很好的基础。

目前我国旅游安全救援服务存在诸多问题：第一，普遍缺乏救援意识。第二，缺乏金融保险业的有力支持。第三，国家对该行业的管理不够规范。第四，我国现有的旅游安全救援工作比较零散、无序，往往没有统一的指挥协调，而是"单兵种作战"，仅有的救援机构及与旅游安全救援密切相关的部门大多各自为政；相关的旅游管理部门，公安、消防、武警、医疗卫生部门，工商、保险、新闻媒体、通信部门等难以形成有效的社会联动系统。网络化程度很低，这导致了旅游安全救援工作效率的低下。第五，现阶段我国旅游安全救援工作仍然比较落后。虽然零星的旅游安全救援工作在重大旅游安全事故中时有出现，但真正的"旅游安全救援"尚未到来。第六，旅游安全救援法律法规建设与实践发展未能同步，并滞后于中国旅游业发展；尚未真正建立与国际接轨的统联动的旅游安全救援机制；已有了初步的旅游安全救援机构，但效率不高，难以形成有效的社会联动系统；旅游安全救援资源配置不合理，救援装备数量不足，救援能力差等，旅游安全救援体系构建迫在眉睫。

2. 加强我国旅游安全救援的对策

（1）加强旅游安全事后救济

面对不能完全避免的旅游事故风险，积极采取措施加以预防固然是旅游安全的一方面，而事后救援工作则是旅游安全不可或缺的另一方面。事后救济应重在对旅游事故受害人即旅游者的救济，这种救济或称赔偿应当及时、适当。从国外立法看，事后救济机制的主要形式有新西兰式、美国式、欧盟式。新西兰式由政府赔偿，一旦发生事故，包括旅游事故，不问事故的当事人有无过错，对于旅游者损害，统一由中央事故赔偿基金赔偿，实行政府埋单的无过错责任。美国式则各负其责，即谁造成旅游事故，谁赔偿旅游者，各服务供应环节的责任依此类推，是一种市场取向模式。欧盟式由旅游组织人赔偿，对于包价旅游中发生的旅游事故，基于旅游者与旅游组织人之间的包价旅游合同，由旅游组织人承担严格责任，而不问造成该旅游事故的具体责任人是谁，这是一种权利取向模式。欧盟通过《包价旅游指令》等特别立法对旅游者权益问题实现积极干预，强调旅行社既是包价旅游产品的打包者，也必然是旅游事故责任的打包者。

研究者认为，从我国现行立法看，旅游事故的救济机制重在强化旅行社责任以保障旅游者权益。这与欧盟立法颇为相似。旅游实务证明，尽管立法的出发点是好的，但实际效果却几乎相反。一旦发生旅游事故，尤其是导致众多旅游者死伤的重大旅游事故，对于绝大多数中小旅行社来说，出路就是破产还债。而且，由于我国旅行社规模都不大，偿债能力有限，旅游者实际上可能得不到赔偿或足额赔偿，更因为旅行社责任保险和旅行社质量保证金作用有限。显然，无论旅行社的经营安全，还是旅游者的人身安全，立法促进的两大目标都可能无法如期实现。因此，立足于我国旅游安全事后救济的实际，应该重点研究事后救济机制配套的制度支持体系。

（2）提高旅游者救援意识

加强对游客的宣传教育，提高旅游者救援意识。例如，壹基金救援联盟经常为广大驴友讲述户外安全知识，详细介绍出行必备的户外装备及遇险后如何求救等。

（3）金融保险业要大力支持旅游安全救援

旅游保险与旅游安全救援相辅相生。目前，在部分保险公司提供的一些旅游保险产品中，就包含有旅游安全救援的内容。可以说，这样的附带救援的旅游保险产品，其实更适合旅游者的选择。目前，带有国际紧急救援的保险也已经在市场中出现。这类产品通常采取的是国内保险公司与国际救援组织合作的方式，为投保人提供包括一般援助到意外伤害等一系列保障。其推出的目的，就是为了减少出境游客因各种突发事件所带来的损失，为身陷困境中的游客提供及时的解决方案。

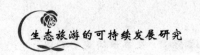

为充分发挥商业保险在紧急救援中的作用，可从以下三个方面着力。

第一，保险公司应大力开发紧急救援保险，将一般的保险事后理赔服务向前延伸到事故发生时的"立即"援助，使消费者在购买保险产品之后，可以享受到国际国内的及时救援服务。

第二，加快与国际救援组织的合作，在产品上除现有险种外，在车险、寿险等方面也要有所突破。

第三，政府要发挥商业保险在紧急救援体系中的作用。要调动各个方面的紧急救援资源，特别要注意充分发挥商业保险的作用，在政策上适当倾斜，将那些政府不好办或者办不好的事情以一定的方式委托保险公司来完成，并给予适当的补贴，鼓励保险公司经办。

（4）增强管理部门自身的事故救援能力

针对旅游地可能发生的安全事故，管理部门要提出科学合理的事故应急预案及疏散避难对策。经常组织开展预案演练，整合各方面应急救援资源，提高重特大事故的应急处置能力。在自然灾害频发地建设临时避难场所并相应提供简单有效的救生防护设施以备不时之需。在开展特殊旅游项目时，必须事先制定周密的安全保护计划和急救措施，并报请相关部门审批后方可营业。另外，相关部门应组织工作人员定期、不定期地进行旅游安全救援演习，熟悉救援程序，掌握相关技术规范及技能要领，以便在事故发生时为游客提供及时、有效的救援。

（5）创新安全救援保障体系

依托现有公共安全系统，以旅游景区、旅游交通沿线、旅游服务基地为重点区域，加强旅游景区预警系统、服务场所防范系统、自驾车救援系统、旅游紧急救援队等公共安全项目建设。完善城市卫生医疗体系，加强旅游医疗急救设施建设，建设景区医疗急救点和服务点。

（6）尽快出台《旅游紧急救援服务规范》国家标准

2010 年 6 月，国家旅游局与国际 SOS 在北京签署了联合制定《旅游紧急救援服务规范》国家标准的合作协议。该标准拟在规范旅游接待单位和专业救援机构在旅游紧急救援工作中的人员、设施、服务等，这对于构建中国旅游的紧急救援体系，提升旅游业的安全保障水平将起到重要作用。

二、旅游保险

就整体而言，旅游安全事故是不可避免的，旅游安全是相对的。就个体而言，旅游安全事故又具有偶然性，是可以避免的。旅游保险在这种必然性与偶然性之间应运而生。

（一）旅游保险的概念及特点

旅游保险是指旅游活动的投保人根据合同的约定，向保险人支付保险费，保险人对于合同约定的在旅游活动中可能发生的事故及其发生所造成的财产损失、人身伤亡承担保险赔偿责任，或者当被保险人在旅游活动中死亡、伤残、疾病时承担赔偿保险金责任的行为。旅游保险实际上就是聚集社会资金对个体偶然发生的旅游安全事故予以补偿的一种方式。随着旅游业的发展、旅游者自我保护意识的增强和旅游活动中安全事故的增多，旅游保险受到越来越多的关注，并在旅游活动中扮演着重要的角色，成为保障旅游活动安全的手段之一。旅游保险具有以下三大方面的特点。

1. 短期性

旅游保险往往以一个完整的旅游活动为期限。从旅游者参加旅游活动、正式投保开始，标志着旅游保险的启动。而一旦旅游结束，保险人与被保险人双方的权利义务也就终结。因此旅游保险，无论种类与形式如何，都是短时间的，具有短期性。如在乘坐各种交通工具时，保险期限是从购票登上交通工具时起，至抵达目的地离开交通工具时止的几个小时或数天。

2. 强制保险与自愿保险相结合

旅游保险种类繁多，对于大量的意外保险，根据旅游者意思自愿的原则，可由旅游者自愿选择投保；对于一些高风险的、涉及旅游者核心利益的旅游活动，则要求旅游经营者投保，或对旅游者投保履行告知义务，尽可能地维护旅游者权益。如旅行社责任保险对于旅行社而言属于强制保险；旅游意外保险对于旅游者个人来说，是自愿投保的。

3. 财产保险与人身保险相结合

保险根据保险标的的不同，分为财产保险和人身保险，两种保险所依据的原则和具体规定也有所不同，一般而言，投保时要根据具体情况投保财产险或人身险。但在旅游活动中，必然涉及对旅游者财产安全的保护，又涉及旅游者人身安全的保护，财产险和人身险往往紧密联系，因而在有的险种中，旅游投保人可以在一份合同中同时投保财产险和人身险。

（二）旅游保险的主要类型

根据我国有关法规制度的规定以及保险公司推出的险种类型，旅游者外出参加旅游活动时，既享有一定的法定保险，还可以根据实际情况自愿购买保险。具体讲，目前旅游保险主要有以下几种类型。

1. 旅行社责任保险

旅行社责任保险是指旅行社根据保险合同的约定，向保险公司支付保险费，保险

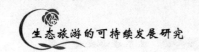

公司对旅行社在从事旅游业务经营活动中，致使旅游者人身、财产遭受损害应由旅行社承担的责任，承担赔偿保险金责任的行为。根据国家旅游局《旅行社投保旅行社责任保险规定》，凡是旅行社从事旅游业务经营活动，都必须投保旅行社责任保险，因此旅行社责任保险是一种法定保险，旅游者只要参加了正规旅行社组织的旅游活动，就可享有该项保险的权益。该规定使旅游者权益得到保护的同时，旅行社的权益也受到了进一步尊重。旅行社在旅游安全事故中承担的只是责任问题，责任风险已经转嫁给了保险公司。此外，该规定还要求旅游者要保证自身条件能够完成旅游活动，由自身疾病引起的各种损失或损害，旅行社不承担赔偿责任。

按照国家旅游局规定：旅行社责任保险的保险期限为一年；旅行社办理旅行社责任保险的保险金额，国内旅游每人责任赔偿限额不得低于人民币 8 万元，入境旅游、出境旅游每人责任赔偿限额不得低于人民币 16 万元；国内旅行社每次事故和每年累计责任赔偿限额人民币 200 万元，国际旅行社每次事故和每年累计责任赔偿限额人民币 400 万元；旅行社若组织高风险旅游项目，还可以另行同保险公司协商投保附加保险事宜等。

2. 旅客意外伤害保险

旅客意外伤害保险也是一种法定保险，主要为游客在乘坐交通工具出行时提供风险防范服务。当旅游者外出旅游购买了车、船票时，实际上就已经投保了旅客意外伤害保险，其保费一般是按照票价的 5% 计算的，每份保险的保险金额为人民币 2 万元，其中意外事故医疗金 1 万元。保险期从检票进站或中途上车上船起，至检票出站或中途下车下船止。在保险有效期内，因意外事故导致旅客死亡、残废或丧失身体机能的，保险公司除按规定付医疗费外，还要向伤者或死者家属支付全数、半数或部分保险金额。因此，旅游者外出旅游乘坐车船时，一旦发生意外事故导致人身伤亡时，要重视自己已投保的法定保险权利，通过车船公司向保险公司索取保险赔偿。

3. 旅游人身意外伤害保险

旅游人身意外伤害保险一般是由旅游者自愿购买的。当旅游者参加具有一定风险的旅游活动，如登山、漂流、探险、娱乐、生态旅游等时，尤其是一些惊险、刺激的旅游项目，一定要购买旅游人身意外伤害保险。目前，保险公司开设的旅游人身意外伤害保险，每份保险费 1 元，保险金额 1 万元，一次最多可投 10 份，保险期限从购买保险进入旅游景点或景区时起，至离开景点或景区时止。

4. 住宿旅客人身保险

住宿旅客人身保险也属于自愿保险，是保险公司为入住宾馆、饭店的住宿旅客所开发的人身保险。该保险每份保费 1 元，每份保险责任分为三方面：一为住宿旅客人身保险金 5000 元；二为住宿旅客见义勇为保险金 1 万元；三为旅客随身物品遭受意外损毁或盗抢而丢失的补偿金 200 元。住宿旅客人身保险的保险期限为 15 天，从住宿之日零时起算，期满可续保，一次可投多份。旅游者若购买了住宿旅客人身保险，在保险期内一旦遭受意外事故、外来袭击、谋杀或为保护自身或他人生命财产安全等，而导致自身死亡、残疾或身体机能丧失，或随身携带物品因遭盗窃、抢劫等而丢失，保险公司将按不同标准支付保险金。

5. 旅游救助保险

旅游救助保险是保险公司与国际 SOS 救援中心联手推出的旅游救助保险险种，其将旅游人身意外保险的服务扩大，将传统保险公司的一般事后理赔向前延伸，变为在事故发生时能够提供及时有效的救助。旅游救助保险在国外已深入人心，在日本如果没有这样一份救援计划的保障，人们通常是不会外出出游的。在我国，继泰康人寿保险公司与中国国旅旅行救援中心合作推出附加救援服务的旅游安全救援保险后，中国人寿、中国太平洋保险公司也与国际 SOS 救援中心联手推出旅游救助保险。随着我国公民出国商务考察、休闲度假旅游的机会越来越多，旅游者如果购买了旅游救助保险，一旦发生意外事故或者由于不谙当地习俗法规引起法律纠纷时，只要拨打电话，就会获得救援组织的无偿救助。因此，这种保险对于出国旅游者是十分合适的。除了上述五种主要的旅游保险的险种外，旅游者还可以针对财物损失保障而投保财产保险，一旦旅游过程中发生意外情况造成财物损失，能够相应获得保险公司的赔偿而减轻损失，包括紧急医疗运送费用、个人行李财物的丢失损坏、行李延误、取消旅程、旅程延误、缩短旅程等意外事件造成的损失，受保人因个人疏忽导致他人身体受损或财物损失而依法应负的经济赔偿责任等，保险公司都是可以提供保险和赔偿的。

（三）旅游保险的理赔程序

对旅游保险理赔，从开始购买保险时就要注意，才能为以后的理赔奠定良好的前提条件。购买旅游保险时应重点注意以下几点：一是要如实填写投保单，以免因为填写了错误信息而导致保险公司在出险时拒绝赔偿，造成不必要的损失；二是要看清旅游保险条款，要求保险代理人出具完整保险合同并亲自阅读，对承保事项、不负责任范围及理赔等条款都应该充分了解，特别要防止模糊字句，如果不明白的一定要问清楚；三是旅游保险并非是保得越多越好，因此要根据旅游活动的风险特征，选择 1~2 项主要的保险险种投保，就有了更多的旅游安全保障；四是应注意随身安全携带保险卡，便于安全事故发生后及时向保险公司报案和申请理赔。旅游保险的理赔程序，一般包括以下几个环节。

1. 及时报案

按照保险法规的有关规定，一旦在旅游活动中发生保险事故，投保人（或被保险人及受益人）应及时向保险公司报案，特别是发生死亡或伤残的保险事故后，应立即向保险公司报案，以免因延迟报案而负担额外增加的查勘费用。报案既可采取亲自到

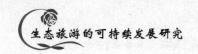

保险公司各客户服务部柜面，也可拨打各客户服务部电话，或以传真及网上等方式进行报案。保险事故发生时，被保险人有责任尽力采取必要的措施，防止或者减少损失。

2. 申请理赔

旅游安全事故发生后，申请人（投保人、被保险人或者受益人）应根据保险合同条款规定的相关内容，向保险公司提出书面的申请，填写《理赔申请书》，并向保险人提供其所能提供的与确认保险事故的性质、原因、损失程度等有关的证明和资料。申请人应为符合保险合同约定或相关法律规定的具有保险金请求权的人，《理赔申请书》可到保险公司客户服务部柜台领取，也可委托业务员代为领取。

3. 理赔受理

保险公司收到申请人的赔偿或者给付保险金的请求后，应当及时做出核定，并将核定结果通知投保人、被保险人或者受益人。依照保险合同的约定，保险公司需要对保险事故进行查勘的，应立即派出人员进行现场查勘；保险公司认为有关的证明和资料不完整的，应及时通知申请人补充提供相关的证明和资料。

4. 理赔处理

保险公司对申请人理赔受理后，要及时按照有关规定进行理赔处理。对属于保险责任的，保险合同对保险金额及赔偿或者给付期限有约定的，保险人应当依照保险合同的约定，履行赔偿或者给付保险金义务。对于赔偿或者给付保险金的数额暂时不能确定的，保险公司应自收到理赔请求和有关证明、资料之日起 60 日内，根据已有证明和资料可以确定的最低数额先给予支付，当最终确定赔偿或者给付保险金的数额后，应当及时支付相应的差额。对不属于保险责任的，应当向被保险人或者受益人发出拒绝赔偿或者拒绝给付保险金通知书。

5. 通知和领取

保险公司确定保险事故赔偿后，要在规定时间内及时通知被保险人或者受益人，按照与保险公司达成的有关赔偿或者给付保险金额协议领取保险金。被保险人或受益人收到保险公司通知后，应在规定时间内领取保险金。领取保险金的方式可以采取亲自领取、银行转账以及委托他人代领等多种方式，对委托他人代领的还需要填写委托书。

第七章

生态旅游创新模式

第一节　生态旅游的开发模式

一、生态旅游目的地与产品

（一）生态旅游目的地

生态旅游目的地是开展生态旅游活动的基础，是吸引旅游者的生态旅游资源集中的特殊区域，也是生态旅游相关设施和服务的集聚地。生态旅游目的地大多是具有景观价值的自然环境，包括山地、森林、草原、湖泊、沙漠、海洋等自然生态系统，以及人与自然和谐共生的，具有浓郁地方特色的乡村及小镇等文化生态系统。

1. 生态旅游目的地概念

生态旅游目的地是由开发客体（生态旅游资源），与媒体（生态旅游产业）和载体（生态旅游环境）紧密联系而形成的一个能够接待旅游者的区域。生态旅游目的地在满足旅游者的"游"和"娱"的主要基础功能上，还应满足其食、宿、行、购的旅游需求。生态旅游目的地的核心是生态旅游区，是生态旅游赖以开展的主题空间，也是生态旅游产品的具体承载者。

2. 我国典型的生态旅游目的地

随着我国生态旅游的发展，一批知名的目的地涌现出来，其中较为典型的有吉林长白山、浙江千岛湖、湖南张家界。

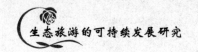

（二）生态旅游区的概念

生态旅游区是生态旅游目的地中由一系列生态旅游点组合而成的，具有生态美学特征的、主题和功能较为明确的一个旅游地域系统。对于生态旅游区的具体理解大致可分为以下三种类型：

（1）生态旅游区是一个地域系统

在生态旅游目的地分级系统中，以生态旅游吸引物为基础吸引物资源逐级构成生态旅游点、生态旅游区以及生态旅游目的地。而生态旅游区是这一系统中第二层次的地域系统，是直接构成生态旅游目的地的元素和条件，也是生态旅游目的地中最不可或缺的重要部分。

（2）生态旅游区是生态旅游点、吸引物相对集中的区域

与一般旅游景区相比，生态旅游区的生态旅游景观在空间上相对更加集中，以自然生态景观和文化生态旅游景观为主要吸引物和资源亮点。

（3）生态旅游区是一个管理系统

生态旅游区从一开始的开发设计、景观与人员等方面就贯穿着管理系统的基本宗旨和规则。生态旅游区突出强调经济、社会和生态三大效益的协调发展，并以实现旅游可持续发展为其终极目标，这也离不开生态旅游区的科学规范化管理系统。

（三）我国主要的生态旅游区

目前，自然保护区、风景名胜区和国家公园、国家森林公园、国家地质公园和世界地质公园是我国生态旅游最主要的场所。

1. 自然保护区

自然保护区往往是一些珍稀动植物的集中分布区，也可以是候鸟繁殖、越冬或迁徙的停歇地，以及某些饲养动物和盆栽植物野生近源种的集中产地，具有典型性或特殊性的生态系统，也常是风光绮丽的天然风景区，具有特殊保护价值的地质剖面、化石产地或冰川遗迹、喀斯特、瀑布、温泉、火山口以及陨石的所在地等。

（二）风景名胜区

我国的风景名胜区可分为国家局风景名胜区和省级风景名胜区。我国基本建立起具有中国特色的国家风景名胜区管理体系，并形成了在国内外具有广泛影响力的风景名胜区行业。

（三）森林公园

国家森林公园是由国家林业局在面积较大、具有一个至多个生态系统和独特的森

林自然景观的地区建立的公园。1982 年，我国第一个国家级森林公园——张家界国家森林公园建立，是我国大量林场经营体制和机制的重大转型，使旅游开发与生态环境保护有机地结合起来。

（四）国家地质公园和世界地质公园

国家地质公园是由国土资源部设立的具有国家级特殊地质科学意义，较高的美学观赏价值的地质遗迹为主体，并融合其他自然景观与人文景观而构成的一种独特的自然区域。

二、生态旅游开发

（一）生态旅游的开发特点

1. 资源为国家所有

生态旅游资源是具备独特性的自然资源，主要有风景名胜区、自然保护区、国家森林公园、国家地质公园等，其全部纳入了国家的法律保护，资产归国家所有。因此，生态旅游资源中最重要的资源，一般不能进入市场流通，承包者不得因谋取个人利益破坏国家资产。

2. 高投入与持续回报

近年来，生态旅游的开发呈现投入与收益可能不对等，高投入并不一定带来高收益，并且短时间内或许不能回收成本的特点。

随着旅游业的发展，旅游从原来的低门槛逐渐发展到目前的中高门槛，特别是生态旅游，预计未来投资的门槛会进一步提高。分析其原因，一方面是由于进入性投资的加大，以可持续发展为根本原则，在开发生态旅游的同时接受国家的监管，保护原生态环境成为投资的一大支出部分；另一方面是因为市场竞争的加剧以及竞争环境的多样化，巨大的潜在客源市场与可得利益吸引着旅游开发商的投资开发，但这也使得现有市场竞争愈加激烈，对客源市场的抢夺可能会导致对生态资源的过度开发甚至破坏，并且在众多生态资源产品中如何突出自己也是景区运营商的一大难题。

生态旅游是个持续回报的长效投资产业，对于多数的生态旅游产品短时间内大量的资本投入并不一定能快速回收成本。生态旅游投资项目具有综合性与复杂性的特点，并且其开发的创意空间大，市场竞争激烈，在开发资源的同时还要投入大量资金保护生态资源的可持续发展。因此，结合企业资本投入力度、回报率等要求及投资商自身要素，形成了生态旅游商业模式的巨大差异。

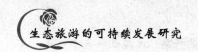

3. 建设风险大

生态旅游目的地旅游者重游率很低。其主要原因是由于距离阻抗和异地消费的共同作用，旅游者在选择生态旅游产品时除了产品本身，还会综合交通、住宿、餐饮、气候及消费水平等多方面的因素从而决定最终目的地。目前有不少的旅游项目市场表现出开业轰动后逐渐呈现衰败，初期建设成本无法回收导致后期维修保护困难，恶性循环使得项目以失败告终。所以，在开发生态旅游资源和建设项目的初期可行性研究中，应该加强对此的重视，强化风险研究和不确定性研究。

4. 区位的重要性

生态旅游项目产品是不可移动的景观资源，旅游者需要离开其常驻地、到达旅游项目所在地才能进行观光及购买消费等行为。并且生态旅游保护区多为远山远水，交通不便，因此，距离成为阻碍旅游产品销售的重要影响因素，客源一般呈现以旅游项目所在地为中心随旅游者所在距离衰减的向心集聚现象。区位的重要意义使得景区经营者需对景区交通加强关注程度，如果交通颠簸混乱会直接导致潜在客源数量的减少。

5. 行业自身特殊性

旅游客源市场前景主要取决于景区的主题、设计与区位。不同主题和区位的项目具有不同的客源规模，不同设计手法的旅游项目基本有不同的市场发展曲线。景区的主题和其资源特点决定着客源的类型，景区的设计能力与创意建设决定着口碑、评价与旅游者重游率，而景区的自然区位条件与交通发达程度决定着客源的来源地。三者共同决定生态旅游市场前景，进而决定财务效益、社会效益和国民经济效益等。

（二）生态旅游的开发原则

1. 保护优先原则

发展生态旅游前应事先调查分析当地自然与人文资源特点，评估旅游发展可能带来的正负面影响，拟订生态旅游规划，进行适度开发，并制订长期管理与监测计划，将可能的负面冲击降至最低。

重视对生态保护区域的规划，对旅游者的可活动范围进行必要管制，勾画出旅游者不可进入的区域，避免人为活动对生态脆弱地区的破坏。而对于可以进行旅游开发与游客观赏的区域，以小规模发展为原则，必要时可限制游客观览的时间和游客流量，同时可通过减少部分游憩活动来减少对生态造成的冲击。在景区合理开发资源的同时，政府部门也要加强对旅游规划的评审和实施的监督工作，定期安排专业人员对景区生态现状进行报告评估，尤其是在初期开发时减少粗放型开发来避免开发中的破坏，如遇到生态遭受破坏开发的情况政府有权勒令景区经营者停止继续开发。

在这一方面，香格里拉的普达措国家公园就做得很好，其开发出来的面积仅占总面积的3%，并且为最小限度地减少对自然环境的干扰，进行了生态栈道的设计，尽量减少工程和旅游等人为活动对途经地区生态系统的干扰。为保护当地水质，限制游客的活动范围远离湖边，同时迪庆州环保局环境监测站一年要到普达措取 9 次水样，做到随时监测时刻警惕。

在生态旅游开发的过程中，应该尽量避免当地经济对观光产业产生过度依赖的情况，巨大的经济利益可能会导致对生态资源的过度开发。生态旅游景区是经济的推动者而非承担者，开发时应辅助地方原有产业，如餐饮、住宿、人造景观等方面，将生态旅游的开发与当地现有产业有机地融合在一起。在生态旅游的开发过程中，对自然生态环境和当地文化遗产的保护应该被置于优先地位。任何与当地的环境和文化相冲突的旅游项目，在观测到其潜在危害后的第一时间就应该被强行勒令禁止，放弃其可能会带来的经济利益。现今国内的一些偏远地区，如西藏、青海和少数民族集聚地等地区，由于旅游者的大量来访造成当地居民的正常生活遭受威胁，不同文化间的碰撞、冲击、挑战着当地的传统价值理念与信仰，严重者可能导致当地本土文化的削弱甚至消失。在这种情况下，旅游者同样也不能得到预期的旅游体验，甚至大量旅游者的涌入会导致当地居民产生反感厌恶情绪，这种现象从生态旅游的发展长远来看是有威胁的。

2. 科学规划原则

科学规划原则是生态旅游健康发展的基础。目前国内部分生态旅游资源的开发完全违背了这一点，景区经营者为获取短期利益忽略长期的可持续发展，盲目混乱的开发计划导致区域生态旅游资源遭受破坏，无法处理片面的保护与地区经济发展的冲突问题，每况愈下的治理使旅游者也产生了不满情绪。

生态旅游的科学规划是通过对生态旅游资源进行详查、分析与评价，并根据生态旅游市场的需求特点，提出生态旅游规划的总体思想、基本原则以及具体目标。在规划过程中，要特别注意对生物多样性的保护，尊重当地的自然与人文环境，随时关注当地旅游环境承载力的数据变化，坚持当地资源的特殊性与唯一性。生态旅游资源的旅游开发规划十分复杂，在选择开发模式时应因地制宜，谨慎选择，合理开发，科学规划。

除了对景区生态资源的规划外，对景区经营管理人员、经营服务设施也要做到预先的系统规划。为经营管理人员与景区服务人员（包括旅行社的导游）组织严格的培训课程与测试，培养共同合作精神，树立对生态资源的保护意识，丰富个人的职业经验，为旅游者提供人性化服务。至于景区的经营设施，注重安全性和美观性并存，融入景区的自然环境之中，时刻贴合环保主题，表现地方文化特色，减小对环境的压力与破坏，并且尽量控制成本支出。

3. 容量控制原则

在旅游开发和利用过程中，应遵循生态规律，坚持容量控制原则，不越过环境承载力的范围之外。环境承载力是指在某一时期，某种环境状态下，某一区域环境对人

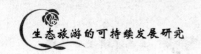

类社会、经济活动的支持能力的限度。当越过这一限度后，人类的活动可能会对自然生态造成无法挽回的破坏甚至完全毁灭。

在景区开发之前，旅游规划部门应该根据旅游地的面积、特点和可进入性等条件，合理测算最佳旅游者容量。在景区经营过程中，旅游管理部门必要时可用行政和法律手段调节旅游者流量，把旅游活动强度和旅游者进入数控制在资源及环境的承载力范围内。旅游者流量控制也可以运用一些技术手段，如对旅游者进行活动区域控制、定期休园或局部封闭、预约进入等手段。

世界八大原生态海滩中，半数以上都对游客数量有所限制，例如澳大利亚圣灵群岛怀特黑文海滩只接待旅行团访客，夏威夷瓦胡岛恐龙湾自然保护区海滩除了限制游客数量外还要求游客在进入前必须观看一个保护脆弱生态系统的教育视频，西班牙加利西亚 LasIslasCies 海滩周边禁止车辆通行，巴西费尔南多—迪诺罗尼亚桑丘湾海滩一次客流量仅为 420 人。

4. 设施生态化原则

生态旅游不同于其他类型的旅游，其目的在于贴近生态、贴近自然、追求原始、返璞归真，所以在旅游接待设施上应该尽量减少人工雕琢，避免对自然环境造成的破坏，尽量做到简朴、方便、实用、环保，体现可持续发展的主题。在设计生态旅游接待设施时要体现舒适性与自然性相统一的理念，提倡减量化、再使用、再循环和替代原则。减量化原则表现在客用品、食品、水电气、商品的包装等方面尽量减少使用的数量和次数，减少不必要的重复浪费。再使用原则表现在减少客用品的一次性替换频率，尽量实现重复利用，鼓励旅游者自带牙刷、毛巾等洗漱用品，床单、被套、拖鞋等客用品将原来的一日一换改为一客一换，实现客用品的可持续利用。再循环原则表现在设计中的水回用、余热回用等方面，将废弃资源重新回收利用，减少污染和排放。替代原则表现在选择上，用可降解材料替代不可降解材料，用清洁燃料替代非环保燃料，用环保型材料替代非环保材料，从而实现设施生态化原则。

5. 环境教育原则

生态景区在为旅游者提供观光服务的同时，也要起到宣传环境保护的教育意义，除了介绍当地生态、文化特色外，更可借此提升大众的环境保护及文化保护意识。在使旅游者系统地体验、了解、欣赏与享受大自然的过程中，营造与环境互动的氛围，并通过对旅游区的自然及文化资源提供深入且专业的解说，逐步引导旅游者树立环境保护意识与责任感。

在景区设施建设时，同样需要考虑环境教育原则，例如在旅游区内设立具有环境教育功能的基础设施、关于生态环境景观的相应解说、提醒旅游者注意环境卫生的指示牌、方便并与环境协调的废物收集系统等。此外，还可利用多媒体，使旅游者接受多渠道的环境保护教育，包括在门票、导游图、导游册上添加生态环境保护的知识和注意事项。

对此，美国黄石公园做出了很好的模范标榜。黄石公园组织了各式各样的特色游览活动，其最具代表性的包括"初级守护者""野生动物教育探险""现场研讨会"等活动，旅游者通过活动学习相关的生态知识，与野生动物近距离接触，激发其对自然生态的兴趣，并自发地去保护当地生态环境，树立环保意识。

6. 社区参与原则

在生态旅游的开发中，不能仅仅将景区作为开发的全部，也应为当地小区及自然生态带来长期的环境、社会及经济利益。在景区开发的过程中，也必须确保与当地居民的充分沟通，在发展当地观光特色内容前，应先征求居民同意，以避免触犯地方禁忌。

应提供适当的社会回馈机制，将旅游开发的收入按照适当的比例反馈给当地社区，帮助改善当地的电力、卫生、交通、通信等设施，提高当地的旅游公共服务能力，使地方居民和政府自发性地保护自然及文化资源。

例如昆明盘龙区伍家村居民自发充当护林员守护金殿后山20余年，当地居民的森林防火意识极高，在发展骑马旅游业的同时劝导游客参与森林防火骑行路线，并将火种留在山下；同时街道积极改善当地的护林防火条件，在伍家村设立森林防火检查站，配备了灭火风机、水枪、水桶、水带、拖把等防火物资，给护林员配备了对讲机，十年来没有一起森林火灾。

在生态旅游的开发过程中，通过多种方法和渠道鼓励居民积极参与旅游开发及建设。一方面可以增强地方特有的文化气氛，提高资源的吸引力。另一方面可以带动当地经济的发展，改善人们的生活水平，维护居民利用生态旅游资源的权利，并且培养和提高他们保护生态旅游资源的责任感。保障当地居民通过发展旅游获得就业、以土地入股利润分成、出售农副产品等利益，同时要将他们组织起来，通过引导和培训，提高服务意识和服务质量。

三、生态旅游规划

（一）生态旅游规划概述

1. 旅游规划的定义

旅游规划是指在旅游系统发展现状调查评价的基础上，结合社会、经济和文化的发展趋势以及旅游系统的发展规律，以优化总体布局、完善功能结构以及推进旅游系统和社会和谐发展为目的的战略设计和实施的动态过程。旅游规划是将"旅游—景观—生态"相融合，"旅游项目—时空布局—经济运作"相结合，"旅游景观资源筹划—旅游项目时空设计—旅游规划纲目创新"相统一，对未来旅游发展状况的构想和安排，使旅游

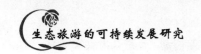

资源产生应有的经济效益、社会效益和生态效益。

2. 生态旅游规划的定义

生态旅游规划是涉及生态旅游者的旅游活动与其环境间相互关系的规划，是在研究的基础上，根据旅游规划理论与生态学、环境学、生态伦理学等观点，将旅游者的旅游活动和环境特征有机地结合起来，通过对未来生态旅游业发展状况的构想与安排，进行生态旅游活动在空间环境上的合理布局，寻求生态旅游业对环境保护和人类福利的最优贡献，保持生态旅游业的永续、健康的发展与经营。

3. 生态旅游规划的特点

了解生态旅游规划的特点，有助于更深刻地体会其本质，规划出符合生态旅游特点和要求的蓝图。生态旅游规划除了具备一般旅游规划的特点，如决策的科学性、内容的综合性、发展的预见性、成果的政策性和实践的可操作性等外，另外还具有三个显著特点：

（1）生态性

生态旅游目的地是多个生态系统的综合体，各生态因子是相互关联，相互依存和相互制约的，是遵循生态学的规律进行物质循环和能量转换的，其中一个因子发生变化，就会引起系统内的其他因子产生连锁反应。一般情况下，自然界生态系统具有较强的自动校正平衡能力和自我调节机制，一定程度上能够抵御和适应外界的变化，如果生态旅游者和可开发者对生态旅游区生态系统的干扰超出其自我调节阈值的上限，旅游环境就会受到破坏，因此在生态旅游规划中，应注重运用生态学规律，合理利用自然生态系统，保持其稳定性，从而使生态环境和生物多样性不被破坏。

（2）特殊性

生态旅游目的地，一般是生态环境相对原始，地方文化氛围浓郁的地区。旅游者在生态旅游活动中，期望在与自然环境和谐共处中获得具有启迪教育和激发情感意义的美好体验，特别愿意到一些野生的、受人类干扰小的原生自然区参观游览。所以，生态旅游目的地的规划，一定要充分发挥其生态旅游的潜力，把握自然生态系统的特征，挖掘其文化的内涵，开发出特色鲜明的生态旅游产品，展现出地方资源的特色。

（3）整体性

生态旅游追求的是社会、经济、生态三个效益最大化，保证生态旅游目的地社会、经济、环境协调发展。因此，生态旅游规划应从系统的观点出发，认真分析生态旅游活动与环境承载力、生态旅游业和社会经济发展与生态环境保护的关系，有效协调生态旅游目的地生态系统及其分组间的相互关系，全面考虑生态旅游规划所涉及的因素，实现整体优化利用。

（二）生态旅游规划原则

生态旅游规划的基本目标是生态旅游资源及其环境的保护，重要目标是社区经济的发展。因此，开发要限定在资源和环境可承受范围内，在强度上应控制性开发，在方式上应选择性开发。所以，生态旅游规划应与当地国民经济和社会发展计划相协调，使经济效益、社会效益和生态效益相统一，突出特色，塑造独特的旅游总体形象，坚持政府主导、社会参与、市场运作、企业经营，并应注意遵循和强调以下原则：

1. 原汁原味原则

在旅游开发时要尽量保持旅游资源的原始性和真实性。不仅要保护大自然的原始资源，而且要保护当地特有的传统文化、民族风情等。避免因开发造成自然和文化污染，避免把不适宜的城市文化移植到旅游景区来。另外，旅游接待设施应与当地自然及文化协调，保证当地自然与人和谐的意境不受损害，提供原汁原味的"真品"和"精品"给游客。也只有坚持原汁原味的原则，才能真实地反映旅游地人与自然协调共生的生态美。

2. 生态学原则

任何一个旅游风景地都是具有特定结构和功能的生态系统，是一个由多个斑块、廊道所组成的整体的旅游景观。旅游地景观的格局及其生态过程有其自身的规律性，我们应据此来设计景观的结构，以遵循其生态过程的连续性，改善其功能。

3. 环境容量控制原则

生态旅游地是一个特定空间的地理区域，其旅游资源环境和社区的经济环境及其居民对旅游业的支持和认可都有一定的限度。在旅游规划和开发过程中，保护自然与文化景观资源以及生态环境，是生态旅游可持续发展的基础。因此，必须遵循生态旅游环境容量的基本理论，及时协调旅游与环境的相互关系，把旅游活动和游客进入数量控制在资源和环境的承载力范围内，以免旅游资源及环境受到破会，以此保持生态系统的稳定性。

4. 环境教育原则

传统的大众旅游一般只注重宣传其旅游资源、旅游交通及景区的其他状况，而忽略了对游客的环境教育，认识不到环境教育对旅游区的作用。要使游客在愉悦中提高环保意识，减少旅游地的环保负担，旅游开发时，应认真考虑在旅游区中能起到人与自然相互沟通、产生共鸣效果的设计。在旅游景区中，一些简单而富有创意的设计就能起到极大的教育作用，因此，规划时应从旅游设施的规划建设（如绿色饭店、游客中心、户外解说系统等）、旅游项目和产品开发（如观鸟项目、徒步旅行等）、旅游业经营（如宣传策划、导游等）等各方面将环境教育原则和内容融入，并贯穿始末。游

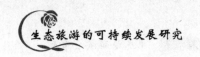

客在游览的过程中，获得了愉悦的体验并得到了精神文化方面的提升，使得旅游更加富有意义。

5. 宏观和微观相结合原则

一个旅游区的专项规划，第一，要与本区域的总体规划相结合，与其周边规划相结合。第二，旅游业是当地经济和社会体系的一个子系统，其发展规划必须与当地经济和社会发展总体部署相结合，将它的区位、环境、地区经济发展水平、建设条件等影响旅游业发展的因素纳入规划。第三，旅游业是多层次、多维度、多要素相互联系组成的复杂系统，其规划必须做到总体规划、专题规划相结合，即点、线、面相结合。

6. 多方参与原则

在规划设计时，应采取多种形式，普遍征求利益相关者的意见，了解更多的情况，吸收其中的合理建议和意见，获得最好的规划效果。特别是请社区的居民参与到规划的建议与决策中，不仅能使当地居民积极保护生态旅游资源环境和支持生态旅游业的发展，友好地对待来此的游客，而且还能增强旅游规划的地方特色，最了解旅游地的人一定是当地居民，这里是他们长久生活的地方，他们了解当地的历史变迁。更为重要的是让社区的居民真正成为生态旅游的受益者，以实现生态旅游的扶贫功能，使居民体面地发家致富。与生态旅游利益相关者主要有政府主管部门、企事业单位、私人投资者、非政府组织、当地社区居民、教育部门、研究机构等。

7. 体现市场经济需求

在规划中必须以市场为导向，充分发挥市场机制在旅游发展中的地位和作用。只有参照市场目前的各种情况才能规划出适销对路的旅游景区，满足旅游者的需求使其前往。同时，通过多种方法和渠道使当地居民积极参与旅游开发建设，带动当地经济的发展和改善人们的生活水平。

8. 依法开发原则

生态旅游规划必须遵循相应的保护法规，以防规划决策的短期行为，力求规划措施实施的制度化，确保生态旅游开发和经营活动符合有关的生态保护法规。如我国的自然保护区的生态旅游规划必须遵循《野生动物保护法》《森林法》《草原法》和《自然保护区管理条例》等，以及执行环保部门颁布的有关工程建设要求实行的环境影响平价制度、旅游环境保护目标责任制度等，妥善处理环境保护与旅游开发之间遇到的实际问题。

9. 安全与健康原则

旅游者作为旅游消费者，其合法权益应该受到保护，"高兴而来，失望而归"的感受使旅游者的旅游消费权益受到影响。因此，本着对旅游者负责任的态度，为旅游者提供真实的信息，不欺瞒消费者，保护旅游者的合法旅游消费权益。在一些特殊的旅游地，如滑雪场、森林、水域等，应设置必要的救生员或医疗机构，以保护旅游者的健康和生命安全。

（三）生态旅游规划体系

1. 旅游系统规划

生态旅游规划与旅游规划关系紧密，从内容体系上来说是一脉相承的，只是理念、技术手段、侧重点不同。运用系统论的思想方法仔细分析可发现，旅游规划是个系统工程。系统论认为，系统是由一组相互依存、相互作用和相互转化的客观事物所构成的具有一定目标和特定功能的整体。系统中各单元之间，有物质、能量、信息、人员和资金的流动；通过单元的有机结合，使整个系统具有统一的目标，但总体不等于它的部分之和。由于系统的结构是系统保持整体性及具有一定功能的内在依据，所以研究旅游系统的结构就非常必要。旅游系统具有地域上和功能上的完整性。

其中旅游通道既包括了交通通道，还应包括信息——过去常被忽视的无形通道，交通的便捷度和信息的易获性在很大程度上推动旅游者从客源地前往目的地的流动。若按旅游功能分析，旅游系统则包括四大组成部分，即客源市场（需求）子系统，旅游目的地（供给）子系统、支持子系统和出游子系统。子系统内又包括诸多要素，这些要素相互关联、彼此制约，构成一个有机的旅游系统。旅游系统是通过旅游者的旅游活动而使各组成要素相互联系、相互作用构成的一个有机整体，它是一个动态系统、闭环系统、开放系统。

旅游系统规划是以旅游系统为规划对象，在对旅游目的地和客源市场这对供需关系以及与这对关系有紧密联系的支持系统和出游系统诸因子的调查研究与评价的基础上，制定出全面的、高适应的、可操作的旅游可持续发展战略及其细则，以实现旅游系统的良性运转，达到整体最佳且可持续的经济、社会和环境效益，并通过一系列的动态监控与反馈调整机制来保证该目标的顺利实现。旅游系统是一个复杂的巨系统，旅游系统规划要解决很多问题，诸如客源市场、旅游吸引物、环境容量、交通和人力资源等。而这些问题又交叉覆盖、互相影响、牵一发而动全身。

2. 主要规划内容

生态旅游规划是设计旅游者的旅游活动与其环境间相互关系的规划，它是应用生态学的原理和方法将旅游者的旅游活动和环境特性有机地结合起来，进行旅游活动在空间环境上的合理布局。吕永龙（1998）依据生态旅游的概念内涵、原则，结合国内外一些生态旅游规划成功案例，在旅游系统规划的基础上，构建了生态旅游规划的内容体系。

3. 生态旅游规划编制程序要求

（1）确定规划目标和保护对象制订生态旅游规划，首先应确定规划目标，就是规划什么、为什么规划的问题；其次考虑保护的对象。为了实现旅游资源可持续利用，

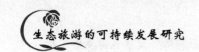

保证旅游区经济的持续性发展，旅游区的资源保护、环境保护与生态保护是至关重要的。若旅游资源和旅游地环境与生态一旦遭到破坏，一方面天然景观将永远地不复存在，靠人力是无法恢复或重建的；另一方面也就失去了旅游区发展旅游业赖以依托的基础。没有吸引人的旅游景观，便失去了游客，与旅游有关的各类服务和产业也就不能生存下去。因此，环境与生态保护不是一时的权宜之计，而是旅游区规划建设始终要贯彻的一项重要方针和政策，要防止环境污染和破坏，把旅游区建设成为一个良性循环、自然与人类协调发展共存的区域空间。

（2）生态旅游环境的调查评价

确定开发目标后，应对规划旅游地区域的自然与人文旅游生态环境进行详查、分析与评价。包括其自然概况、珍稀濒危保护动植物生存环境等，以确定需要特殊保护的区域，为旅游开发保护奠定科学基础，并确定旅游地的开发主题，进行旅游形象定位。

（3）生态旅游资源的调查与评价

① 调查规划区域内生态旅游资源的基本情况与开发条件，并进行科学评价，如对资源本身的特性特质进行评价，包括美学价值、科学价值、历史价值等，确定其是否值得开发、如何开发、为谁开发及开发方向有哪些，为生态旅游资源的合理开发利用和规划建设提供科学基础。

② 旅游区的综合评价，根据规划目标和环境的特征、旅游资源类型的假定，确定生态旅游资源及旅游环境的承载力、景观地域组合、景观的分异度和丰度值、资源分布的形态结构和可进入性评价。

③ 旅游区区位条件与依托城市的关系。

④ 经济因素方面的评估，包括开发条件、施工条件、地区经济条件、区域经济背景等。

⑤ 旅游区社会和生态环境方面的评价。

⑥ 核定生态旅游开发的规模。

（4）生态旅游客源市场分析

客源市场由三个部分组成，即国内市场、海外入境市场和国内出境市场。在规划中主要侧重前两个市场，因为它们直接影响旅游业收入，带动经济发展。但是客源市场是不断发展变化的，所以客源市场分析主要是研究旅游需求、旅游客源市场的结构类型和特征，特别是有关旅游需求的行为层次结构。从旅游的供求关系可知，如果没有客源市场，旅游资源开发和旅游区规划则毫无意义，也不会有任何经济效益。所以说旅游客源市场分析是旅游区开发的前提。

客源市场对旅游的需求在一定程度上对旅游区的开发导向有很大影响。旅游区的旅游资源要不要开发，如何开发，采取什么样的开发导向模式，往往有赖于对客源市场进行调查、研究后才好做出决定。客源市场分析的指标主要有：①客源地的地理位置及特征；②客源地的社会与经济发展情况；③对旅游活动的态度和参与兴趣；④年游客人数和经济支出；⑤主要旅游动机；⑥客流量随季节的变化；⑦各类旅游区和旅游活动的逗留作用；⑧游客的年龄、职业及文化层次、经济收入水平；⑨游客与旅游目的地的各类关系，如血缘、文化交流、科学协作等；⑩客源地国家或民族的风俗习惯和信仰等。在以上客源市场诸因素中，旅游目的地和旅游客源地之间的距离是非常重要的影响因素。

第二节　生态旅游体验的动机与类型

一、生态旅游体验动机

（一）生态旅游体验动机

1. 内部动力

生态旅游动机是引发、维持个体在生态环境中的旅游行为并将行为导向旅游目标的心理动力。简单来说，它是直接推动人的旅游行为的内部动力（动因）。归纳大多学者对基本动机的分类，约有如下几种：身心放松的需要、求知需要、求新需要、交际需要。针对生态旅游体验动机，可概括为：在以生态环境为主要景观的旅游体验中，放松身心；进行生态教育和生态认知；以保护生态环境为前提，以统筹人与自然和谐发展为准则，并依托良好的自然生态环境和独特的人文生态系统，采取生态友好方式对生态环境产生新的体验和感受并在过程中产生必要的交际行为和联系的动机。

2. 放松身心

生态旅游前往的是某一特定的区域，一般是相对未受干扰或污染较小的自然区域或相关文化区域。纵向来看，该自然区域保存较完好、受干扰较小，具有高品质的原生性、完整性，形成与现代工业文明的强烈反差，营造了与现实世界的距离；横向来看，地域空间的短暂转换所形成的生态旅游地文化、社会与旅游者所处现实社会的差异也造就了心理的距离。通常，主体总是倾向于只感受到与自己利害关系最为密切的一面，当在主客体间插入一段心理距离后，主体就能跳脱现实功利主义的羁绊，全身心地投入客体之中，从中获得一种放松的情感体验。生态旅游地使旅游者在短暂的旅游审美时空中抛离原有的现实功利，在一种纯精神领域中，重塑自我，获取真正意义上的全身心放松的情感体验，最大限度地满足身心放松的旅游动机，在另一种功利弱化的旅游生活中获得求知、求新、求异、求乐等心理需求的满足。

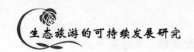

3. 逃离现实

简单来说，生态旅游体验者更在意的是生态景观与现实社会的反差，"逃离"的动机更加突出。旅游者在自然景观面前，抛下日常的琐碎和烦恼，体验大自然的清新和伟大，探索平时不重视的知识，寻求不需费心机的畅快。

随着城市造成的环境问题日益突出，人们对自然环境的需求越来越强烈，旅游者越来越注重旅游环境的质量，越来越希望享受到回归自然、返璞归真的旅游活动。旅游市场随着人们的价值观和喜好显现出一个共同的选择取向——走向自然、亲近自然。在旅游活动中追求回归自然，让自然环境的保健、疗养有益人类身体，让自然中蕴藏的文化寓意带来美学观赏价值和文化意义，愉悦人们的精神。

4. 回归自然

回归自然的旅游是以自然及人文资源为基础的旅游方式，人们带着某一特定的目的（如野生动植物观察、现存文化特质欣赏等），到干扰较轻微或未受污染的自然地区去从事旅游活动，并通过这些活动加强对当地自然和文化的认识。人与自然的和谐共生才能造就一个良好的生态环境系统，人们在享受自然的同时要对环境承担起对自然的保护责任，旅游观念的这种重大变革，使人们追求一种回归自然、自我参与的旅游活动，希望在享受自然的同时，尽一份爱护自然，保护自然的责任心和爱心，渴望与大自然融为一体，体验"天人合一"的高雅享受。

5. 探新求异的需求

此外，还有探新求异需求对生态旅游动机的"推"的作用。旅游业经历一百年的发展至今，传统大众化旅游方式已不能满足人们的旅游需求，旅游行为从一般的观光旅游转向对原生性的自然景观的欣赏，同时旅游者在旅游过程中，除追求"消费心理的满足"外，还开始追求"奉献心理的满足"，即越来越多的旅游者开始意识到自己的旅游行为会对环境产生影响，有意识地自觉地去保护环境。

（二）生态旅游者旅游动机的特点

目前，国内外对于生态旅游者旅游动机的研究进行得相当火热。我国对于生态旅游研究的起步较晚，大多数还停留在概念引入阶段，实例研究较少，而且大多数实例研究偏重于生态旅游目的地的资源研究，对生态旅游主体——游客研究较少。

通过对国内外的研究进行比对，我们发现，多数国内生态旅游者的旅游动机是"缓解压力"和"欣赏自然"，而在国外生态旅游者中，旅游动机为"寻求新的体验"和"了解自然"的居多；环境纯净、风景优美的自然生态旅游地是现今中外旅游者的首选；影响国外生态旅游者选择何种旅游产品的因素主要与旅游地的情况有关，而旅游产品价格、旅行社服务水平对国内生态旅游者的旅游地选择的影响较大；中外生态旅游者的团队在构成上有比较大的差别；导游讲解和导游手册或景区标识牌是国内生态旅游者增进对景区了解的主要途径，他们比较喜欢从旅行社获取旅游信息；国外生态旅游者不太喜欢通过旅行社被动地获取旅游信息，而更多地通过访问当地居民来加强对景区的了解。相对于国内游客而言，国外游客对旅行社和导游的需求较少，他们更强调个人对自然的体验，希望能亲自了解当地的生态环境，独立性和自主性更强。

（三）生态旅游者旅游动机的产生条件

1. 生态旅游的产生背景

休闲旅游是在人们生活水平普遍提高、可自由支配收入不断增加、闲暇时间日益增多、对身心健康追求逐渐强烈、社会基本服务设施日趋完善的大背景下产生的。它是社会进步和旅游得以丰富发展的产物，是人们厌倦了传统旅游的走马观花式的游览，而追求一种使身心得到休息放松、陶冶生活情趣的旅游方式。生态旅游的产生则与休闲旅游完全不同。在经济利益的驱动下，旅游资源被过度开发，旅游环境质量下降，旅游业已不再是所谓的"无污染产业"，旅游业发展中日益突出的环境、经济和社会问题，使人们深刻意识到环境保护对旅游业可持续发展的重要性，强烈呼吁一种具有保护性质的旅游方式的出现，生态旅游由此产生并得以迅速发展。

2. 生态旅游者旅游动机产生的主观条件

主观条件下，生态旅游的动机是由人们对环境强烈的保护意识产生的。比起休闲旅游，生态旅游的旅游动机更倾向于对环境的保护和对旅游者的教育，生态旅游活动的开展需要以生态环境不遭受破坏为前提。它把生态环境的承载能力作为首要考虑因素，重视旅游环境容量的研究强调经营者、旅游者和当地居民都要以保护环境为己任，保持旅游地的持续生存和和谐发展。景区旅游资源的盲目或过度开发必然会引发旅游地的生态破坏、环境污染、社会冲突等问题，进而影响旅游地的生命周期和旅游业的可持续发展，因此客观上某个旅游地必然存在容纳或承载旅游活动的最适值或极限值，这就是生态旅游承载力。由于承载力所反映的是对任何一种自然资源的利用，都存在一定极限的概念，而这种认识源自人们担心某种自然资源或环境的过度利用会造成永远不能再利用的严重后果。同时，生态旅游具有丰富的科学与文化内涵，通过旅游可以了解地质、地貌、气象、水文、植物、动物、环境等科学信息和知识，了解生态系统既相互依存、又相互制约的关系，从而提高人们的科普知识，达到教育目的。生态旅游的社会功能主要体现在以下几个方面：一是为人们提供科普教育和科学考察场地、加强对旅游者的科普教育，同时有助于确立人们对生态和文化的保护意识，使人们认识到人和自然生态是一种相互依存的关系，从而有助于自然环境和人文社会的可持续发展；二是有利于环境保护与旅游和谐发展，环境问题是生态旅游产生的重要原因，生态旅游走的是可持续发展之路，重视生态环境保护，促进人与自然的和谐统一，这是生态旅游遵循的根本宗旨。

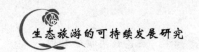

另外，不同生态旅游者的旅游动机产生的主观条件不尽相同。据有关部门分析，生态旅游出游人口主要有三种人：第一种是来自发达国家的经济充裕、身体健康的老年人，这些人退休后经常参加旅游，但他们并不喜欢传统的旅游方式，而是钟情于追求原始、自然的旅游；第二种是有着自由主义思想的中年人和中产阶级，他们经受过20世纪80年代环保热潮的熏陶，有着较强的环保意识；第三种是发达国家的年轻人，他们对环境问题很关心，又有较长的休假期。

3. 生态旅游者旅游动机产生的客观条件

客观条件下，旅游资源被过度开发，旅游环境质量下降，旅游业发展中日益突出的环境、经济和社会问题，都使生态旅游的产生与发展刻不容缓。生态旅游作为一种概念或实践，以回归自然和环境保护为核心，是旅游业可持续发展的最佳选择。与传统大众旅游相比较，生态旅游规模小型化，它是以自然生态系统健康、自然、风景优美、相对人迹稀少的区域为主要活动对象的旅游；其开发经营模式贯彻了可持续发展的思想和生态经济的观点；旅游开发同时兼顾环境、经济和社会三方面利益。它不会对旅游地造成大的破坏，是一种富有责任感的旅游形式。人们可以在缓解压力和陶冶情操的同时领略经济发展和社会进步带来的愉悦，从而使人们产生珍惜人类文明、保护生态环境的责任感，促进生态旅游的开发和发展；通过开展生态旅游，可以使人们产生对自然环境及人文环境的保护意识，增强人们的环保观念，从而对人们的休闲旅游活动起到指导和教育意义，使休闲旅游活动更加健康、持续地发展。

4. 大众旅游者与生态旅游者的旅游动机比较

生态旅游者具有强烈的生态意识，所以他们对旅游舒适度的要求很低，如他们不会为了自身的方便而要求建筑公路、索道等交通设施，他们认为这将损害当地的生态环境。

二、生态旅游体验类型分类方法

（一）体验旅游的等级类型

国内体验旅游类型的定义如下：

（1）文化体验：主要是利用人文生态旅游资源来满足人们对于历史文化等的认知和对异地文化、宗教等的好奇，有助于人们把握人生价值。

（2）生存体验：在旅游者自愿参加的情况下，有助于旅游者真正认识自身和生命的价值。它主要针对某些需要刺激和具有冒险精神的人们，但需要为他们提供专门的生存技术指导，并且保证参与者的生命没有危险。

（3）民俗体验：是让人们在少数民族当地浓郁的氛围中真切地感受他们的生活，

体验他们生活的每一个细节，了解他们对于自然和生活的不同看法，满足旅游者好奇、轻松和欢乐的需求，让人们体验到真的民族风情。

（4）学习教育体验：主要满足人们对于自我发展的需要，也满足现代人在娱乐中学习的需求。

（5）自然体验：不仅让人们加强对自然的认知，同时也能满足人们对自然界的好奇。

（6）生活体验：主要是让旅游者换一种生活方式，换一种心情，同时反映了人们对于自我完善的需求以及对另一种生活的好奇。

生态旅游体验分类有异曲同工之妙，不过只是泛泛而言，特定到生态旅游景区的具体的分类其实很复杂，能具体到一个景区，而分类的标准则基于游客需求与当地景区特色的结合。

（二）体验旅游的分类方法

John R 等以新西兰凯库拉风景区为例，采用 Q 分类法将海内外游客的旅游体验分成生态、海上娱乐、海岸社区、自然风景和家庭海上度假旅游体验五类。Jennifer 等以在马来西亚旅游的欧洲游客为对象，对他们的生态旅游体验感知进行探索性研究，测量了游客体验质量维度，将生态旅游体验分成生态旅游活动、目的地自然环境、与服务人员交流、与其他游客相处及旅游信息获取等类别；窦清则将旅游体验分成情感、文化、生存、民族风情、学习、生活、自然、梦想和娱乐体验九个方面。卢睿认为可把生态旅游体验分为生态休闲、生态观光、景区生态性和自我实现体验四类。苏勤经聚类分析法将游客分为身心放松、知识、社交和发展四种类型，并分别比较他们的体验质量。YipingLi 将旅游者的体验感受分为正感体验和负感体验，其中正感体验是指旅游者心态的满足，负感体验则相反。

通过分析游客体验，不难发现，生态旅游体验的分类是因地制宜的，缺乏统一性。生态游体验的分类标准从心理角度、景区资源角度、休闲学角度分类，结果差异明显。不同角度的分类方式在不同领域的研究就有着各自的价值。就单个景区而言，从资源的角度出发，再结合旅客需求，对生态旅游体验进行分类，有助于景区管理；将景区进行功能性分类，有助于为景区定性以及定级。

三、生态旅游体验设计

（一）设计原则

1. 立足生态旅游资源与市场

生态旅游作为一种旅游活动，其活动的开展和完善必须依赖一定的旅游资源。生

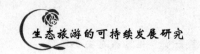

态旅游的设计需要根据其具有的生态资源进行，要保护好自然生态环境，既开发旅游资源，又保证能够持续利用。

2. 设计有吸引力的生态主题

主题是各种旅游项目设计的核心。生态旅游的主题应具有的独特吸引力，凸显"独特性"。特色化的主题，可以充分展现生态旅游项目，增加其吸引力。只有将游乐项目、标志性建筑、接待设施、休闲项目、引导系统等所有的内容都围绕其主题展开，才能达到整体景观的最佳效果。

3. 吸引游客的深度参与生态旅游

需要游客积极、深度参与，只有保证了与游客的交流，才能设计出更加符合游客需求的项目。另外，生态旅游包括与自然相关的旅游，涉及一些特定地区的环境以及生态问题，在这样的旅游中需要游客能有机会参与保护自然环境并能与当地居民相互交流。

4. 保护优先原则

任何生态旅游的开发都必须以保护作为首要的出发点，这是生态旅游景区区别于大众旅游景区的核心所在。生态旅游设计应注重保护原有的生态资源。尤其旅游景区中的自然保护区、风景区等是各种生态资源的重要保护场所，在其设计中，应有意识地把生物多样性的保护作为重要的设计指标，营造一个可持续的、具有丰富物种和环境的生态系统。

5. 原始性与真实性原则

在生态旅游的设计过程中，要尽量保存其土地的原始性，因地制宜地利用原有地形及植被，避免大规模的土方改造工程，尽量减少对原有环境的负面影响，充分发挥自然系统的能动作用，建立完善的自然生态系统。

（二）设计过程

体验调查的目的是了解旅游市场的机会威胁，分析旅游体验的需求状况。只有充分了解了市场机会威胁，才能根据出现的问题设计出更加符合市场发展以及满足更多顾客需求的体验。体验设计包括：

（1）围绕旅游者在旅游中追求新鲜感、亲切感、满足感，求补偿、求解脱的需求设计主题来塑造最优的旅游体验。

体验设计要以满足人们的情感需要、自我实现需要为主要目标，必要时可以商品为载体，以服务为手段，使消费者融入其中。要以最大限度地满足旅游者的需求，提高旅游者的满意度。要以新鲜、有趣的主题吸引旅游者，并促进其在旅游体验中的活动，最大限度地使旅游体验的过程变得轻松、愉悦、有趣。这样，在旅游体验结束以后，留给消费者的记忆才能是难忘的，并且有可能促进其再次前来体验。

（2）生态体验设计要满足生态效益原则。

生态旅游的产生是人类认识自然、重新审视自我行为的必然结果，体现了可持续发展的思想。生态旅游是经济发展、社会进步、环境价值的综合体现，是以良好生态环境为基础，保护环境、陶冶情操的高雅社会经济活动。但是一些珍贵的生态资源如草原、湖泊、湿地、海岛、森林、沙漠、峡谷等和文物一样，极易受到破坏，并且不能再生，甚至可能在地球上消失。因此，生态旅游体验应是一个带责任感的过程。这些责任包括对旅游资源的保护责任，尊重旅游目的地经济、社会、文化并促进旅游目的地可持续发展的责任等。生态旅游不仅是一种单纯的生态性、自然性的旅游，更是一种通过旅游来加强自然资源保护责任的旅游活动。所以，生态保护一直作为生态旅游的一大特点，也是生态旅游开展的前提，并且还是生态旅游区别于自然旅游的本质特点。

（3）营造与旅游主题相适应的场景和体验氛围，赋予旅游体验形神兼备的意象。

主题是体验的基础和灵魂，鲜明的主题能充分调动游客的感官，触动游客的心灵，使之留下深刻感受和强烈印象。按照主题性原则，应从景区的大环境到具体的服务氛围，从景物、建筑、设施设备、服务用品和旅游纪念品的外观形式，到食、住、行、游、购、娱各环节的项目内容，用一条清晰明确的主线贯穿起来，全方位地展示一种文化、一种情调，使游客通过视觉、听觉、嗅觉、味觉和触觉，多层面、多角度地获得一种整体、统一的美好感受，形成难以忘怀的记忆。因此，在生态旅游体验的设计过程中，要格外注重旅游主题与场景和氛围的适应和匹配度。所有的旅游项目、旅游产品，都应围绕其制定的旅游主题来设计、安排。

（4）要重视策划旅游体验过程。

旅游体验在设计过程中，可以综合利用声、光、电、味及实物，从建筑、音乐、舞蹈、解说系统、艺术作品、设施、活动项目、旅游纪念品、工作人员服饰、氛围、服务程序等各个方面，全方位刺激旅游者的感觉器官和心灵，使其充分感知和理解产品所要传达的主题与内涵，从而留下难忘的经历。通过旅游纪念品、广告和照片等的设计提醒游客回忆经历过的体验，提升游客体验，更好地满足游客的需求。另外，纪念品对游客体验也有一定的影响，通过对旅游纪念品的设计、创新，提高对游客的吸引力，从而增加旅游体验对游客的吸引力以及游客的满意度。

（5）要根据市场和游客需求推陈出新。

旅游市场在日新月异地发展，游客的需求与品位也在不断地变化、提高。为了满足游客追求新奇的心理，旅行社应及时把握旅游市场动态，注重新产品、新线路的开发与研究，并根据市场情况及时推出。一条好的新线路的推出，有时往往能为旅行社带来惊人的收入与效益。即使一些原有的旅游线路，也可能因为与当前时尚结合而一炮走红。景区可以结合当下的流行元素，设计出更加新颖、更具吸引力的体验。

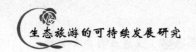

（三）生态旅游体验顾客化设计内容

1. 充分把握顾客差异和个性化需求

生态旅游体验要注意突出旅游者的参与性和生态旅游景区的互动性。从旅游产品的设计到旅游项目的组织开展，都要围绕旅游者展开，要最大限度地使旅游体验满足更多旅游者的需求。景区在体验物的设计上应力求独特，人无我有、人有我优、人优我特，时刻保持体验物与众不同的个性，不断为游客带来新鲜的旅游感受，满足其个性化和参与性的需求。景区的环境、项目、活动与游客自己的生活环境有较大差异，要突出景区自身的独特性。

2. 在生态旅游体验提供系统中突出灵活性

在旅游者进行生态旅游体验的过程中，可能会出现各种不同的状况，这时，就需要旅游景区根据生态体验提供系统中出现的问题及时做出调整。尽力将旅游者的损失降到最小化，避免影响旅游者对于旅游景区的满意度。另外，旅游产品和旅游设计应根据市场以及旅游者的需求进行不定期的调整、更新。

3. 提升旅游服务设施服务效率

利用更加便利的电子设备等方式为旅游者多方面提供不同种类的服务，满足各种游客的需求，减少旅游者在体验过程中不必要的等待时间，可以提高旅游者的旅游体验满意度，同时，也可有利于保证工作、服务质量，提高工作人员的工作效率。

5. 给予工作人员更大的自主权

给予工作人员更大的自主权，使他们能够在顾客化的生态旅游体验中也能参与设计，发挥更加积极和有效的作用。通过这种方式既可以更加全面地了解旅游者的需求以及在实际工作中已经或是潜在的各种问题，避免了在以后的旅游体验中出现更多的不必要的问题。同时也有利于保证工作人员的工作热情，提高工作积极性以及服务质量，也可以更好地设计出符合旅游者需求的产品，提高旅游者满意度。

第三节　生态旅游管理的多角度考察

一、生态旅游性质的经济学分析

公共产品理论认为，公共产品是具有消费或者使用上的非竞争性和收益上的非排他性的产品，可分为纯公共产品和准公共产品。其中，非竞争性指一部分人对某一产品的消费不会影响另一些人对该产品的消费，一些人从这一产品中收益不会影响其他人从这一产品中收益，收益对象之间不存在利益冲突。非排他性是指产品在消费过程中所产生的利益不能为某个人或某些人所专有，要将一些人排斥在消费过程之外，不让他们享受这一产品的利益是不可能的。

根据上述理论分析，生态旅游应属于公共产品的范畴。首先，生态旅游开展的基础，如自然保护区、地质公园、风景名胜区等都属于公共产品。一个旅游者到生态旅游景区参观游览并不会影响或排斥其他旅游者的活动。例如，一个风景名胜区清新美好的空气是一项能为人们带来好处的服务，它使所有人能够呼吸到新鲜的空气，要让某些人不能享受新鲜空气的好处是不可能的。其次，生态旅游本质上是强调可持续的旅游发展，而可持续发展所强调的代际公平和代内公平也是公共产品非排他性和非竞争性的体现。

但是，生态旅游并不完全是纯公共产品，它更像是准公共产品。纯公共产品的非竞争性有两层含义：①边际成本为零。这里所述的边际成本是指增加一个消费者对供给者带来的边际成本；②边际拥挤成本为零。每个消费者的消费都不影响其他消费者的消费数量和质量。但生态旅游具有不充分的竞争性，首先旅游人数的增加势必会增加供给成本，其次旅游者的数量多少绝对会影响其他旅游者的体验和感受到的旅游质量。

因此，生态旅游具有纯公共产品和准公共产品的双重属性。一方面，当自然保护区作为生态旅游区域，由于其作为外部性产品具有消费时的非排他性和非竞争性，因此生态旅游资源具有纯公共产品属性；另一方面，当生态旅游作为旅游产品时，体现出消费竞争性和非排他性，因此生态旅游产品具有准公共产品属性。纯公共产品的提供者一般是政府，准公共产品的提供者有政府、非政府组织、非营利组织、社会团体、企业及私人等。生态旅游所具有的公共产品属性要求在分析其利益相关者时必须考虑更多方面的因素，如非政府组织、当地社区等。

二、生态旅游中的利益相关者

（一）生态旅游中的利益相关者

利益相关者能够影响组织，他们的意见是决策时需要考虑的因素。但是，所有利益相关者不可能对所有问题保持致意见，其中一些群体要比另一些群体影响力更大，这使如何平衡各方利益成为战略制定考虑的关键问题。

传统的旅游系统包含主体（旅游者）、客体（旅游资源）和媒体（旅游产业）三个基本要素。这三个要素构成了旅游活动的市场链条。生态旅游的公共属性使生态旅游系统不仅包含旅游者、旅游资源和旅游产业，也应该包含当地社区以及公共部门（政府和 NGO）。这些要素及其管理部门共同构成了核心内容，它们成为生态旅游的核

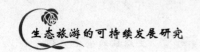

心利益相关者，另外还有一些作为紧密层和松散层的利益相关者。

1. 核心层利益相关者的利益诉求

在生态旅游投资者中，相当一部分生态旅游项目投资来源于公益渠道如国际非政府组织、国际多边援助等。谭红杨和朱永杰（2007）对巴克利（2003）的《生态旅游案例研究》（Case Studies in Ecotourism）中记录的 51 个案例进行了统计，其中公益投资占总数的 61%。这个数据从实践途径证明了生态旅游在目前阶段还带有公益性质，生态旅游投资者的利益目标是保护生物多样性和消除当地社区贫困。在对 51 个案例的统计中，非政府组织或社区组织是生态旅游活动的重要组织者，反映出其行为具有社区扶贫和保护当地居民生态环境的公益性。生态旅游的投资者和经营者构成了生态旅游活动的重要媒介。

社区是开展生态旅游的载体，其内涵是指生态旅游景区内或周边的居民社区及其承载的社区历史、文化。社区文化在些生态旅游案例中也是旅游吸引物的一部分。若干生态旅游成功案例表明，在适当的条件下发展生态旅游，有助于保护生物物种的多样性，帮助农村地区消除贫困，也能维护居住在自然保护区和附近的社区居民的各种利益。社区和自然保护区的利益关系是唇齿相依的"鱼水"关系。政府的角色行为应该包括政策和规划制定、制度和管理体系的建立等。然而从生态旅游实践来看，某些政府的行为与其理论上的角色规范之间还存在较大偏离。利益驱动性使政府在制定旅游规划决策时，特别是对一些生态敏感区和脆弱区进行不违法但是不合理的开发时，造成了生态旅游资源开发的短期经济行为，导致生态旅游的"标签化"。

自然保护区机构作为政府为保护自然资源设立的专门组织，其目标就是保护生态环境。然而在现实中，有的地方政府为了短期的经济利益，与自然保护区在"保护"和"发展"的问题上存在矛盾。

2. 紧密层利益相关者的利益诉求

在紧密层，包含了生态旅游的外围企业、学术组织、咨询机构和媒体。其中，外围企业是旅游服务业链上的基础企业，它们追求利润最大化。学术组织包括生态旅游相关科研人员，他们为生态旅游实现可持续发展目标，为合理利用自然资源提供理论依据和实践指导。他们追求学术成果和社会名誉；咨询机构包括生态旅游项目策划、规划、商业咨询，或者是提供生态旅游认证的非政府组织。他们通过提供不同的服务，为生态旅游的有序开展提供管理上的标准和具体保证措施。他们在追求生态旅游有序发展的同时也追求经济目标。媒体包括报纸、杂志、电视、网络、广播等形式，可进行直接的旅游线路广告和旅游地宣传推广，通过传媒网络推动生态旅游事业的发展，同时获取经济收益。

3. 松散层利益相关者的利益诉求

松散层包括国际旅游企业、旅游者网络和邻近社区等。生态旅游的客户群具有收入高、专业人士和管理人员居多、受教育程度高等特点（刘静艳，2006）。所以，在发展中国家的生态旅游景区，目前主要以发达国家的旅游者为主。国际旅游企业在生态旅游中所获得的利益颇为可观。另外，在互联网如此发达的今天，旅游爱好者通过网络中的论坛、俱乐部等平台组成自助团体进行自驾游和徒步游的活动呈快速增长趋势，他们的目标是通过网络寻找组团出游的机会。

（二）生态旅游利益相关者框架

利益相关者图清晰地描绘谁是利益相关者集团，在采取新的战略时，代表哪个集团的利益，他们是否可能阻碍变革，他们的力量如何，应该怎样对待他们。绘制时首先确定所有利益相关者，标出他们之间的重要关系，然后分析这张图表所显示的风险和机会，识别任何可能的变化对这张图的影响。

根据利益相关者对组织的影响力的主动性、重要性及紧迫性进行判定，生态旅游利益相关者可分为核心利益相关者、蛰伏利益相关者和边缘利益相关者。

1. 核心利益相关者

生态旅游开发和发展所获取的经济利益一般在当地居民、当地政府、开发经营者之间进行分配。其所获取的利益主要是生态旅游者在旅游景区内的旅游消费收入及旅游地产收入。当地居民、当地政府、开发经营商在开展生态旅游中扮演了不同角色，当地政府提供土地、政策及公共服务，开发经营者提供了资金及经营设施，当地居民提供土地、劳动力及服务等，生态旅游景区所获得的整体效益是由当地居民、当地政府、开发经营者的共同付出获得的，为了补偿他们的付出，开展生态旅游所得的经济利益应在当地政府、开发经营者、当地居民之间进行分摊。

2. 其他利益相关者

生态旅游的利益相关者除了核心利益相关者之外，其他还包括蛰伏利益相关者和边缘利益相关者。蛰伏利益相关者指生态旅游的供应商、生态旅游者、生态旅游的投资人（债权人）、生态旅游区分销商、上级政府；边缘利益相关者指那些往往被动地受到企业的影响，对发展生态旅游来说他们的重要程度很低，其实现利益要求的紧迫性也不强，特殊利益集团和社区属边缘利益相关者。

三、生态旅游与社区参与

（一）社区参与生态旅游基本观点

1980 年，加拿大学者莫林在论文《有当地社区居民与社团参与的生态与文化旅游规划》中，首次提到了社区参与生态旅游的概念，并将这一概念和生态性旅游

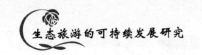

（Ecological Tourism）联系起来。哈维契（1993）等在伯里兹生态旅游与社区发展的案例研究中指出：真正意义上的生态旅游是可持续的，它必须考虑社区的参与，将当地居民当作合作者，保证居民在旅游产品设计、旅游规划实施等方面进行参与，并使居民在旅游景区保护和社区发展中获利，同时强调当地居民必须成为环境保护的倡导者、管理者和监督者，只有通过支持社区的发展，才能实现对野地以及整个生态环境和文化的保护。使当地社区受益是生态旅游有别于其他旅游形式的核心内涵之一。1993年，国际生态旅游协会（The Ecotourism Society）再次对生态旅游进行定义，指出了它的两个重要内涵，即负"责任"的旅游和"维系当地人民生活"的旅游。1998年国外学者进一步提出了社区生态旅游（Community-Based Ecotourism）的概念，指出这一概念最基本的一点就是生态旅游是社区拥有和管理的旅游。

生态旅游目的地社区是生态旅游景区周边的那些与旅游地紧密关联的有着共同利益的人群的聚居区（刘静艳，2008）。生态旅游与社区参与的关系概括起来主要有三种观点：

（1）社区参与是生态旅游内涵的一部分。国际生态旅游协会把生态旅游定义为"具有保护自然环境和维系当地人民生活双重责任的旅游活动"，将社区参与作为检验生态旅游的一个重要标准之一。国外学者如德拉姆也认为生态旅游一词本身就包含了保护、教育、负责任和积极的社区参与等内涵，这也是与自然旅游的区别所在。国内学者也认为"使当地社区受益"是生态旅游的一个方面。

（2）社区参与是生态旅游的特点之一。生态旅游具有四个最基本的特点：一是生态旅游的发展不以牺牲生态环境为代价，而是要通过旅游产业的发展，增强人们保护环境的意识；二是生态旅游的发展不能以牺牲当地传统文化历史遗产为代价，而是通过生态旅游的发展促进对当地传统文化历史遗产的保护；三是生态旅游的发展鼓励当地居民的参与，并帮助贫困人口脱贫致富；四是生态旅游发展有利于旅游资源的可持续利用。

（3）社区参与是实现生态旅游目标的理想途径。生态旅游是旅游资源可持续利用的关键途径，以及旅游运作的理想境界，具体来说就是生态旅游应满足保护和发展的目标，而社区参与正与此要求相符合。

为了强调当地利益，基于社区的生态旅游（Community-Based Ecotourism，CBET）孕育而生。CBET的特征主要体现为：社区拥有，社区受益，生态可持续，小规模、低影响，解说原真性。CBET被认为是更接近真正意义的生态旅游，是基于社区的自然资源管理（CBNRM）的实现形式，是保护和发展一体化项目（ICDP）的基本组成部分，能够最大限度地维持自然资源的可持续性、防止经济漏损和保护当地传统文化。

（二）社区参与生态旅游的意义

1. 社区参与有助于原生文化资源的保护。斯科文思（1999）认为社区通过参与生态旅游可以获得心理赋权,即通过外界对当地文化、自然资源和传统知识的独特性和价值的认可,增强社区成员的自尊、自信和文化自豪感,激发当地居民的主人翁意识,自觉保护和弘扬传统文化。

2. 社区参与有利于旅游者获得更为真实的旅游体验生态旅游强调体验真实的自然环境和当地文化。只有社区参与,才能通过当地居民的服务、表演、生产、生活等活动,展示原生态的民俗风情,并通过他们对本地环境的熟知和感悟,形成生动有趣、个性化的解译过程,向旅游者提供真实和富有价值的生态旅游体验。

3. 社区参与可以确保目的地居民享有经济利益。生态旅游的经济目标不仅要满足企业的赢利动机,还要造福于当地社区。但在实践中,"生态"词很多时候被当作一种营销手段。那些以利润最大化和自利为主导思想的企业,为了吸引旅游者,给旅游贴上了"生态"的标签,但并不可能真正将环境保护和当地收益放在首位。生态旅游的开展也面临着一系列的挑战,例如,如何建立有效的回馈机制,补偿当地居民为开展旅游所放弃的经济收益,如原有的农耕收入和资源使用权,如何减少经济漏损,确保目的地居民享有旅游开发的收益。上述问题的答案就是有效的社区参与,让旅游地社区积极地"获益于"而非消极地"受益于"旅游。从旅游规划起,当地社区就有权并且能够为获得公平的生态补偿和利益分配制定相应的政策法规,在参与到旅游发展全过程的同时获得相应的旅游收益,确保社区居民获取经济利益,做到生态旅游造福于当地社区。不仅如此,开展生态旅游还为当地居民提供了替代性的经济来源,从而减少了如农业扩张、砍伐、狩猎等活动对生物多样性的威胁,有助于当地生态环境的保护。

(三)社区参与生态旅游基本模式

1. 墨菲社区旅游战略构成模式

墨菲曾提出社区旅游战略构成模式。他认为发展旅游产业应该将社区作为一个整体旅游产品,从四个方面来考虑,即:①可进入性环境模式。这是开展生态旅游的基础,直接关系到旅游资源的利用程度和环境的保护问题。②商业经济模式。经济利益是旅游活动最原始的本质所在。③社会文化模式。指旅游产业的发展必须依靠当地的设施和文化,在规划和管理中要充分考虑到当地的风俗和民情。④良好的管理模式。这是旅游产业预期目标和社区目标顺利实现的保障。

2. "卡尔多改进"在社区参与生态旅游的应用模式

"卡尔多改进"是指受益量大于受损量并通过受益者向受损者的补偿实现有人受益无人受损的改进方式,"帕累托改进"则是指至少有一个人受益但没有任何人受损的改进方式。李周和孙若梅(1996)在对自然保护和社区发展关系的考察过程中,发现"卡尔多改进"和"帕累托改进"都存在,但以"卡尔多改进"为主。他们采用"卡

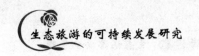

尔多改进"理论来处理生态旅游中自然保护和社区发展的关系，通过控制生态旅游景区内资源的利用强度，并对受影响的社区居民给予经济补偿和就业等经济支持，从而实现有人受益无人受损的最佳状态。

李周和孙若梅（1996）在研究中指出：妥善处理自然保护和社区发展关系的关键，是要通过新技术推广，减轻传统资源利用方式对受保护目标的冲击并对实行资源利用管制造成的影响给予经济补偿；同时，用经济扶持的办法诱导社区居民进行产业结构和就业结构的转换，提高维系传统资源利用方式的机会成本，进而放弃传统资源利用方式成为具有经济学理性的选择。只要解决好这一问题，即便被保护的生态系统和物种资源属于农民集体所有，也同样能够协调自然保护与社区发展的关系，否则，即便是在国有土地上，也无法解决因产权界定不清而引发的各种问题。

3. 生态旅游的社区化管理模式

社区化也是生态旅游的一种管理模式，其核心是旅游目的地社区化，从社区的角度考虑旅游目的地建设，以社区的互动理论指导旅游景区的总体规划和布局，通过优化旅游社区的结构提高旅游流的效率，谋求旅游产业及旅游目的地经济效益、环境效益和社会效益的协调统一和最优化，同时还强调旅游社区的开发要保证当地居民的参与，旅游社区必须以当地居民为主体、为基础，没有社区参与，旅游社区就不存在。

4. WTO 的生态旅游社区参与管理机制模式

世界旅游组织在 1994 年曾提出社区参与必须有一定的机制作为保障，如建立旅游管理委员会，实行委员会负责制。国内学者刘纬华也认为社区参与生态旅游的管理必须通过建立一定的机制来实现，如创造保证居民参与的咨询机制，创造居民参与利用分享的机制，创造培养居民旅游意识和培训居民旅游专业技能的机制。

（四）社区参与生态旅游内容

1. 参与规划和决策

生态旅游开发要立足当地，要让社区积极参与旅游开发规划过程，要让社区成为旅游产业的核心力量，要让社区成为生态旅游开发的主要负责者之一。

（1）让社区了解生态旅游发展的未来状态。

（2）倾听社区和当地居民对于发展生态旅游的希望与看法，并将他们的意见纳入旅游开发规划中。

（3）和社区一起制订开发规划，让社区深入了解整个旅游项目可能对当地带来的社会、经济、环境影响。

（4）让社区和当地居民做好心理准备以及初步的应对策略。

（5）让当地人知晓生态旅游项目的进展情况

2. 参与投资和经营

生态旅游目的地的所有权有国家所有和集体所有两种形式，但不论是归国家还是集体所有，社区一般拥有土地的具体经营权和使用权。因此，在生态旅游开发中，一定要合理确定国有、集体与私营的比例关系，如某些旅游项目的开发，要为当地社区保留一定的份额，当地居民应占有一定的股份，在条件相同的情况下，在饮食业和旅馆业等方面应实行当地人优先原则，通过倾听居民的意见和与居民协商，尽可能地形成社区自主经营管理的机制。

第八章

生态旅游与可持续发展

第一节　生态旅游可持续发展的概念

一、生态旅游可持续发展的概念

生态旅游是自然旅游的一种方式，与可持续发展密切相关。生态旅游可以促进旅游业可持续发展，是保护环境、维护生态平衡的最好旅游方式，是实施可持续发展战略在旅游领域的最佳选择。旅游业的可持续发展要求生态旅游在保护旅游资源及其环境、保护生物的多样性、对民众进行生态教育、规范民众道德和行为等方面具有比其他旅游形式更突出的作用。所以，生态旅游本身就是旅游业可持续发展的重要基础，是持续旅游发展的核心，也是持续旅游的一种方法。为了了解生态旅游与旅游业可持续发展的关系，首先一定要清楚生态旅游可持续发展的概念。

生态旅游可持续发展是什么？它与通常的可持续发展有什么区别？简而言之，生态旅游可持续发展就是在生态旅游区内，以生态旅游方式，实现旅游可持续发展的过程。也就是说，它是以生态学理论为指导，采取对环境负责任，对旅游资源予以合理、有序、科学开发的，使历代人都能获得享受的一种旅游活动。

严格地说，生态旅游与可持续发展是两个不一样的概念，两者既有相似之处也有不同之处。相似之处包含：

（1）使对环境的制约最小化，不损害自然环境，维持生态环境的可持续性；

（2）使地方经济收益最大化，尊重当地的文化和传统；

（3）使旅游者的满意度程度最大化；

（4）使区域或地域文化很少受到干扰；

（5）使旅游者为环境保护做出积极贡献；

（6）形成适宜的经济管理体制。不同之处在于生态旅游是满足未来可持续发展的一种形式，属于一种可持续的旅游活动，属于实际运作活动；而可持续发展是一种全面的思路，协调发展人类社会和经济环境，它是旅游业可持续发展的指导思想、方针政策，是一种发展目标和方向，具有整体运作和理性思考的特征。

生态旅游的可持续发展具有以下显著的特征。

（一）生态旅游可持续发展的运作场所

生态旅游可持续发展的运作场所是自然当中的生态旅游目的地，包含自然保护区的试验区、以森林公园和自然景观为主的景区、湿地和文化旅游项目。这些生态旅游区和景点以生态旅游为基础，形成了保护生态环境和生物多样性的区域单位。

（二）生态旅游是旅游可持续发展的最佳方式

可持续旅游发展最好的方式是生态旅游，这是一种对环境负责的旅游方式。在众多的旅游方式当中，很多都和可持续发展没有直接联系，许多传统旅游方式忽视对环境的保护，片面追求巨大的经济利益，严重地破坏了生态环境。总结旅游开发的经验教训，人类开始认识到一定要有一种既能直接接触自然，又能保护生态环境的一种旅游方式，这就是把环境保护作为主要责任和义务的生态旅游。有人持不同的观点，认为生态旅游也会破坏生态环境。造成这种误解的原因，主要是对生态旅游的概念不清晰，混淆了生态旅游与自然旅游二者的概念。事实上，生态旅游是以保护生态环境为主要任务的，提出在享受生态乐趣的同时，一定要用实际行动保护环境免受破坏。研究生态旅游可持续发展的概念，一定要把它与旅游方式视为一个整体来考虑。

（三）生态旅游可持续发展是合理、有序、科学开发旅游资源的过程

所谓旅游资源合理、有序、科学的开发，就是要坚持适度原则，按照原则标准合理开发利用旅游资源，尤其是在脆弱的生态区域。区域环境被破坏后很难恢复，因此开发一定要适度，不能对资源进行破坏和掠夺性的开发。只有对自然资源进行合理开发，才能使生态环境良性循环，完成旅游业可持续发展的目标。合适、有序、科学的开发旅游资源，一方面可以使当代人享受旅游资源，另一方面可以确保后代旅游和开发的权利不被破坏。

二、生态旅游可持续发展的内涵

参考可持续发展的概念，生态旅游的可持续发展可以总结为在确保后代享有旅游资源的同时满足当代旅游者的需求，借助于对现有旅游资源的可持续开发，确保文化

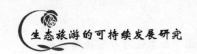

的完整性，生态过程、生物多样性和生命支持系统合理、有序地运转，实现生态旅游的经济效益、社会效益和审美需要三者的相互统一。进一步讲，生态旅游的可持续发展大概包含下面几点。

首先，生态旅游的可持续发展的重点要求在维持自然生态系统的可持续发展上。生态旅游的目标是整个自然生态系统，自然生态系统的可持续发展将成为生态旅游可持续发展的主要内容。生态系统是生物群落和其环境在给定空间内相互作用的连续统一的整体，由生物和非生物两个主要部分构成。系统内的生物群落即生命系统，包含生产者、消费者以及分解者；非生物环境即非生物系统，包含阳光、空气、土壤、水、无机材料等，两者构成了一个相对稳定的系统结构。在这个世界上，不管是哥斯达黎加的热带雨林还是肯尼亚的野生动物保护区，又或是澳大利亚的原始土著部落、欧洲和新西兰的国家级公园，假如这些地方没有丰富的自然资源，没有独特的生态系统，没有多样性的生物和迷人的自然风光，怎么能吸引大批的旅游者？在我国，森林公园、风景名胜区、世界自然遗产等 1146 个自然保护区，构成了生态旅游的主要地区。因此，优美而丰富的自然环境是生态旅游的主要资源。自然生态系统经不起耗竭性消费，因此不管是商业开发管理商、经营管理者还是旅游者，都不能推卸保护自然生态环境的责任，一定要在生态旅游实践中去了解自然，保护自然。这种生态环境保护包含自然生态系统的正常发展改变和周期稳定性的维持，同时保持人与自然的和谐，尊重地方文化。其次，生态旅游的可持续发展包含促进区域旅游可持续发展的目标。

推动生态旅游经济和社会的可持续发展是生态旅游的核心目的。呈现在旅游景区内，则包含个人的个体标准和社会的经济文化标准两个方面。旅游区的人民群众是旅游社会文化的核心组成部分。要维持好自身发展，本地居民直接参与管理服务是必要的。从经济视角看，这会增加他们的经济收入，从而为发展出力；另一方面，开阔他们的眼界，提高素质，进一步与现代文明接轨。

从全面性来看，生态旅游的健康发展有利于推动经济的不断增长，不断为本地的经济发展和改变注入新的资金和活力。另一方面，增强旅游开发和管理人员、旅游者和本地人类保护自然环境的认识，给予资金支持，增加旅游管理的水平，这能够使旅游者和本地人民群众自觉地保护自然环境，还有利于促进社会福利的公平分配，增加就业机会，这将有效地促进生态旅游以及社会和文化发展的全面进步和协调发展。

三、生态旅游可持续发展的要求

为了实现自然生态系统的可持续发展和旅游目的地的社会经济发展，生态旅游的可持续发展一定要达到三个标准。

第一，生态旅游对环境的制约作用要控制在适当的范围内。把生态旅游对环境的制约控制在适宜的范围内，是生态旅游可持续发展的核心所在，也就是对环境承载力的控制。承载力是指在一定条件和一定的时间内人类活动的自然环境或生态系统的缓冲阈值。人民群众对于环境系统的自我调节水平，直接关系到自然环境的发展和旅游资源的开发，它是生态旅游可持续发展的核心指标，是从方针政策目标向具体目标转变的关键。尽管生态旅游的可持续发展也和其他指标有关系，如本地人类的生活质量有没有因为生态旅游的发展得到提高，资源消耗和资源的贡献是不是得到优化等，但从本质上说，这些指标是由环境的控制力和约束力直接或间接影响的。所以，在生态旅游的发展过程中，一定要确保可再生资源系统的恢复、在可以补偿恢复的范围内减少消耗。假如损失超过了再生能力，可再生资源最终将耗尽。非可再生资源要尽可能地减少消耗，适当地进行重复利用，并用高科技水平发展它的替代品。只有实现对生态资源的有效利用，才能确保生态旅游的可持续性，即达到当代生态旅游的需要，又不损害子孙后代的利益。

第二，实现旅游地经济效益、生态效益、社会效益三者的协调与统一。生态旅游应推动经济与社会、资源与环境的协调发展，完成"三个利益"相互和谐发展。首先，应获得适当的经济利益。如上所述，旅游业的一个核心目标是提高人的生活质量。生态旅游作为旅游业的核心组成部分，在经济发展中发挥着核心作用。发展生态旅游，借助于适当开发、利用环境资源，获得一定经济收益，一方面能满足旅游者对于旅游经济的需要，另一方面也能满足旅游开发者的需要。在发展中国家，经济发展是实现可持续发展的核心条件，也是生态旅游可持续发展的核心因素，如果没有投资者和开发者的经济支持和帮助，单纯地保护环境工作是很难完成的，另一方面如果对资源的浪费和过度使用不能解决，那可持续发展也是不可能实现的。

二是减少对动、植物的使用和浪费，开发要坚持适度原则，尽量保证生物环境的完整性和一致性，从而要取得良好的社会收益。生态旅游主体由旅游者、开发者和当地居民三部分组成。旅游者直接从旅游中获得更高的生活质量，达到知识追求的满足，完成自我完善和享受的目的；旅游开发者和当地居民则更多地分享旅游收益。当然，这个份额应该是公平的，只有三个主体的需求都得到满足，生态旅游才可以获得可持续发展。

这三个利益一方面相互促进，另一方面又相互制约。良好的经济收益和社会收益是获得生态收益的基础；优化生态收益和经济收益，又能进一步促进社会收益的增加。任何一方受到影响都会在短期或长期内对可持续发展的其他两个领域的发展产生影响，进而制约旅游的可持续发展。与此同时，因为生态旅游可持续发展的特殊要求，三者之间出现矛盾的话，首先要把保持良好的生态收益放在第一位。

第三，充分发挥生态旅游进行生态环境伦理教育的功能。

生态旅游作为一种旅游产品，具有核心的生态理论教育意义。第一，生态旅游活动的主体众多，包含决策者、开发者、经营管理者、生态旅游者、当地居民，因为宣传和教育的作用，教育的目标是非常多的；第二，生态旅游环境教育效果比其他方式

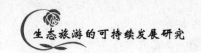

更直观、生动、有趣，它为旅游者提供一个美的感官享受和神秘的冒险旅行的经验，向人类展示自然科学的美景，为旅游者提供了一个接触大自然的机会，使旅游者对自然生态的复杂性、多样性，人与自然的共生、脆弱的自然环境有深入的理解和认识。生态旅游环境教育，有助于培养和增加人们对环境保护的了解，提高旅游者的环境保护精神，增加人们的整体素质，使人们在享受的同时看到自然美，牢固树立自然和谐的生态伦理观念，教育意义非常深远。总而言之，生态旅游是当代旅游的发展方向，它以自然生态系统为主体思想理念，关注环境保护，承担某些生态责任。与通常的旅游一样，生态旅游是经济社会、文化等的综合。因此，旅游目的地的社会经济、环境、文化等领域会受到一定的影响。可持续发展战略自从实施以来，生态旅游进一步得到发展和保护，旅游业的可持续发展对于旅游业和社会的进步都具有重要的意义，不容忽视。

第二节　生态旅游可持续发展的目标

一、生态旅游可持续发展思维目标模式

（一）二维目标模式

在生态旅游发展的早期，生态旅游可持续发展的主要矛盾是"保护"和"发展"。也就是说，要完成生态旅游的可持续发展，就一定要协调好保护和发展两个维度的关系。因此，可以建立一个保护和发展的生态旅游的二维目标模式。

（二）三维目标模式

随着生态旅游的进一步发展，从可持续发展的思想和理念出发，可持续发展即经济增长、社会变革、自然生态环境保护三者的结合。要完成生态旅游可持续发展的目标，需要完成经济、社会、生态环境的三维目标。因此，形成了生态旅游经济、社会、环境的三维目标模式。

（三）四维目标模式

生态旅游可持续发展的"二维模式"和"三维模式"都是基于当前可持续发展的共识，缺乏对于生态旅游的针对性。本文认为生态旅游是一种以生态旅游系统为基础，真正表达其生态旅游目标、方式、特征的生态旅游的基本理论。从"四体生态旅游系

统"的视角看，生态旅游系统包含生态旅游的四个方面，即生态旅游者、生态旅游资源、生态旅游业和生态旅游环境。

生态旅游的可持续发展目标分四个层次，第一层次的核心目标仍是可持续发展，位于图的中心；第二、三层次是"四体生态旅游系统"中各组分别获得的相应的效益：生态旅游者获得其旅游效益，生态旅游目的地获得其社会效益，生态旅游企业获得其经济效益，生态旅游环境获得其环境效益，"四体"获得的四方面效益协调一致，保证了"可持续"核心标准的实现；第四层次是"四体"各自获得效益的具体化，如生态旅游者的旅游效益，主要体现为"经历"，具体表现为"欣赏""学习"和"环境教育"，生态旅游可持续发展的多维目标应建立在这一模式基础上。

二、生态旅游"可持续"差异目标状态模式

生态旅游可持续发展的目标是一种理想状态，而对理想状态的理解不同引起了不同的"可持续"目标状态模式的形成。

（一）"静态可持续"模式

"静态可持续"指的是生态旅游的可持续发展目标维持或保持在现有的平衡状态。从"静态可持续"的视角来看，专家希望生态旅游的发展不以牺牲环境为代价，生态环境的恶化会引起旅游活动的变化，这不是生态旅游的初衷。生态旅游的发展目标更适合于原有的自然区域，也就是说，在几乎原始的自然区域内，生态旅游的发展更易达到。为了完成这一目标，相关部门应采取一系列办法，如尽量减少开发和建设人造设施和建筑物，限制旅游活动或者旅游者在边缘区域活动。但是，有专家认为"静态可持续"的观点过于保守，"静态可持续"的生态旅游目标模式被认为是一种保守的生态旅游模式。

（二）"动态可持续"模式

有别于"静态可持续"，一种新的观点认为，生态旅游可持续发展的目标是要改变不好的现状，寻求可持续发展和更高的可持续发展的一个新的平衡点，这被称作"动态可持续模式"。这种观点认为，相关部门应该为生态旅游的发展提供资源和空间，从生态旅游开发获得经济收益，用来保护和维持甚至增强自然生态环境的经济支撑。借助一些有效的办法来完成"持续增长"，如旅游者可以直接参与植树造林项目，为旅游目的地提供捐赠和资金，甚至提供志愿服务。这一模式更适合文化环境中的生态旅游发展，因为在文化生态环境当中，人们可以借助强化环境科学原则与生态科学的技术路线来改善环境。很多专家和学者认为，与"静态可持续"对比、"动态可持续"的模式相对更可取，更容易被接受，并且它也代表更加积极的态度。奥拉姆斯把"动态

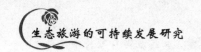
可持续"的目标模式看作是"积极生态旅游"。

三、生态旅游可持续发展目标实现的途径

可持续发展目标的多样性和生态旅游的差异性，决定了生态旅游可持续发展目标的复杂性。可持续的生态旅游发展目标，既满足生态旅游的利益，同时也能实现自身的利益，这样生态旅游可持续发展的目标才可能得实现。

（一）生态旅游可持续发展

多主体受益者体系斯瓦博克（J. Swarbrooke）的观点是：生态旅游的受益者不是唯一的，而是一个体系。生态旅游重点关注的是地方社区以及政府组织机构、旅游业、旅游者、保护机构、志愿部门、专家和媒体等相关受益部门，如地方社区的受益者也包括直接和间接在旅游业就业的人员、地方企业人员；政府机关受益的有地方政府机关，还有中央政府等。

（二）生态旅游受益者的利益共生是实现其可持续发展的最佳途径

多目标的生态旅游和多主体的受益者，决定了要完成可持续发展的目标，一定要协调好客体与主体之间的联系。在完成受益者目标的同时，还一定要达到最佳、最持久的整体效益。生态旅游与主体众多的受益者协调发展是一项复杂的系统工程。从自然生态系统协调发展规律看，自然界协调发展的例子很多。"共生"的思想观点和理念是协调发展的核心。借助"共生"的思想观点和理念引入生态旅游目标的可持续发展，我们尝试着探索生态旅游可持续发展的最佳方式——多目标和多主体共生。

1. "共生理论"及其应用

（1）"共生"的概念。"共生"是生态学的一个基本概念，指的是生物之间的生态联系，除了竞争、寄生、掠夺和原有的合作联系，生物之间还有一个重要的关系，即"共生"，指的是"互利共生"。共生的概念是由德国真菌学家德贝里（AntonDebary）在 1879 年的真菌研究中提出的。在理论方面来说，共生意味着两个不同的物种紧密地联系在一起，双方在共同的生活获得利益，共生的结果往往使双方往更适合的生存环境发展，这促进了生物学的发展。科学家发现，自然界存在广泛的生物共生现象。植物当中，最典型的共生，如地衣，它借助真菌、藻类两种生物得以生存，真菌、藻类借助两种生物的地衣有真菌、藻类各司其职，藻类负责光合作用，制造有机物提供自己和真菌需要；真菌负责吸收水分无机盐和二氧化碳供给藻类。

（2）共生在哲学中的应用。在当今人民群众生存环境的危机面前，在寻求人与人、人与自然之间的正确联系方面，世界各国的科学家在回答这个问题的时候，虽然表达

的方式不同，得出的结论却是一致的，即"人与自然共生"。俄罗斯专家认为"技术圈和生物圈"互利共生。1945 年，维尔纳茨基指出，人与自然的联系应该是借助于人与自然的共同努力来完成，将"生物圈"建成"智慧圈"来实现；马克西莫夫进一步完善了"智慧圈"的思想和理念，认为科技圈不应破坏生物圈，应该按照生物圈的规则标准，形成"技术圈"和"生物圈"的"共生现象"，即"智慧圈"。在"智慧圈"当中，技术圈代表人的主观能动性，生物圈代表着自然环境也就是人和自然的关系应该建立一种理智、符合客观规律且能发挥人的聪明才智的、人与自然互利、技术圈与生物圈共生的关系。英国专家提倡自然和社会经济系统之间的相互调节和共生。本耐特（R. J. Bennott）和乔利（R. J. Chorley）合作撰写的《环境系统》一书，致力研究共生和环境问题，认为自然和社会的相互作用分为控制和共生。事实上，调节系统是基于小规模的能源和原材料，并在短时间内，小范围的人工改变和优化；共生系统是人们长期监测的结果，对于大规模的物质和能量他们束手无策，只有借助于"共生"进行处理。我国的马世骏也提出了"符合生态系统"概念，探讨了生态系统的共生与协调发展。

（3）在经济学中的应用。袁纯清在 1998 年出版的《共生理论——兼论小型经济》专著中的观点认为，共生一方面是一种生物现象，另一方面也是一种社会现象；共生一方面是一种自然的状态，另一方面也是一种具有可塑性的状态；共生一方面是一种生物特征的识别机制，另一方面又是一种社会科学方法。因此，他将共生应用于小规模经济研究，得出了创新性的结论。

2. 生态旅游多目标的共生

共生应用于生态旅游是一种思想和理念的尝试，生态学中的共生联系通常是指二者之间的联系。可持续的生态旅游的目标系统有"二维"的目标模型，还有"三维""四维"的目标模型。应用共生思想和理念解决两个层次以上的目标是困难的，而继续对其进行研究的主要目的是进行思想和理念的探索，从而促进生态旅游的可持续发展。

从之前的研究来看，生态旅游可持续发展的目标是多维度、多层次的。思想和理念上有两个维度、三个维度和四个维度，每一个模型都是多层次的。因此，生态旅游一方面完成了单一层次的具体目标，另一方面完成了多层次、多目标的共生。从生态旅游的"二维"目标系统的可持续发展来看，从第一层次的目标分析，包括"发展"和"保护"两个方面；从第二层次来看，又有旅游企业、当地社区、目的地国家、旅游体验四个子目标。同样，为了生态旅游的目标系统的可持续发展，生态旅游也一定要完成第一层次的目标，同时还要完成各自子目标的互利共生，进而完成可持续发展的最终目标，确保整个生态系统可持续发展。

3. 生态旅游受益者多主体的共生

生态旅游受益者有八个，包含政府机关、旅游业者、旅游者、本地社区、学术界、志愿者、保护组织机构和媒体。在生态旅游系统中，这八个主体具有共同的特征——

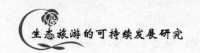

从生态旅游当中获得利益，即都拥有生态旅游利益；不同之处在于角色不同，承担的责任和义务不同。在生态旅游系统中，这八个受益者位于地图的内圈，每一个受益者的责任都位于相应位置的外圈。例如，政府机关对生态旅游的主要责任是调节作用，因为政府机关超越自身利益，代表的是总体利益，政府为了完成生态旅游的目标控制、把握、引导、协调和规范其他受益者。

第三节　生态旅游可持续发展的方法

生态旅游产业的可持续发展是旅游业可持续发展的核心。这已在全世界旅游组织和相关书籍文件的出版中得到了解释。中国旅游专家对此亦有深入的研究。生态旅游的可持续发展概述如下：坚持以"保护"为主题，开发利用相互统一；科学合理适度地开发旅游资源；合理划分功能，有序规划、保护旅游线路；遵守"区内旅游、区外服务"的标准；科学规划容纳能力，完善生态旅游的模式；积极制定生态恢复与保护方案；启动生态环境管理；强化环境管理，增强环保意识；科学制定发展规划；成立健全的管理系统，在制定行政、科技、经济、宣传教育法律制度等方面采取一系列对策和办法。

一、坚持以保护为主，保护、开发、利用三者统一的原则

实施生态旅游可持续发展策略方针政策的核心是确立生态旅游的理念。保护生态旅游资源和生态环境免受破坏和污染，使得保护和开发形成良性循环，完成旅游目标的可持续发展。资源保护越完善，开发使用潜力越大。生态旅游资源的开发使用应以保护为主。在生态旅游的使用和管理中，一定要遵循以下四个原则：

（一）树立生态旅游持续发展的资源利用观

开发和管理生态旅游资源要留有长远的发展前景和规划，品位不高以及需要培育和开发的资源应该留到以后再去开发，随着科技的发展和进步，再进行适度、循序渐进地开发利用。因此，自然资源的开发、利用程度与科技水平和发展速度密不可分。

合适地开发管理生态资源，应在资源可持续发展观的引导下，进行长远地规划部署。

（二）树立对自然界的责任感和道德观

生态伦理学承认人类的利益，用人类的道德规则标准处理人与人之间的联系；另

一方面，同样承认地球上的其他生物的权利。人与自然的关系应该是和谐的，而不是征服与被征服的关系，人类应该把自己看成是自然的一部分，是不可分离的，应该将保护自然资源和保护人类结合起来。只有保护生态旅游资源，才能保护当代和子孙后代的拥有生态资源和享受环境的权利。生态旅游是一种负责任的旅游，参与的人都应该拥有一种对大自然的责任感和道德感。

（三）保证生态旅游的持续性，关键是把保护生物多样性放在第一位

缺乏经济价值不仅是许多物种的特征，而且是许多群落（如沼泽、泥塘等）的特征，但它们却具有其他方面的价值，如生态价值。如果以单一的经济利益为目标，任意毁掉那些没有商业价值的物种和群落，那就毁掉了大地系统的完整性。因此，为了确保整个生态系统的完整性和生态旅游的可持续性，人们应该以保护生物多样性为核心。

（四）建立与后代休戚与共的思维模式

生态旅游的开发经营者和经营管理者一定要了解当代人的发展不应损害后代人的利益，对生态旅游资源的使用不应该给后代人造成伤害。生态旅游资源是全人类的共同财产，当代人应承担维持子孙后代财产的道德责任。从代际共享的视角看，生态旅游资源的开发管理与恢复保护（后代利益）同样关键。综上，当代人应该为后代人留下一个健康的环境，为子孙后代积累足够的资源，这样才能真正为改善子孙后代的生态环境做出贡献。

二、适度、合理、科学地开发生态旅游资源

在生态旅游资源的开发过程中，环境尤其是脆弱的生态环境，很容易受到人类活动的影响，而且破坏后难以恢复，因此要进行适度开发。所谓适度是适当地开发和发展，以尽全力防止掠食性捕鱼为例；所谓科学发展，是参考生态旅游资源与发展规则，有序地开发利用。

合理使用开发所得的收入。生态旅游实质上是借助出售自然生态资源以获取经济利益。奥康诺所做的《世界银行报告》中说，出售某些自然资源的行为积极与否，完全取决于出售后的收入做什么用了，是用于奢侈浪费，还是用于教育投资或改善环境质量。假如当代生态旅游资源的部分的收入是用来补偿生态环境建设的资源消耗，那么对未来是有益的，科学又合理。

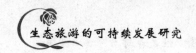

三、合理划分功能区，有序地确定区域和生态旅游线路

参考《自然保护区条例》的原则，将所有自然保护区划分为核心区、缓冲区和试验区，严格规范区域作用以及环境保护要求。在核心区和缓冲区不能进行旅游、考察活动，只有在试验区内才可以从事科学研究、教学、旅游等活动，不能造成环境污染、浪费资源或对景观形成破坏，污染物排放量不能超过国家和地方标准。其他的自然旅游区，如森林公园、风景名胜区、国家湿地等，也应有类似的功能分区规则标准。这对防治受保护地区的环境和生态的破坏以及实施可持续发展有重要的意义。自然保护区、风景名胜区等旅游自然保护区是生态旅游的主要场所，旅游活动要遵循规律，并且要按照生态旅游产业发展规划设计区域旅游线路。现在有非常多自然保护区没有确定的功能分区界限，一些旅游的开发者为了眼前的经济利益而任意扩大实验区或改变原定的生态旅游线路，以至破坏了缓冲区甚至核心区的生态资源。1995 年，吉林省规划院编纂了《长白山自然保护区总体规划设计》，对原区进行了改变和优化，增加了缓冲区，减少了实验区面积，使分布更加合理。因此，生态旅游可持续发展一定要确保对功能区的合理划分。

四、实施生态恢复和保护措施

当代人类活动对生态旅游环境有着根本性的制约，主要是因为人类对于自然界没有正确的价值观。第一，人类认为生态资源是无限的；第二，人类认为本身浪费的是无限的大自然，对自己没有影响。基于这种误解，人类把自然看成是生态资源的储存库和垃圾回收站。事实上，生态旅游只是社会和自然之间能量和物质的转化过程。假如停止这一过程，将不利于动植物未来的发展，也不利于人类未来的发展。所以，在自然开发管理当中，一定要坚持适度合理地开发，切实保护自然生态资源和环境，对已破坏的生态资源应采取一定的生态修复。现在，大多人都意识到环境保护的重要性。有些生态旅游场所因为缺乏资金，只专注于旅游收入，而没有垃圾处理和污水净化装置。生态环境如果遭到破坏，需要及时地进行生态恢复与采取一定的保护办法，如对现有的设施景观进行改进，进行植被恢复，开展生物多样性保护活动等。

生态旅游景观是景区景观和生态环境的核心组成部分，因此对景观区的布局方式、建筑高度和周围的背景、杂树、颜色、材料、民族特色应制定统一标准，使建筑和自然融为一体。对于需要进行景观综合治理的地方，应拆除或重新包装。对于旅游设施建设造成的植被破坏和水土流失，应由建筑部门在固定的时间内予以修复。任何单位不得侵占生态旅游用地。在自然保护区的生态保护中，应采取定点、定时、定期、定量的管理方法。旅游者不得借助其他方式进入不能进入的区域。在旅游区的规定上，要防止游人爬树、摘花和破坏野生动物休息的场所。为了保护生物多样性和减少濒危物种消失，专家应该研究珍稀濒危物种的保护方法，参考濒危物种和濒危物种保护的分类，提出有效实施生物多样性保护的办法。

五、遵守"区内旅游、区外服务"的原则

参考自然保护区和风景名胜区的规定，通常旅游接待服务设施均应建于风景区大门之外，大门之内只能作为游览场所，这就是"区内旅游，区外服务"的规则标准。

现在，有不少自然风景区尤其是自然保护区的旅游服务设施，如宾馆、酒店、购物中心、管理用房等都集中在景区内，甚至集中在景点最密集的中心区，结果造成了严重的环境污染和破坏，使景观质量大大下降。为了提高生态环境质量，恢复原有生态面貌，对那些布局错位的服务设施一定要按照"区内游览、区外服务"的规则标准进行必要的改变和优化。

以长白山自然保护区为例。过去，人们把10多家旅游服务设施集中建在自然景点密集的岳桦幽谷内，使该区的生态环境质量不断下降。1995年，吉林省林业科学研究院完成了《长白山自然保护区总体规划的设计》，将门外的白河林业局附近规划为旅游度假区，承担起旅游服务接待基地的主要作用，包含行政、商业、娱乐、健康、休闲的功能。游客可乘低噪音、低尾气的专用车辆进入自然保护区内旅游观光。旅游区现有的旅游设备和服务设施全部要建设在大门之外，慢慢形成"区内旅游、区外服务"的状态。长白山自然保护区的这一做法，给生态旅游地提供了可持续发展的优良环境。

六、科学划定旅游容量

在生态旅游可持续发展规划中，人们提出了一个非常核心的概念就是"旅游容量"，也被称为旅游承载能力，由生态供给阈值这一资源使用原则转化而来。简而言之就是经济系统向生态系统索要的最大限度的能力和物质。后来人类把这一概念用于旅游上，于是就形成了"旅游容量"这一专业术语。

最早使用旅游容量这一概念的是拉佩兹（Lapage）。20世纪70年代之后，因全世界生态环境问题日益突出，有关旅游环境容量的论文和著作不断问世。20世纪90年代初，全世界都热衷于讨论可持续发展思想，因此旅游环境容量成为学术界关注的核心点之一。国内外专家对此多次进行撰写和评论，并取得了显著的学术成果。世界旅游组织在旅游顾问编写的《旅游业可持续发展：地方旅游规划指南》这一权威著作中，曾多处讲述了"环境容量"这一概念，如该书第3页指出："生态容量是指接纳旅游者来访的数量极限，如果超过这一极限，旅游者或者他们所需要的设施将对生态形成不利的影响。"与此同时，该指南还引出两个容量概念：一是旅游者的心理容量，一是目

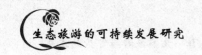

的地社会容量。前者是指"这是一种心理接受极限，超过该极限，旅游者的满意程度会下降"；后者是指"这是一种旅游地接受极限，超过该极限，目的地将不再欢迎旅游者。"该书第12页提到这一概念是指在没有危害本地资源、降低旅游者满意程度或为本地社区带来社会经济问题的前提下的对景区的最大使用，第18页说："为确保旅游业的可持续发展，旅游活动的方式和范围一定要参考自然和人造环境的容量，加以改变和优化。""旅游容量包含旅游环境的自然、生物、社会和心理感知等各个领域，主要分为三种：①生物物理（生态）容量——与自然环境有关；②社会文化容量——主要与目的地人口及其文化的制约有关；③设施容量——与旅游者的经历有关。容量随季节改变，另一方面因为时间的推移还应考虑如下因素是否发生变化，如旅游者的行为方式、设施的设计和管理、环境的动态特征、目的地社区的态度改变等。在运作管理可持续旅游业的过程中，关注容量问题对维持环境质量和旅游者的满意度是非常必要的。

在过去的10年中，我国的旅游专家对旅游容量的概念、分类和旅游作用进行了各种研究，建立了"基本旅游空间旅游环境容量""基本旅游通道环境容量""区域总旅游环境容量"等计算公式，明确提出"旅游容量一般可分为旅游环境容量、旅游经济容量和旅游社会容量"。这些研究成果被广泛应用于近年的旅游开发规划中，为我国旅游业的可持续发展做出了贡献。

这些年来，我国专家对旅游环境容量的研究又有一些新的进展，主要表现在以下几个问题上。

（一）关于旅游容量的定义

大多数学者认为，旅游容量是指在既能保护旅游资源及生态环境不受破坏，又能满足游客需求的条件下，旅游区在一定时限内所能容纳的最大游客数量。此定义包括两个含义：一是自然环境容量，即必须将旅游活动限制在自然环境和生态系统不受破坏、对旅游景点污染极小的范围内；二是感应气氛容量，即应将游客数量限制在不破坏游客兴致的范围内。二者必须兼顾。

也有专家对上述概念界定有不同的观点，如北京大学吴必虎、云南师范大学明庆忠等认为：开展生态旅游，进行旅游生态管理所确定的"旅游容量"有自然容量（一地在空间上和时间上能接纳人数的最高标准）、感应容量（游人感到不拥挤的最高人数）、生态容量（对本地生态系统诸要素不形成削弱作用的最高使用标准）、经济容量（能获得某一给定商业回报率的地点或设施使用标准）和最佳容量（将旅游区自然生态容量和社会生态容量的因素加以综合，并制定出该地的最高接待容量）等。确定最佳容量可防止对旅游景观的过度使用或破坏性使用，防止对生态环境造成破坏。

东北师范大学崔庠认为："旅游环境容量是指旅游地域单元（旅游区、景区等）在不破坏生态平衡和产生环境污染的前提下，满足旅游者最低游览要求时所容纳的旅游容量，包括生态最大容量和瞬时容量。"其最大容量计算公式为：最大容量＝游览面积的旅游环境容量＋游览交通道路的旅游环境容量，即：北京大学崔凤军、刘家明认为，"旅游容量"这一概念虽在计算方法上引入了一些定量化的模式，但旅游容量多属静态的东西，且大部分计算仅限于空间承载量，如果将计算结果作为衡量旅游容量的唯一指标，必然会与旅游环境作为实物和非实物要素载体的本质内涵发生矛盾，更何况环境对于旅游强度的承载力并不总是被动的，它也有积极主动的一面，表现为不同的旅游形式会呈现出不等量的承载力值。因此，用"容量"这一名词表示环境承载力，显然削弱了环境的主动性。环境容量在环境科学中是一个应用很广的重要概念，如果将其局限在旅游中，只作为衡量旅游地游客容量的一个指标，显然有失偏颇。为此，崔凤军、刘家明提出了"旅游环境承载力"的概念，即"在某一旅游地环境的现存状态和结构组合不发生对当代人及未来人有害变化的前提下，在一定时期内旅游地所能承受的旅游活动强度。"旅游环境承载力由环境生态承载量、资源空间承载量、心理承载量、经济承载量四项内容组成，它具有客观性和可量性、变易性、可控性、存在最适值和最大值等特征，是持续发展旅游的重要判断标准之一。

（二）关于旅游容量动态平衡的问题

重庆师范学院罗有贤、罗兹柏认为，现在学术界对旅游容量的宏观研究较少，一个生态旅游区假如缺乏宏观引导和控制，要实施旅游可持续发展是极其困难的，于是他们提出了"旅游容量动态平衡"问题，旨在从改变和优化区域土地使用的视角，在更大范围内制定一个防止旅游负荷的办法，以便有效地促进生态旅游产业的可持续发展。

土地是自然作用、人类活动和物质能量转化的基地，对它的使用表现了生态旅游、经济发展和环境保护三者之间的互动联系。

这种互动联系有助于我们了解旅游容量动态平衡。

什么是旅游容量动态平衡呢？按照罗有贤先生的观点，旅游容量动态平衡是指在国家、区域或社区的社会经济发展过程中，确保旅游用地不减少，并力争随着经济发展和旅游者人数的增加，使旅游用地也有所增加。

旅游容量动态平衡有两个目标，分三个层面。两个目标是：第一，要求现有旅游用地不减少，环境质量不恶化，这是近期目标；第二，旅游用地面积随经济发展进步和旅游人数的增加而增加，环境质量与经济发展及人类对环境质量的需要相适应，这是长期目标。三个层面是：第一，达到旅游用地数量的动态平衡；第二，达到旅游用地质量的动态平衡；第三，从旅游用地外部达到人口旅游需要的平衡。这三个层面分别表达了现在和未来旅游用地的数量及质量的动态改变，其中以提高旅游用地环境质量为旅游容量动态平衡的核心。

研究旅游容量动态平衡一定要把旅游者对旅游商品的需要和满意程度作为出发点，

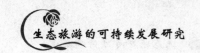

把解决旅游需要增长与旅游用地的矛盾作为落脚点，使旅游用地数量动态平衡、质量动态平衡同旅游需要和旅游供给动态平衡形成一个有机结合体。旅游用地数量是旅游容量动态平衡的物质基础；旅游用地质量是旅游容量动态平衡的环境标尺；旅游需要的动态平衡是旅游容量动态平衡的最终目标。一个生态旅游地只有确保现有的旅游用地数量不减少，并不停提高景区环境质量，才能保持长久的吸引力；只有使旅游用地总量随人口需要的增长而增长，才能确保旅游环境质量的有效提高。可见，保护旅游用地，提高环境质量，是旅游容量动态平衡的核心。开发旅游资源，增加旅游用地，是防止旅游热点超载的物质基础。总之，生态旅游要完成可持续发展，一定要把划定旅游容量作为一个中心任务。

七、启动生态环境治理工程

因为管理不善及其他多种因素，传统旅游方式对自然环境的污染和对生态环境与景观环境的破坏是非常明显的。据1992年的统计资料显示，每一位去拉丁美洲哥斯达黎加安托尼奥国家公园的旅游者，平均每天会留下40克垃圾，他们在旅馆、酒店和商店里平均每天留下76~400克垃圾，在公园门口处每天留下53克垃圾，其中67%是不可降解的，加上风景区燃煤或燃油对大气环境造成的污染，以及旅游接待设施任意排放生活污水对水环境造成的污染等，给生态环境带来了巨大压力。为了缓解这些压力，一定要启动生态环境治理工程。以长白山自然保护区为例，为了解决燃煤、燃油的污染问题，他们积极筹划和实施了"引国电上山"的清洁能源工程计划，对山门外的变压器进行了增容，并借助于地埋电缆将10kV国电引至山上岳桦幽谷，用电取代了传统的供热、取暖方式，从而有效控制了旅游区内的大气污染。又如，为了彻底改变保护区内各单位任意排放生活污水的混乱局面，长白山自然保护区在沿岳桦幽谷公路两侧兴建了掩蔽式排水管道和集中式小型污水处理站，使污水达到排放标准后再排入Ⅰ类作用水域——二道白河，这就大大减少了对水资源的污染。长白山自然保护区治理环境污染的经验告诉我们，抓好生态环境的治理工作，是生态旅游可持续发展的一个重要条件。

八、强化环境管理，增强环保意识

国内外的风景名胜区的环境现状证明，管理不合格是造成环境污染以及生态环境破坏的核心因素。

生态旅游环境的优劣主要取决于旅游开发者和经营管理者的环境保护认识和管理能力的水平高低，因此，管理者一定要加强管理，增强职工的环境保护意识，就可以控制和改善生态旅游目的地的环境污染问题。

加强环境管理的办法有：

1. 严格要求投资者的环境保护意识和环保技术水平，严格检验投资方案的可行性。为了在某些程度上限制投资者的数量和旅游开发者的数量，政府应该对生态旅游商品的研发目的和发展规划进行严格的检查。世界上最早的生态旅游战略可追溯到 1990 年底澳大利亚政府出台的"生态旅游开发经营者的分类系统"，在对开发经营者进行分类的同时对环境的绿色水平进行分级界定，从而评价生态旅游开发者对旅游环保的真实性，确保其可靠性。

2. 环境制约评价和环境审计。环境制约评价是环境保护和管理的一种方式，是人类参与决策的过程，包含行政部门和环境保护组织。他们借助于研究、管理和监测，以及人类的有效参与，确认生态旅游的风险，确定环境负担，提出合理的生态旅游管理办法。环境审计是政府有关部门以环境法律法规为依据，监督和检查公司是不是开展与生态旅游有关的行业。环境审计一般包含三个步骤：环境审计评价、检验和核查。这对生态旅游的实施、生态环境的保护和可持续发展的完成具有关键作用。

3. 对旅游者的生态旅游教育和管理。在某些程度上，游客生态环境意识的增强，是旅游目的地实行可持续发展战略的关键，因此要对进入生态旅游区的游客进行有效、及时的生态旅游教育。主要方法有：（1）增加基础设施建设，如增加生态景观解说系统、垃圾收集系统，增加环境保护和健康的标志，这起到在生态旅游区的环境教育作用；（2）灵活运用不同媒介，利用环境教育旅游者，包含门票，旅游图和注意的问题等；（3）增加生态旅游商品的比例，包含天然食品和饮料等；（4）制定相应处罚措施；（5）提倡"只拍照片，只留下脚印"的文明出行，如在旅游区内设置环境保护标语，旅游者将垃圾放入垃圾袋内，然后交给工作人员处理；（6）在状况允许的状况下，可以在公园内展示生态旅游环境知识的录像。

4. 在旅游生态地所在的城市，成立自然学校或建立生态博物馆，教育年轻人了解和保护生态环境，增强环境保护的意识。

5. 强化法制建设以及管理。为了对生态旅游景观进行更好地开发和运作，研发生态旅游商品，完成生态旅游目的地的管理，有关部门应制定法律法规，使旅游业有法可依，减少或杜绝乱采乱摘、任意捕猎等行为。生态保护区的开发和利用，应严格按照环境保护法的规定，哪些部分禁止开发、哪些部分可以开发及开发的规模大小、开放的季节、容纳游客的数量等。例如，一定要规定哪些地方禁止火种、打猎和毁坏树木、不能随意丢弃垃圾。除法律手段外，经济手段也可用于景区的管理。例如，有些景区对游客收取押金，在游毕没有破坏环境的前提下方可退还；有的地方通过增加或降低门票价格来控制旅游者数量，这些都是很有意义的管理方法。

九、制定生态旅游环境规划

开发生态旅游和推动旅游业可持续发展的另一个关键是做好生态旅游的开发利用

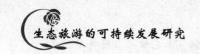

和规划。近几年来，我国非常多的旅游专家在生态旅游规划和设计领域取得了丰硕的研究成果，并参与了很多生态旅游区的规划设计工作。如陈传康先生结合垂直带谱回归游和地段地理学等理论，参加了北京门头沟百花山、密云县云蒙山和云南省禄劝轿子雪山等景区的生态旅游规划工作，从中总结出了工程诱导、划区保护、相邻两区生态系统叠加成新的生态系统的新型规划方法，尽可能地保持原生态系统。另一个例子是在生态工程的使用（如沼气池）中，旅游垃圾和杂物的无公害处理以及资源的加工处理，对不可分解的垃圾的分类、分点投放及回收处理。

我国根据东北长白山自然保护区自身实际状况，提出了两项环境规划工程，一是污染防治规划；一是自然资源保护规划。两项规划缺一不可，其中，污染防治规划是在对环境制约预测和环境目标与指标系统研究的基础上，提出达到环境指标的多种办法，并对各项办法从技术、经济、社会及生态诸领域进行了系统分析，选择切实可行的优化办法，加以组合，形成最优化的全面方案，并计算出防治污染的投资额，制定出污染防治规划。

自然资源保护规划是在对保护区进行动植物调查及自然景观资源调查的基础上，对自然资源进行的分类研究与区划。有关部门对典型生态系统及景观进行了综合评价，参考区划和评价研究结果，查明资源破坏、生态平衡失调的现状和影响，并着重研究保护资源和促进生态环境慢慢恢复且转为良性循环的有效方式、方法，最后提出完整的自然资源保护和旅游开发方案。

第四节　生态旅游可持续发展的评价体系

一、评价指标体系构建原则

生态旅游产业可持续发展的全面目标是完成社会和自然的和谐发展。生态旅游产业的可持续发展的基本原则如下：

（一）全面性原则

可持续发展应该全面覆盖各部分指标系统，不能有偏向和忽视。联合国可持续发展委员会认为的可持续发展指标系统包含四个部分：社会、经济、环境和体制。英国政府机关将可持续发展指标系统的目标分解，将可持续发展作为总目标，又将其分为四个层次。可持续发展的评价指标系统应覆盖整个目标，具有全面性，一个国家或地区应结合自身现实状况，明确可持续发展的概念和目标，指导可持续发展的行为。

（二）科学性原则

科学性原则要求科学地进行概念的界定，计算方法、信息来源、权重确定和计算水平都要依据科学性原则。第一，可持续发展的目标一定要与国家或地区的实际状况相结合；第二，可持续发展的指标的设计和选择一定要以环境资源理论、经济理论、生态理论及统计理论为依据，保证指标设计的稳定性和科学性；第三，按照科学的原则和标准，确保评价指标系统的标准和规范相一致。

（三）定性和定量相结合的原则

可持续发展评价指标系统非常的全面，一些指标可以量化，如反映经济发展速度，可以使用国内生产总值的增长率 GDP；反映森林资源可使用森林覆盖率等。然而，有些指标难以量化表达，所以需要设计一些定性指标来表达。一个国家和地区可持续发展评价指标系统需要由定量指标和定性指标组成，定量指标则作为主要指标。

（四）引导性原则

可持续发展评价指标体系在评价社会、经济、资源、环境的同时，应结合可持续发展的方针政策目标，适当地跟踪指标的权重改变，并慢慢优化指标权重来引导可持续发展的战略政策目标。

（五）综合性原则

可持续发展问题可以从数千个视角表达出来，每个视角都是确定的指标是不现实的，那么我们只能参考战略方针政策目标的核心问题来选取有代表性的指标。

指标一定要简单、通俗、易于收集，或者容易从现有来源获得。与此同时，因为每一个指标只能代表一个可持续发展的领域，为了达到一致的评价标准，就要采取多种科学的方法来全面地处理这些指标。

二、评价指标体系内容与框架

（一）评价指标体系内容

生态旅游产业的可持续发展牵扯到自然科学和社会科学等多个学科，牵扯到政治、经济和社会各方面。因为指标众多，可分为社会分系统、资源分系统、环境分系统、区域经济分系统和智能支持分系统五个子系统。在每一个类别中，都有具体的评价指标，成立了一套实用性强、针对性强、切实可行的生态旅游产业可持续发展结构评价

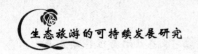

指标系统。

社会子系统：社会可持续发展是可持续发展的直接目标。社会持续发展，不同的国家和地区的人民权利才能得到公平对待，才能不断提高人类的生活水平，使人类和社会发展全面进步。

资源子系统：资源的可持续使用是可持续发展的基础。资源具有独特性和多样性。就生态旅游景区而言，旅游资源是旅游的吸引物，是进行旅游的基础和前提。旅游资源包含风景名胜区的自然资源和地理资源，也包含景区的地理位置、各种生活资源和能源资源以及其他旅游资源的支持和帮助。

环境子系统：生态环境的可持续发展是生态旅游产业可持续发展的前提。在旅游产业发展当中，资源的利用和废弃物的排放有允许的容量或承受能力，这主要指的是在发展生态旅游，开发生态旅游活动中使用资源或排放废物不得超过环境的容纳和承载能力。

区域经济子系统：区域经济的可持续发展是生态旅游业可持续发展的条件，只有经济的持续发展，才可以减少不平等的人均财产差距，为科技的发展提供经济基础，给生态旅游产业的发展提供必要的基础，提高资源的使用效率，促进人和自然的协调发展，实现人类的可持续发展。

智能支持子系统：智力支持系统是促进旅游业可持续发展的动力系统，由国家或区域的教育能力、科学技术能力、管理决策能力构成，教育能力是智能支持系统的基础，科学技术水平是智能支持系统的核心，管理和决策能力是智力支持系统的灵魂。这五个子系统构成了生态旅游可持续发展的评价体系，本文从五个子系统中选择了生态旅游可持续发展的评价指标。

（二）评价指标体系框架

指标体系框架是指标体系组织的概念模式，它有助于选择和管理指标所要测量的问题，即使它没有抓住现实世界的本质，也提供了一种便于研究真实世界的机制。不同的指标体系框架之间的区别在于它们鉴别可以测量的问题、选择并组织要测量问题的方法和途径，以及证明这种鉴别和选择程序的概念。目前，可持续发展的发展指标体系主要框架模式可以归纳为 5 种，即压力—响应模式、基于经济的模式、社会—经济—环境三分量模式或主题模式、人类—生态系统福利模式和多种资本模式。

目前可持续研究还处于起步阶段，还没有专门用于生态旅游可持续发展指标体系的框架模型。生态旅游可持续发展是一个复杂的系统，不能完全用以上的模型来评价，但可以在一定程度上说明问题。根据可持续发展评价指标体系内容，本文采用资源—社会—经济—环境—智力支持五分量评价模式来构建生态旅游可持续发展评价指标体系。

根据指标体系构建原则，从可持续发展指标五方面内容出发，通过征询专家学者的意见，进而提出了评价生态旅游可持续发展的评价指标体系。

第九章

生态旅游可持续发展的展望

第一节　生态旅游可持续发展的对策

在当前的经济和社会环境下，发展生态旅游是必然的，但怎样解决发展中的问题和矛盾，怎样实现可持续发展，就需要从我国的具体情况出发，加大环境保护力度和政府部门的宏观调控水平，全面发挥社会团体、旅游媒体的宣传作用，使生态旅游可持续发展的理念深入人心；有规划并且有重点地开展生态旅游经济系统的建设，使经济活动和环境保护相互结合，从而达到经济、社会、生态环境和综合收益的最优。

要实现生态旅游的可持续发展，必须坚持"保护第一""开发第二"的方针。生态旅游发展进程中的保护和发展是相互关联、相互依存，但又相互矛盾的。

保护是发展的前提。生态旅游资源是生态旅游活动的物质根本，盲目对其开发管理和肆意使用可能会使它被无情地摧毁。事实上，从某个视角来看，中国是一个具有丰富生态旅游资源的国度，但按照现在社会经济发展水平、科技水平和人力资源的综合发展水平，还难以保证对其有效保护，特别是些特殊的资源。在经济和科学技术条件还不成熟的今天，我们要在生活中落实保护环境的政策，在生态旅游中要以保护为先。

保护一方面是发展的前提，另一方面也是贯穿于整个开发和利用过程中所必须时刻谨记的。任何形式的开发和使用都会带来一些负面影响，但环境保护意识的提高可以把这些负面的影响控制在可承受范围之内。

保护不是被动的机械式的保护，而是积极的保护。发展是中国当前最核心的任务。只有发展才有希望，而落后的社会条件不利于资源的保护。靠山吃山、靠水吃水，这样落后的生存方式存在了很长时间。因此，只有在资源有效开发的情况下，才能全面发挥其作用和功效，从而改变该地区的落后面貌。

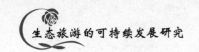

事实上，后期合适的开发、利用和先进的管理并不是对旅游资源的损害，而是一种保护。合理使用资源，对资源进行改造，将延长旅游产业的生命发展周期，与此同时，也可以借助各种形式的旅游经济收益来进一步增加对旅游区的投资，在一定意义上来说，科学、适度的开发也是一种保护措施。

鉴于此，可持续发展的实现，必须首先遵照保护第一、开发第二的总体要求。针对目前我国旅游发展所面临的一些问题与挑战以及其中错综复杂的矛盾，本章从思想、体制、教育、科技、法制、生态伦理等方面探讨相应的对策和办法。

一、更新价值观念

要摆脱和解决当前生态旅游所遇到的问题和挑战，我们要以科学发展观和党的十九大精神为指引，摒弃旧思想，将可持续发展的思想引入生态旅游，树立起正确的资源观、产业观、价值观，建立起全新的观念体系，并且在生态旅游主体层，即决策者、经营管理者、旅游者、当地居民四个层面上形成符合各自身份、各有侧重的观念表现。面对世界形势和中国旅游业的发展，生态旅游开发、利用的思想必须建立在理论和实践的基础上，以可持续发展观为指导，以市场经济为背景，引入科学文化内涵，进而构建全面正确的社会体系。

第一，以可持续发展的思想为指导。可持续发展是一种新的发展模式，它以持续的资源环境为支持，将经济发展和环境保护紧密联系在一起，以环境保护来衡量发展水平的客观标准。生态旅游发展产生的巨大经济收益对促进社会发展和生态环境有积极作用，这决定了它的意义和旅游开发价值。因此，在生态旅游发展进程中，首先要落实可持续发展观点。

第二，以市场经济为背景。在市场经济日趋成熟的形势下，发展生态旅游应以市场经济为背景。在现有的经济条件下，没有市场调研的决策行为很难被市场认可。因此，生态旅游发展的新观点一定要立足于现实的经济环境条件，适应市场经济的发展。

第三，科学文化内涵的引入。生态旅游是以现代科技为根本的产业，目的是不断满足大众的生态文化需要。在生态旅游商品的规划、设计、开发、运营和管理方面以及科学文化要求方面，比其他任何形式的传统公共旅游要高。科学技术的支持以及科学知识的普及为生态旅游优质的服务提供了保证。它也为资源的可持续发展提供了根本保证。科技文化内涵的引入对生态旅游活动主体转变观念具有十分重要的作用。

观念上的更新具体到实践中，有以下四个层面的表现。

（一）决策层

目前中国生态旅游的决策层主要是政府机关，转变观念首先是决策者要认识到不能把经济最大化作为生态旅游的第一个目标，而应该将促进区域经济的可持续发展作为首要目标。从这个视角看，任何决策都一定要以促进经济、社会和生态环境三大效益的提高为目标，重视生态环境的可持续，不要片面追求单一的经济效益。

其次，决策者要真正认识到生态旅游同其他产业一样也会消耗资源、产生垃圾，但它绝不是传统意义上的"无烟产业""低投入高产出劳动密集型产业"和"非耗竭性消费"；还要认识到生态旅游对资源、环境可能产生的负面影响及其他客观存在的某些不可持续的特性。只有这样，决策层才能用客观辩证的观念来解决生态旅游发展中的问题，改革目前发展中的不合理部分，制定出切合实际、合理有效的新政策。

最后，决策者须改变旅游是单一性产业的观念，树立大局的思想，在宏观决策和调控上寻求各级的协调。在从省、区的生态旅游发展到县、乡的生态旅游的过程中，一方面要把握全局，另一方面还要考虑到县城和乡镇的发展。从行业来看，要照顾旅游组织机构以及中介的利益，如景点管理、旅游组织机构和其他相关利益，旅游业的发展离不开与旅游相关联行业的配合，如交通、服务和投资等，要全面重视关联行业的发展。只有树立"整体"的思想，才能做出科学、合适的决策。

（二）经营管理层

生态旅游的发展在很大程度上依靠经营管理者的科学管理与良好经营，为此经营管理者必须首先改变资源无价值的观念，强化生态成本意识，自觉地将生态成本纳入经营管理成本。只有这样，才能使经营管理的每一个环节都朝着有利于环境保护的方向发展。实现这观念的转变，一方面须依靠教育宣传；另一方面是通过改革现行不合理体制，从而使这一观念走向深入。

其次，经营管理者应改变对旅游者有求必应的传统观念，特别是对旅游者提出的过高要求，如享受娱乐和生活设施设备、高档食品、高档住宿和其他不符合生态旅游的需求应予以拒绝。这与"客户是上帝"的宣传思想是有很大差别的。

（三）旅游者

旅游者是生态旅游活动中的消费者，观光、游览、考察、学习、疗养等是他们的旅游动机。旅游者生态平衡观的确立，即主动放弃傲视自然的态度，树立起尊重、保护自然，与自然和谐相处的观念，这是旅游者对保护生态与环境资源的最基本观念。否则，旅游者对自然的欣赏只会更多地停留在观光的肤浅层面，而很难深入对旅游资源的主动保护。因此，生态旅游的参与者应建立起以保护环境为己任的新观念，努力增强环境保护意识。

（四）当地居民

作为生态旅游开发的重要受益者，除了同旅游者一样应树立起生态资源平衡的自

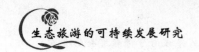

然观之外，他们更应强调全新资源观的树立。比如，沙漠、戈壁、雪野、森林、草原、高山、峡谷、民居、古城等一些对旅游者来说是极富吸引力的旅游资源。因此，在当地居民中确立起这种全新资源的观念是很重要的一项内容。旅游地居民应树立起资源持续有效利用的观念，从当代人及后代人的角度出发，保护好、利用好资源。只有当地居民的自我环境保护意识增强了，才能从自身做起，从而促进生态旅游资源的有效利用和保护。

二、体制、机制创新

在生态旅游发展中会面临制约和不足之处，因此，必须不断加快行业创新的速度，用可持续发展的观点为生态旅游营造出优异的外部环境，具体包括以下几方面的改革和创新。

（一）经济制度、机制的改变与创新

为了在宏观和微观环境中实现生态旅游的良好发展，我们一定要明晰产权关系、改革成本核算方法和收益分配体制，增加项目资金的投入和管理。

1. 明晰产权关系

有效配置经营权和所有权，可以解决产权关联不清、权利和责任不明等问题。景点的开发和管理要逐步实行企业化运作，政府部门要尽快从具体的管理中脱离出来，更好地行使服务、规划、管理和监督的职能。在有条件的地方，可按照自身的现实状况，引入承包经营等不同的经营开发模式。例如，开展生态旅游的浙江浙西大峡谷、白马崖等景点，就是通过私营业主进行经营，政府机关负责运作中的监督和管理。

2. 改革成本核算方法

目前生态旅游同其他旅游一样，在成本核算上存在一些缺陷，即资源开发经营中的环境成本未纳入成本核算体系中，这是造成环境问题的一个机制根源。在环境经济学中，环境成本是指某一项商品在生产活动中，从资源开发、生产、运输、使用、回收到处理商品，解决环境污染和生态破坏所需的全部费用。在生态旅游发展的过程中，环境成本主要是指在旅游资源开发和利用过程中造成的直接资源损失代价、环境污染和生态破坏，进行治理和恢复的费用的总和。改革目前的成本核算方法就是要建立起综合性的环境资源与生态经济核算体系，进行科学的资源评估，把这部分环境资源成本纳入生态旅游成本核算体系，以真实地反映生态旅游成本和生态旅游产品的价值。

3. 调整收益分配制度

生态旅游收益包含直接收益和间接收益。直接收益，也就是门票收益、景点内部

的旅游服务收益；间接收益，即生态旅游关联产业的经济收益。调整目前的收益分配制度，一是要在旅游开发管理者和当地居民之间制定合适的政策，使收益向当地居民倾斜，如给予居民适当的补贴；与此同时，积极吸纳当地人参与景点的各项事务，使他们迅速摆脱贫困和落后。二是要减轻经济的负担，即适当降低和减少景区压力，即减少旅游区上缴税收的压力；要加大反馈的强度，用旅游业带来的税收来促进投资发展。

4. 增加保护资金投入

在生态旅游发展中，可加大资本投资保护力度，借助股票市场以及其他市场经济方式来实现投资者的多元化。此外，我国还应争取国家有关的投资项目，增加旅游收益水平，增加资金来源方式，确保生态旅游资源资金的通道顺畅。因此，政府部门应控制好保护区的旅游收益水平和比重，有效控制生态旅游开发的规模。

5. 其他的方法

在生态旅游发展中，可利用税费等其他经济手段进行有效调控，如按照中国的国情对环境资源税收体制进行分析和研究，如森林资源税、水资源税、环境生态补偿税等。此外，支持和帮助生态工程的实施，制定有效的保护办法，对管理好的公司进行鼓励和适当减免，也可利用金融、信贷等经济杠杆调动旅游开发经营部门保护环境和治理污染的积极性。

（二）管理体制、机制的改革与创新

改革目前生态旅游发展中管理体制、机制存在的问题，主要从资源管理、开发规划管理、经营管理三个方面进行探讨。

1. 资源管理

资源管理体制的改革，首先是把一些生态旅游资源作为资产进行配置和管理，尽快从计划管理分配资源模式转化为资源的市场配置模式。生态旅游资源主要由各类景观要素构成，即植物、动物、水、空气、土壤、地形、化石及其他景观要素，按照不同的特点将这类资源划分为可再生资源、不可再生资源以及恒定资源。生态旅游的自然资源有以下特点：第一，它能够被经营，可以给所有者带来社会、经济和环境效益，这就是其作为资产的主要特征；第二，生态旅游资源的性质、周边的地理环境和文化区域的特点，只有在特殊的区域才可以再现和创造出来，并在以前的基础上呈现出不一样的景致，所以有限的生态旅游资源具有稀缺性；第三，不同国家和地区的生态旅游资源的所有权是明晰的。然而，因为传统的价值观和资源管理方式根深蒂固，自然资源的资产管理理论本身还不完善，实践经验也在一定程度上制约了资产管理进程。总的来说，这是生态旅游资源管理的发展方向，对这种资源进行资产化管理，有利于解决生态旅游资源被无偿使用的问题。

其次，要进行认真、细致、有效的环境影响评价论证。环境影响评价即环境效益评估（Environmental Impact Assessment），简称 EIA。如果 EIA 能有效应用于旅游资源的开发管理中，就可以在一定程度上减少没有发展潜力或者产生大量消极环境作用的生态旅游开发项目的实施。通过环境影响评价可以降低项目的运营成本，减少投资损失，同时还可以帮助确定环境容量，这对于生态旅游开发的实时监控和环境评估等后续管理具有十分重要的意义。

最后，建立区域环境容量监测系统，测定游客承载量。通过对区域环境承载饱和度的测定，一方面可以确定资源目前的承载状况以及是否受损害，以便及时对游客的流量进行有效控制，保证资源利用在承载范围内波动。另一方面，可以有助于制订生态旅游产品促销计划，有效避开客流高峰，促进淡季销售，实现淡旺季均衡。

2. 开发规划管理

发展规划是项全面的系统工程，涉及经济、社会、环境资源等方面的问题，按照生态旅游资源的特点进行科学的规划和合理的布局，是实现生态旅游可持续发展的第一步。要实现可持续发展，一是要保护生态环境的多样性、物种种类的多样性、自然景观的多样性和资源的可持续性；二要实现生态旅游地社会、经济、环境的协调发展。

首先，在布局上要对旅游资源进行详细的调研、分析和评价，通过对资源的基本构成的分析，在充分考虑资源的状况、特性和空间分布的同时，综合旅游资源环境容量、资源潜力和环境敏感性及其他限制条件，恰当地选择开发规划的模式。由于我国各地具体条件的不同，开发规划模式的选择应结合实际情况进行本土化的变通，使之符合实地的具体情况。

其次，在产品的设计和规划研究中，要在环境容量允许的条件下进行适当的设计，这对吸引和有效转移游客具有非常重要的意义。特殊的地理位置是影响规划的根本条件。特定的地理环境可设计出具有不同情感表达特色的生态旅游商品。

在旅游商品规划营销和推广计划当中，依据景观设计的标准和规则，可设计不同的作用区。例如，加拿大国家公园的生态旅游功能分区包括自然环境区、集中游憩区、野生游憩区和野生保护区等。

最后，在开发范围与程度上，要以科学技术知识、文化水平、人们对自然环境和经济形势的认识和需求为参考，从自然生态的可持续发展的视角，合理有序地进行深层次多方面的分析和探讨。

3. 经营管理

经营过程的管理对生态旅游的可持续发展有着重要的影响，主要表现在旅游服务、旅游者行为管理上。

旅游服务管理包含设施服务、餐饮服务和导游服务。生态旅游服务的目标主要是为旅游者和旅游的展览活动提供一个积极快乐的生态旅游环境，并对自然环境的损害保持在最小限度之内。因此，在全部的服务管理流程当中，都要全面综合地使用生态学基础原理和方法，尽可能实现生态化管理。旅游设施管理的生态化的具体表现：从旅馆的建设到使用都遵循生态学原理，设施的规模较小，与周围的自然环境相协调，利用太阳能、风能、水能等生态手段，能减少大量污染。餐饮服务生态化的重点是将产生的废水、废物等进行及时的生态化处理，避免垃圾堆积、污水横流，对景区造成污染损害。导游服务生态化则要引入大量的生态、环境知识。这就要求对导游进行专业培训，使其具有一定的生态学、环境学知识，如辨识动、植物，了解地形地貌成长过程；熟悉当地具有特色的自然文化知识和环境保护知识，以便为游客提供周到的生态服务，如介绍生态知识，引导游客学会欣赏景区的独特风光和丰富的自然、人文景观，倡导环境保护理念，促进游客自觉地维护景区的生态环境等。

旅游者行为管理同样也是旅游管理的核心组成部分。旅游者在旅游过程当中的行为会对当地的旅游环境产生直接的影响。旅游的管理方式包含宣传教育、制度约束和服务示范。宣传教育是最为直接的方式，如树立导游牌、知识牌，以及导游的讲解、宣传资料的发放等都可以对旅游者起到有效的教育宣传作用。制度约束即制定相应的规章制度，明确规定旅游者的权利与义务以及违反相关制度的后果，这可以在一定程度上对旅游者起到有效的约束作用。服务示范是指经营管理者理顺权责，在为旅游者提供优质服务的同时，做出生态管理的榜样，为生态旅游做出贡献。

（三）建立综合决策机制

每一项制度的实施都是借助某一个特定的方式和相关的政策来实施完成的，因此，建立科学、合理的决策机制是非常重要的。综合决策是指生态旅游政策的制定必须综合其他社会经济政策、环境政策、管理规划政策，经过全方位系统考虑后再做出决定，使各项决策既符合经济效益和社会公平的需要，同时又能保证生态旅游的可持续发展。具体到旅游资源环境政策的制定，一要综合考虑资源环境的承载力及政策实施后可能产生的不良影响，并制定配套的补偿措施；二要从实际出发，注意区域经济的实际承受能力。为使综合决策更为科学、合理，在决策时须加大公众参与力度。另外，决策群体的组成应考虑到各有关方面的人员，既要有旅游管理部门、资源环境部门的决策者与管理者，还要有相关学科的专家、学者，既要有一线旅游从业人员，还要有旅游者和当地居民的代表。只有这样，才能保证决策群体的合理和规范，才能有效地打破部门分割的局面，实现科学决策。

当然，影响科学决策、合理决策的因素还有其他，诸如决策群体的资源环境意识、科学知识水平等因素。但目前首先要解决的是决策的机制问题，机制问题解决了，决策者综合素质的提高才能直接在决策中发挥作用。

三、加强宣传教育

宣传教育对生态旅游的可持续发展具有重要的内在驱动作用，它会直接影响到服

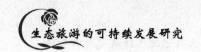

务水平的高低，因此，应进一步增强生态旅游可持续发展的宣传力度。

（一）在教育内容和渠道方面

其主要包含：更新教育的具体内容，增强大众的生态旅游可持续发展的思想和观念，为大众不断地提供更丰富的科学技术知识、环境保护科学技术和系统的科学知识，及时弥补知识框架和结构的缺陷和不足。与此同时，加强景区的生态职业教育，使更多人知道生态旅游最基础的概念和内涵。扩大人们接受教育的渠道：专业技能的定期培训；借助报纸、电视、网络、广播等媒体进行全面的宣传，完善人们的生态环境保护意识；旅游广告牌、多媒体传播以及导游的及时宣传等。

（二）在教育对象方面

这主要是加强对四大旅游主体的教育，即决策者、旅游从业人员、旅游者和当地居民。总体上应通过学校教育来实现，同时对不同的主体还应采取不同的方式：对决策者主要通过高级研讨会、专题讲座等形式，强化其生态旅游可持续发展战略思想；对旅游从业人员和当地居民主要通过长、短期学习培训，提高其生态旅游的从业能力和素质修养；对旅游者则主要是通过多种媒体进行宣传和引导，帮助其确立正确的生态伦理道德观，从而形成自觉的生态化旅游行为。

四、强化科技支撑

科学技术是第一生产力。对于生态旅游发展也是如此，因此，增强科学技术的支持是生态旅游可持续发展的又一重要对策。

生态旅游的发展要综合生态学、生物学、经济学、市场营销、社会学、管理学、可持续发展观和系统科学等，不同学科的发展直接为生态旅游的发展提供智力支持和帮助。从规划时的基础调研，包括动植物资源、风景名胜资源以及旅游价值的勘查，到管理中的环境监测，包括建立资源动态数据库、气象监测、环境监测、生物资源消长变化、地貌保护、动植物保护、安全保护、景点选址保护，再到生态恢复、燃料结构调整等，没有一个能离开科学技术的支持而进行。所以，必须加强相关科学技术的理论研究与实践应用，只有这样，才能及时、科学地解决生态旅游发展过程中产生的各类问题。

为了加大科技支撑的力度，一要从思想上高度重视科学技术对生态旅游发展的重要作用，大力普及有关科技知识，增强人们的科学意识，提高人们的知识水平；二要加大科研投资力度，促进相关科研工作的顺利开展；三要加快科研成果的转化，通过建立示范区、同步教育与培训等手段进行实践活动，为成果的大规模转化创造条件。

五、健全法制保障

中国的旅游行业是一个巨大的产业，其对环境的影响是一点一点累积起来的。该行业现在还处于起步阶段，还面临非常多的机遇和挑战，因此，借助法律的方式来规范和引领生态旅游的发展方向具有非常重大的意义。

首先，生态旅游行业的法制不够健全，应该加快制定相关的法律制度，不断解决措施落后和不足问题。按照当地的自身状况和有关体制的发展现状，并考虑到环境自身的制约因素和未来发展潜力，不断地积累经验，实时地处理管理中出现的问题，及时补充和修改相关法律条款，借助现场问卷调查和座谈会的方式，对相关问题进行一定的优化和调整，满足人们持续变化的需求。

其次，在环境执法过程当中，对严重违反法律、法规的行为要做到执法必严，对不符合可持续发展理念的行为，一定要进行严厉的制裁，用法律的武器来保护生态旅游环境。

六、弘扬生态道德

旅游业是以人为对象而开展的服务业，因此，旅游业需要在生态旅游思想的指导下，按照生态旅游的规则和标准来实现旅游业未来的可持续发展的要求。生态道德的实质是一种"危机道德"，其思维方式是将人与自然统一起来。人的行为凡是有利于人—社会—自然生态系统进化的就是道德的，反之就是不道德的。生态道德承认自然物有其自身固有的权利和价值，这些权利和价值是不以人的意志为转移的。自然界有其自身的运行规律，这些规律对人类来说是不容亵渎的。

在生态旅游的全过程中，对旅游开发者、经营者、旅游者等人群要积极倡导以下生态道德理念。

首先，在旅游的过程当中，旅游者需要提升自身文化和道德水平，自觉地担负起保护生态平衡的责任。

其次，旅游开发者要认识到，旅游资源及旅游环境既有为人类旅游服务的天然义务，又有自身不可剥夺的权利，尤其是在旅游资源的运营管理和保护方面。旅游资源与环境的开发不得超过旅游环境的容量，不能超过了旅游资源本身的可再生能力。

最后，对旅游经营者来说，不能以单纯追求经济效益为中心，要认识到旅游资源与环境的非经济价值，特别是其在审美、认知、科学研究、文化、教育、心理和精神陶冶、人格塑造等方面的精神价值，以及在维护生态系统平衡方面的固有价值。良好的生态道德可以使人们在受到规章制度约束的同时，自觉地考虑自身行为对环境的影响，依靠自身内在的信念和社会舆论的作用，运用生态道德的规范和原则，自发地调

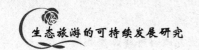

节自身的行为，从而在保证自身享受环境、认识环境的同时，还能达到保护环境的目的。所以说，构建生态道德观念是推动生态旅游发展的重要保障。

第二节　生态旅游可持续发展的反思与超越

生态旅游是旅游业可持续发展的最好方式。生态旅游是一种具有责任心的旅游方式，可以促进旅游业的可持续发展。中国生态旅游的起源和发展离不开可持续发展的观点。旅游的可持续发展是生态旅游的核心目标和要义。我国地广人稀，生态旅游不能生搬硬套国外的成功案例，它不等同于发达国家的国家森林公园体系，也不能照搬欠发达国家的原始本真生态旅游模式。我们可以借鉴和学习国外探索成功案例的思路，来寻找适合中国国情的、具有中国特色的生态旅游道路。我们必须以科学的生态旅游发展观为指导，结合中国的实际国情，促使当代中国生态旅游的发展朝着更加健康、积极、可持续的方向发展。树立科学的生态旅游发展观，具体来讲，就是坚持以人为本，树立全面、协调、可持续的科学发展观。

一、树立"以人为本"的生态旅游理念

这里的人主要是指生态旅游者和当地的居民，旅游开发、旅游经营应与旅游心理学和旅游文化学等理论为指导，认真研究旅游者的心理倾向、审美偏好、消费理念，切实关注与广大旅游者自身利益紧密相关的问题，如旅游中的服务质量、旅游安全、民俗文化等问题，为游客提供充满人情味的高品质的旅游服务。

传统的旅游一直关注的是旅游的经济效益，忽略了生态环境效益的发展。生态旅游可持续发展的目标是增强大众的生态思想和社会责任感，以此来维持后代的生态旅游环境水平，促进旅游业未来的发展，使中国生态旅游一直维持生命力。社会上一部分人认为发展旅游业的目标是促进经济增加，旅游只要是能赚钱的，就达到旅游的意义了。这种庸俗的观点影响了旅游学术研究的健康发展。曾经一段时期以来，旅游学者更关注的是怎样进行营销，忽略消费者的需求。真正的旅游研究应关注旅游学科的综合分析，在旅游研究中提倡文化关心。旅游者在旅游过程中是最大的消费群体，从购买的旅游产品到旅游体验的就餐、游玩、购物、娱乐等，都有很多空间进行消费，其无疑是旅游活动过程中的重要组成部分。与此同时，任何一种旅游活动都是一种体验，借助旅游活动的经验，可以促进人的全面发展。生态旅游者与传统旅游者和环境保护人士不同的是，传统旅游者不注重生态的思想和环境保护知识的获得，只是追求低水平的旅游体验；环境保护人士关注环境的保护工作和活动，而忽略了旅游带来的

旅游体验和作用；生态旅游者是需要具备环境保护的思想和环境保护的意识，他们购买生态旅游产品，对服务的需求不高，并且积极和当地人沟通，学习当地的民俗文化，积极主动地参与环境保护工作。

科学发展观是以人为本的，这里的人指的是生态旅游者，生态旅游的分析一定要全面地体现以生态旅游者为核心的思想，而不是只关注旅游公司经济收益的增加。从世界旅游业发展的视角来看，欧美国家生态旅游的发展是为了让公民的整体素质和生活水平可以不断地进步和发展，而不是简单地追求经济收益，或者说盲目地以赚钱为目的开发当地的旅游资源。发展旅游业是为了创造美好、和谐的生活环境，促进人和社会的共同进步与和谐发展。欧美国家的生态学分析不但体现在经济管理的概念当中，而且是从文化社会学、哲学、心理学与行为科学的角度，全面体现以人为本。

在中国，专家和学者较少对生态旅游进行专项分析，大多数专家仍在关注或分析旅游产业的发展或者生态旅游资源的开发。因此，我国生态旅游科学的研究要进行深刻的自我反思和改变，如关注生态旅游的开发价值、意义和人的发展，还要多关注哲学、社会学、文化学、美学等的分析研究，从而在源头上解决旅游中体现的功利主义问题。

二、加强环境保护与教育的生态旅游宣传

环境保护的宣传教育是生态旅游管理的重要任务，也是增加大众对生态旅游重要性了解的一种方式。现在，我国生态旅游正处于一个新的发展阶段，人们对生态旅游环境认识不足，部分开发商片面追求经济效益，忽略了对环境的保护。因此，应高度重视生态旅游的宣传教育工作。

首先，针对旅游者进行生态环境教育活动。生态旅游最重要的目标之一是培养旅游者的环境保护思想和理念，使旅游者知道什么样的行为会对生态环境造成损害，怎么做是正确的。因此，要对旅游者进行生态环境教育，如在生态旅游区设立专门进行生态环境教育的组织机构或者教育部门，通过专业的讲解员进行现场的宣传和讲解来了解生态环境保护注意事项。

其次，开展对当地居民的生态环境宣传教育工作。加强当地居民对环境保护的认识。生态旅游需要当地居民的积极参与，同时，应积极改善当地人的生活条件。因此，专家、学者要定期对当地居民进行生态旅游资源和环境保护知识的普及工作，引导当地居民保护环境和资源，共同维护旅游地生态环境的可持续发展。最后，要对外来投资者进行生态环境的宣传和教育活动。生态旅游区需要并欢迎外来投资者，但是，也要加强对外来投资者的生态环境宣传教育工作，要让投资者知道哪些行为既损害了旅游区的利益，也损害他们自己的利益，使投资者了解到生态保护的重要性。

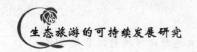

三、树立科学的生态旅游消费观

生态旅游的发展一方面要保护本地的自然资源和自然环境，另一方面要为促进经济和社会的发展做出贡献。生态旅游的发展要实现经济增长和资源节约的平衡。科学的生态旅游消费概念是指满足旅游者本身的需要，维持生态旅游观点、消费方式、消费框架和消费行为。从生态旅游市场的现状来看，迫切需要提高生态旅游者的素质和生态旅游活动的水准，培养旅游者科学的消费观，抵制旅游的奢侈和享乐主义，回归旅游的生活意义。

树立科学的消费观，首先要转变生态旅游的消费思想，推广和普及健康的消费思想和消费方式。其次，树立可持续旅游消费的思想。旅游是一个崇尚健康、回归自然、珍爱环境和资源、节约能源的活动方式，旅游者一定要树立积极的消费思想，要进行可持续的旅游消费。在旅游业发展的过程中，不可避免地会出现旅游异化的现象。随着旅游活动的进一步普及，旅游业的发展将出现多元化趋势。因此，对旅游异化现象要从不同的角度进行全面的探索，从根源上限制该现象的发生，充分发挥旅游在促进人的全面发展、构建和谐社会中的作用，以确保旅游业的可持续发展。

四、合理控制生态旅游区的容量

为了实现生态旅游环境的长期和谐的发展，一定要调节好生态旅游环境的承受力，全面关注生态旅游区的环境容纳水平。在旅游开发之后，如果当地的环境得不到很好的保护，这种平衡就会被破坏。通常是到了旅游淡季，就需要花费人力、物力和财力来修复旅游旺季所带来的损害，使生态系统得以恢复，迎接下一个旅游旺季的到来，维持旅游景点的接待水平。

总的来说，一方面政府需要积极地推进"带薪休假"制度，减小旅游旺季带来的旅游者方面的压力，使旅游者不再受可支配收益水平和闲暇时间的制约。在相关方针政策和法律规定的允许范围内，生态旅游区可以采取调整价格的措施，一些潜在的旅游者可能会因旅游价格变化而开始改变自己的出行计划。另一方面，在旅游旺季的时候，通过大众媒体开展生态旅游区的宣传活动，根据旅游交通运输和负荷的状况，对旅游区进行科学的预测，提醒旅游者或潜在的旅游者可能发生的状况。旅游者以及潜在旅游者通过媒体可以了解到可能出现的自然环境和生态损害的后果，让旅游者选取一条合适的线路，如可以选取与生态旅游区相似的地方，有的景区虽然名气不大，但是它们整体的效果差不多，而且价格比较便宜，游客也相对较少，因此，选取与生态旅游区类似的景区是分流游客的一个非常好的方法。

此外，还有其他减轻景点压力的方法，避免景点负荷造成的环境方面的损害。比如，旅游景点应调查旅游者的不同需要，让旅游者适当分流。这就意味着旅游者可以合理安排时间，既避免了旅游者的走马观花，又为旅游者提供了自己想要体验的旅游景区，缓解了旅游者大量涌入对景区的破坏。

生态旅游区有多种多样的方式对旅游者进行分流，以减小生态旅游区的压力，包含强化旅游宣传，增加旅游需求和接待能力，缩小淡季和旺季的区别。其主要方法有如下三点：首先，引进设施来对人流进行合适的调控，主要在生态旅游景点的门口和售票口等进行设置，景点一旦负荷，就不能继续进入；其次，国家相关部门允许进行合理的收费，这意味着旅游区的费用包含维修的费用，可以按照现实的旅游景点的交通运输、旅游价值和旅游容纳水平等情况进行适当收费；最后，从空间上引导旅游者，防止旅游者借助非旅游的方式进入景区，对旅游者的数量进行一定的控制。

综上所述，恢复旅游景点不是一个临时项目，而是一项长期而持久的工作。该工作一方面需要旅游景区管理者实施正确的方针，另一方面需要生态旅游者积极进行协调和配合。旅游景区不仅需要本身的修复能力，还需要相关部门投入人力、物力和财力，对受到损害的生态系统进行维护和恢复，同时，当地居民也要加强与相关部门的合作力度，宣传环境保护的重要性，不断学习环保知识，帮助恢复景区的生态平衡，确保生态旅游环境的持续发展。

五、严格环境保护的立法和执法

当前，一些旅游开发者打着"生态旅游"的口号，如"回归原始和生态""享受自然的盛宴""享受原始疗法""了解乡土文化"等，以吸引旅游者的注意力。但在实际的旅游项目开发中，开发者不注意保护环境，盲目进行开发，严重破坏了当地的环境。因此，我们需要建立一个适应中国国情的生态旅游标准，对生态旅游市场和环境进行规范。该生态标准应包含生态旅游环境质量、生态旅游的通达性、生态旅游区的酒店服务标准和生态旅游线路的严格评估。对那些不符合标准的要勒令其修复改造，进一步加强法律监管力度。

法律管理是生态旅游区实施有效管理的关键，我国虽已经出台了《环境保护法》《森林法》等法律，但是在生态旅游方面，还没有出台非常专业的关于生态旅游的法规。对核心的旅游区项目应该由地方政府牵头，制定一些区域性法律法规来制约开发者的违法行为。

除进行严格的立法外，我国相关机构也要依据中国有关法律法规办事，坚决制止非法损害生态旅游区的违法行为，对无视生态旅游区法规的人要进行严厉的制裁，如情节非常恶劣的，要依照中国的有关法律法规予以惩罚。

此外，专家和研究者应努力提高生态旅游理论的研究水平，强化生态旅游理论的建设步伐。旅游理论是旅游业发展的根本，旅游业假如没有一个完善的理论系统支持，

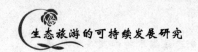

旅游业的未来发展将滞后于国家的发展步伐。生态旅游作为一种新型的旅游方式，正在影响着整个旅游业的发展和变化。因此，更应该加强生态旅游发展的理论研究水平。

对生态旅游的理论研究是多方面的，既要包含对生态旅游经济、旅游管理方面的研究，又要有对生态旅游的本质和功能，以及生态旅游者、生态旅游资源、生态旅游与人类社会发展的关系和生态旅游的可持续发展的研究。我国的生态旅游研究要进一步深化与扩展，必须加强生态旅游理论体系的建设，以促进生态旅游理论研究的丰富和发展，从而更进一步地推动我国生态旅游的可持续发展。

参考文献

［1］林锦屏，刘斌，陈莹. 乡村生态旅游研究［M］. 北京：科学出版社，2021.

［2］李辉. 生态旅游规划与可持续发展研究［M］. 北京：北京工业大学出版社，2021.

［3］卢飞. 中国旅游生态效率时空演化与提升路径研究［M］. 北京：中国社会科学出版社，2021.

［4］罗淑政. 五台山风景名胜区旅游生态足迹动态研究［M］. 北京：气象出版社，2021.

［5］乔学忠. 中国旅游业生态效率时空演变与影响因素研究［M］. 北京：经济管理出版社，2021.

［6］揭筱纹. 乡村旅游目的地生态文明建设与评价［M］. 北京：科学出版社，2021.

［7］徐岸峰，王宏起. 数字平台生态系统视角下智慧旅游服务创新模式研究［M］. 哈尔滨：哈尔滨工业大学出版社，2021.

［8］李群. 生态文明视野下乡村休闲旅游者环境负责任行为的影响机制研究［M］. 杭州：浙江大学出版社，2021.

［9］邓华. 生态文明思想下的旅游环境教育［M］. 长春：吉林人民出版社，2020.

［10］杨竹青，吕宛青. 旅游服务生态系统价值共创理论与实证［M］. 北京：中国旅游出版社，2020.

［11］高明. 可持续生计目标下的旅游生态补偿研究［M］. 北京：中国旅游出版社，2020.

［12］袁志超. 生态保护视野下的河北省生态文化旅游发展研究［M］. 石家庄：河北科学技术出版社，2020.

［13］闫伟红. 生态旅游发展与研究［M］. 郑州：郑州大学出版社，2020.

［14］吴翠燕. 乡村旅游与农村生态文明建设互动融合研究［M］. 南京：河海大学出版社，2020.

［15］胡金龙. 旅游开发背景下漓江流域土地利用变化及生态效应研究［M］. 北京：企业管理出版社，2020.

［16］田里. 云南山地运动旅游区开发研究［M］. 北京：中国旅游出版社，2020.

［17］冯凌，甘绵玉，王烁. 生态旅游与市场化生态补偿研究［M］. 北京：旅游教育出版社，2019.

［18］刘静艳，王雅君，黄丹宇. 基于社区视角的生态旅游可持续发展研究［M］. 武汉：华中科技大学出版社，2019.

［19］陈蕊. 地域文化特色中新农村生态旅游设计的保护与开发［M］. 沈阳：辽宁大学出版社，2019.

［20］严贤春，何廷美，杨志松. 生态旅游资源与开发研究［M］. 北京：中国林业出版社，2019.

［21］马菲亚. 生态旅游发展的理论与实践［M］. 北京：中国商业出版社，2019.

［22］严贤春. 生态旅游补偿机制研究的理论与实践［M］. 北京：科学出版社，2019.

［23］金燕. 生态旅游与环境可持续发展研究［M］. 哈尔滨：黑龙江教育出版社，2019.

［24］闫曾. 绿色背景下生态旅游管理研究［M］. 长春：吉林教育出版社，2019.

［25］陈书芳. 基于生态旅游的梅山地区规划设计［M］. 长沙：湖南大学出版社，2019.

［26］屈中正，张翔，李蓉. 高等职业教育森林生态旅游专业教学标准的研究［M］. 北京：中国林业出版社，2019.

［27］文军. 广西生态旅游示范区建设理论与实践研究［M］. 北京：经济管理出版社，2019.

［28］李媛媛，石宣照. 旅游发展与生态环境［M］. 长春：吉林文史出版社，2019.

［29］杨延凤. 生态文明视角下的城市旅游发展研究［M］. 北京：经济科学出版社，2019.

［30］卢玉平. 生态文明视角下旅游产业发展研究［M］. 长春：东北师范大学出版社，2019.